U0506026

国家“211工程”三期重点学科建设项目
“中国—东盟经贸合作与发展研究”资助
国家社会科学基金重大项目阶段性研究成果
广西高校人才小高地“泛北部湾区域经济合作研究创新团队”系列成果

广西大学中国—东盟研究院文库

区域信用体系建设与风险管理

陶雄华◎著

人民出版社

总　　序

阳国亮

正当中国与东盟各国形成稳定健康的战略伙伴关系之际，我校以经济学、经济管理、国际贸易等经济学科为基础，整合法学、政治学、公共管理学、文学、新闻学、外语、教育学、艺术等学科力量于2005年经广西壮族自治区政府批准成立了广西大学中国—东盟研究院。与此同时，又将“中国—东盟经贸合作与发展研究”作为“十一五”时期学校“211工程”的重点学科来进行建设。这两项行动所要实现的目标，就是要加强中国与东盟合作研究，发挥广西大学智库的作用，为国家和地方的经济、政治、文化、社会建设服务并逐步形成具有鲜明区域特色的高水平的文科科研团队。几年来，围绕中国与东盟的合作关系及东盟各国的国别研究，研究院的学者和专家们投入了大量的精力并取得了丰硕的成果。为了使学者、专家们的智慧结晶得以在更广的范围展示并服务于社会，发挥其更大的作用，我们决定将其中的一些研究成果结集并以《广西大学中国—东盟研究院文库》的形式出版。同时，这也是我院中国—东盟关系研究和“211工程”建设成果的一种汇报和检阅的形式。

中国与东盟各国的关系研究是国际关系中区域国别关系的研究。这一研究无论对于国际经济与政治还是对我国对外开放和现代化建设都非常重要。广西在中国与东盟的关系中处于非常特殊的位置。特别是在广西的社会经济跨越发展中，中国与东盟关系的发展状况会给广西带来极大的影响。因此，中国与东盟及各国的关系是非常值得重视的研究课题。

中国与东盟各国的关系具有深厚的历史基础。古代中国与东南亚各国的经贸往来自春秋时期始已有两千多年的历史。由于中国与东南亚经贸关系的繁荣，秦汉时期的番禺（今广州）就已成为“珠玑、犀、玳瑁”等海外产品聚集的"都会"(《史记》卷69《货殖列传》)。自汉代以来,中经三国、两晋、南北朝至隋唐,中国与东南亚各国的商贸迅速发展。大约在开元初,唐朝在广州创设了"市舶使",作为专门负责管理对外贸易的官员;宋元时期鼓励海外贸易的政策促使中国与东南亚各国经贸往来出现了前所未有的繁荣;至明朝,郑和下西洋,加强了中国与东南亚各国的联系,把双方的商贸往来推向了新的高潮;自明代始,大批华人移居东南亚,带去了中国先进的生产工具和生产技术。尽管自明末清初,西方殖民者东来,中国几番海禁,16世纪开始,东南亚各国和地区相继沦为殖民地,至1840年中国也沦为半殖民地半封建社会,使中国与东南亚各国的经贸往来呈现复杂局面,但双方的贸易仍然在发展。二战以后,由于受世界格局的影响以及各国不同条件的制约,中国与东南亚各国的经济关系经历了曲折的历程。直到20世纪70年代,国际形势变化,东南亚各国开始调整其对华政策,中国与东南亚各国的国家关系逐渐实现正常化,经济关系得以迅速恢复和发展。20世纪80年代末期冷战结束至90年代初,国际和区域格局发生重大变化,中国与东南亚各国的关系出现了新的转折,双边经济关系进入全面合作与发展的新阶段。总之,中国与东盟各国合作关系历史由来已久,渊源深厚。

总序发展中国家区域经济合作浪潮的兴起和亚洲的觉醒是东盟得以建立起来的主要背景。20世纪60年代至70年代,发展中国家区域经济一体化第一次浪潮兴起,拉美和非洲国家涌现出中美共同市场、安第斯集团、加勒比共同市场等众多的区域经济一体化组织。20世纪90年代,发展中国家区域经济一体化浪潮再次兴起。在两次浪潮的推动下,发展中国家普遍意识到加强区域经济合作的必要性和紧迫性,只有实现区域经济一体化才能顺应经济全球化的世界趋势并减缓经济全球化带来的负面影响。亚洲各国正是在这一背景下觉醒并形成了亚洲意识。战前,亚洲是欧美的殖民地。战后,亚洲各国尽管已经独立但仍未能摆脱大国对亚洲地区事务的干涉和控制。20世纪50年代至60年代,亚洲各国民族主义的意识增强,已经显示出较强烈的政治自主意愿,要求自主处理地区事务,不受大国支配,努力维护本国的独立和主权。亚洲各国都意识到,要实现这种意愿,弱小国家必须组织起来协同合作,由此"亚洲主义"得以产生,东盟就是在东南亚国家这种意愿的推动下,经过艰难曲折的过程而建立起来的。

东盟是东南亚国家联盟的简称，在国际关系格局中具有重要的战略地位。东盟的战略地位首先是由其所具有的两大地理区位优势决定的：一是两洋的咽喉门户。东南亚处于太平洋与印度洋间的"十字路口"，既是通向亚、非、欧三洲及大洋洲之间的必经之航道，又是南美洲与东亚国家之间物资、文化交流的海上门户。其中，每年世界上50%的船只通过马六甲海峡，这使得东南亚成为远东制海权的战略要地。二是欧亚大陆"岛链"重要组成部分。欧亚大陆有一条战略家非常重视的扼制亚欧国家进入太平洋的新月形的"岛链"，北起朝鲜半岛，经日本列岛、琉球群岛、我国的台湾岛，连接菲律宾群岛、印度尼西亚群岛。东南亚是这条"岛链"的重要组成部分，是防卫东亚、南亚大陆的战略要地。其次，东盟的经济实力也决定了其战略地位。1999年4月30日，以柬埔寨加入东盟为标志，东盟已成为代表全部东南亚国家的区域经济合作组织。至此，东盟已拥有10个国家、448万平方公里土地、5亿人口、7370亿美元国内生产总值、7200亿美元外贸总额，其经济实力在国际上已是一支重要的战略力量。再次，东盟在国际关系中还具有重要的政治战略地位，东盟所处的亚太地区是世界大国多方力量交汇之处，中国、美国、俄罗斯、日本、印度等大国有着不同的政治、经济和安全利益追求。东盟的构建在亚太地区的国际政治关系中加入了新的因素，对于促进亚太地区国家特别是大国之间的磋商，制衡大国之间的关系，促进大国之间的合作具有极其重要的作用。

在保证了地区安全稳定、推进国家间的合作、增强了国际影响力的同时，东盟也面临一些问题。东盟各国在政治制度等方面存在较大差异，政治多元的状况会严重地影响到合作组织的凝聚力；大多数成员国经济结构相似，各国间的经济利益竞争也会直接影响到东盟纵向的发展进程。长期以来，东盟缺乏代表自身利益的大国核心，不但影响政治经济合作的基础，特别是在发生区域性危机时无法整合内部力量来抵御和克服，在外来不良势力来袭时会呈现群龙无首的状态，对于区域合作组织的抗风险能力的提高极为不利。因此，到区域外寻求稳定的、友好的战略合作伙伴是东盟推进发展要解决的必要而紧迫的问题。中国改革开放以来的发展及其所实行的外交政策，在1992年东亚金融危机中的表现，以及中国加入WTO,使东盟不断加深了对中国的认识。随着中国与东盟各国的关系的不断改善和发展,进入新世纪后,中国与东盟进入区域经济合作的新阶段。

发展与东盟的战略伙伴关系是中国外交政策的重要组成部分。从地缘上看,东南亚是中国的南大门,是中国通向外部世界的海上通道;从国际政治上看,亚太地区是中、美、日三国的战略均衡区域,而东南亚是亚太地区的"大国",对中、美、日都具有极其重要的战略地位,是中国极为重要的地缘战略区域;从中国的发展战略要求看,东南亚作为中国的重要邻居是中国周边发展环境的一个重要组成部分,推进中国与东盟的关系,还可以有效防止该地区针对中国的军事同盟,是中国稳定周边战略不可缺少的一环;从经济发展的角度看,中国与东盟的合作对促进双方的贸易和投资,促进地区之间的协调发展具有极大的推动作用,同时,这一合作还是以区域经济一体化融入经济全球化的重要步骤。从中国的国际经济战略要求看,加强与东盟的联系直接关系到我国对外贸易世界通道的问题,预计在今后15年内,中国制造加工业产值将提高到世界第二位,中国与海外的交流日益增多,东南亚水域尤其是马六甲海峡是中国海上运输的生命线,因此,与东盟的合作具有保护中国与海外联系通道畅通的重要意义。总之,中国与东盟各国山水相连的地理纽带、源远流长的历史交往、共同发展的利益需求,形成了互相合作的坚实基础。经过时代风云变幻的考验,中国与东盟区域合作的关系不断走向成熟。东盟已成为中国外交的重要战略依托,中国也成为与东盟合作关系发展最快、最具活力的国家。

中国—东盟自由贸易区的建立是中国与东盟各国关系发展的里程碑。中国—东盟自由贸易区是一个具有较为严密的制度安排的区域一体化的经济合作形式,这些制度安排、涵盖面广、优惠度高。它涵盖了货物贸易、服务贸易和投资的自由化及知识产权等领域,在贸易与投资等方面实施便利化措施,在农业、信息及通信技术、人力资源开发、投资以及湄公河流域开发等五个方面开展优先合作。同时,中国与东盟的合作还要扩展到金融、旅游、工业、交通、电信、知识产权、中小企业、环境、生物技术、渔业、林业及林产品、矿业、能源及次区域开发等众多的经济领域。中国—东盟自由贸易区的建立既有助于东盟克服自身经济的脆弱性,提高其国际竞争力，又为我国对外经贸提供新的发展空间，对于双边经贸合作向深度和广度发展都具有重要的推动作用。中国—东盟自由贸易区拥有近18亿消费者，人口覆盖全球近30%；GDP近4万亿美元，占世界总额的10%；贸易总量2万亿美元，占世界总额的10%，还拥有全球约40%的外汇；这不仅大大提高了中国和东盟国家的国际地位，而且将对世界经济产生重大影响。

广西在中国—东盟合作关系中具有特殊的地位。广西和云南一样都处于中国与东盟国家的结合部，具有面向东盟开放合作的良好的区位条件。从面向东盟的地理位置看，桂越边界1020公里，海岸线1595公里，与东盟有一片海连接；从背靠国内的区域来看，广西位于西南和华南之间，东邻珠江三角洲和港澳地区，西毗西南经济圈，北靠中南经济腹地。这一独特的地理位置使广西成为我国陆地和海上连接东盟各国的一个“桥头堡”，是我国内陆走向东盟的重要交通枢纽。广西与东盟各国在经济结构和出口商品结构上具有互补性。广西从东盟国家进口的商品以木材、矿产品、农副产品等初级产品为主，而出口到东盟国家的主要为建材、轻纺产品、家用电器、生活日用品和成套机械设备等工业制成品。广西与东盟各国的经济技术合作具有很好的前景和很大的空间。广西南宁成为中国—东盟博览会永久承办地，泛北部湾经济合作与中国东盟“一轴两翼”区域经济新格局的构建为广西与东盟各国的合作提供了很好的平台。还有，广西与东南亚各国有很深的历史人文关系，广西的许多民族与东南亚多个民族有亲缘关系，如越南的主体民族越族与广西的京族是同一民族，越南的岱族、侬族与广西壮族是同一民族，泰国的主体民族与广西的壮族有很深的历史文化的渊源关系，这些都是广西与东盟接轨的重要的人文优势。本世纪之初以来，广西成功地承办了自2004年以来每年一届的中国—东盟博览会和商务与投资峰会以及泛北部湾经济合作论坛、中国—东盟自由贸易区论坛、中越青年大联欢等活动，形成了中国—东盟合作“南宁渠道”，已经显示了广西在中国—东盟合作中的重要作用。总之，广西在中国—东盟关系发展中占有重要地位。在中国—东盟关系发展中发挥广西的作用，既是双边合作共进的迫切需要，对于推动广西的开放开发，加快广西的发展也具有十分重要的意义。

中国—东盟自由贸易区一建立就取得显著的效果。据统计，2010年

1～8月份，中国对东盟出口同比增幅达40%，对这一地区的出口额占我国出口总值的比重达8.9%。当然，这仅仅是一个良好的开端。要继续深化中国与东盟的合作，使这一合作更为成熟并达到全方位合作的实质性目标，还需要从战略上继续推进，在具体措施上继续努力。无论是总体战略推进还是具体措施的落实都需要理论思考、理论研究作底蕴进行运筹和决策。因此，不断深化中国与东盟及各国关系的研究就显得更加必要了。

加强对东盟及东盟各国的研究是国际区域经济和政治、文化研究学者的一项重要任务。东盟各国及其区域经济一体化的稳定和发展是我国构建良好的周边国际环境和关系的关键。东盟区域经济一体化的发展受到很多因素的制约。东盟各国经济贸易结构的雷同和产品的竞争，在意识形态、宗教历史、文化习俗、发展水平等方面的差异性，合作组织内部缺乏核心力量和危机共同应对机制等因素都会对区域经济一体化的进一步发展带来不利影响。要把握东盟各国及其区域经济一体化的走向，就要加强对东盟各国国别历史、现状、走向的研究，同时也要加强东盟区域经济一体化有利因素和制约因素的走向和趋势的研究。

如何处理我国与东盟各国关系的策略、战略也是需不断思考的重要问题。要从战略上发挥我国在与东盟关系的良性发展中的作用，形成中国—东盟双方共同努力的发展格局；要创新促进双边关系发展的机制体系；要进一步深化和完善作为中国—东盟合作主要平台和机制的中国—东盟自由贸易区，进一步分析中国—东盟自由贸易区的下一步发展趋势和内在要求，从地缘关系、产业特征、经济状况、相互优势等方面充实合作内容，创新合作形式，完善合作机制，拓展合作领域，全面地发挥其积极的作用。所有这些问题都要从战略思想到实施措施上展开全面的研究。

广西在中国—东盟关系发展中如何利用机遇、发挥作用需要从理论和实践的结合上不断深入研究。要在中国—东盟次区域合作中进一步明确广西的战略地位，在对接中国—东盟关系发展中特别是在中国—东盟自由贸易区的建设发展进程中，发挥广西的优势进一步打造好中国—东盟合作的"南宁渠道"。如何使"一轴两翼"的泛北部湾次区域合作的机制创新成为东盟各国的共识和行动，不仅要为中国—东盟关系发展创新形式，拓展领域，也要为广西的开放开发，抓住中国—东盟区域合作的机遇实现自身发展创造条件。如何在中国—东盟区域合作中不断推动北部湾的开放开发,形成热潮滚滚的态势,这些问题都需要不断地深化研究。

综上所述,中国与东盟各国的关系无论从历史现状还是发展趋势都是需要认真研究的重大课题。广西大学作为地处中国与东盟开放合作的前沿区域的"211 工程"高校应当以这些研究为己任,应当在这些重大问题的研究上产生丰富的创新成果,为我国与东盟各国关系的发展,为广西在中国—东盟经济合作中发挥作用并使广西跨越发展作出贡献。

在中国与东盟各国关系不断发展的过程中,广西大学中国—东盟研究院的学者、专家们在中国—东盟各项双边关系的研究中进行了不懈地探索。学者、专家们背负着民族、国家的责任,怀揣着对中国—东盟合作发展的热情,积极投入到与中国—东盟各国合作发展相关的各种问题的研究中来。"梅花香自苦寒来,十年一剑宝鞘出。"历经多年的积淀与发展,研究院的组织构架日臻完善,团队建设渐趋成熟,形成了立足本土兼具国际视野的学术队伍。在学术上获得了一些喜人的成果,比较突出的有:取得了"CAFTA 进程中我国周边省区产业政策协调与区域分工研究"与"中国—东盟区域经济一体化"两项国家级重大课题;围绕中国与东盟各国关系的历史、现状及其发展从经济、政治、文化、外交等各方面的合作以及广西和北部湾的开放开发等方面开展了大量的研究,形成了一大批研究论文和论著。这些成果为政府及各界了解中国—东盟关系的发展历史,了解东盟各国的文化,把握中国—东盟关系的发展进程提供了极好参考材料,为政府及各界在处理与东盟各国关系中的各项决策中发挥了咨询服务的作用。

这次以《广西大学中国—东盟研究院文库》的形式出版的论著仅仅是学者、专家们的研究成果中的一部分。《文库》的顺利出版,是广西大学中国—东盟研究院的学者们在国家"211 工程"建设背景下,通过日夜的不辞辛苦、锲而不舍的研究共同努力所取得的一项重大的成果。《文库》的作者中有一批青年学者,是中国—东盟关系研究的新兴力量,尤为引人注目。青年学者群体是广西大学中国—东盟研究院未来发展的重要战略资源。青年兴则学术兴,青年强则研究强。多年来,广西大学中国—东盟研究院着力于培养优秀拔尖人才和中青年骨干学者,从学习、工作、政策、环境等各方面创造条件,为青年学者的健康成长搭建舞台。同时,众多青年学者们也树立了追求卓越的信念,他们在实践中学会成长,正确对待成长中的困难,不断走向成熟。"多情唯有是春草,年年新绿满芳洲。"学术生涯是一条平凡而又艰难、寂寞而又崎岖的道路,没有鲜花,没有掌声,更多的倒是崇山峻岭、荆棘丛生。但学术又是每一个国家发展建设中不可缺少的,正如水与空气之于人类。整个人类历史文化长河源远流长,其中也包括一代又一代学者薪火相传的辛勤劳绩。愿研究院的青年学者们,以及所有真正有志献身于学术的人们,都能像春草那样年复一年以自己的新绿铺满大地、装点国家壮丽锦绣的河山。

当前,国际政治经济格局加速调整,亚洲发展孕育着重大机遇。中国同东盟国家的前途命运日益紧密地联系在一起。在新形势下,巩固和加强中国—东盟战略伙伴关系,不断地推进和发展中国—东盟自由贸易区的健康发展是中国与东盟国家的共同要求和共同愿望。广西大学中国—东盟研究院将会继续组织和推进中国与东盟各国关系的研究,从区域经济学的视角出发,采取基础研究与应用研究相结合、专题研究与整体研究相结合的方法,紧密结合当前实际,对中国—东盟自由贸易区建设这一重大战略问题进行全面、深入、系统的思考。在深入研究的基础上提出具有前瞻性、科学性、可行性的对策建议,为政府提供决策咨询,为相关企业提供贸易投资参考。随着研究的深入,我们会陆续将研究成果分批结集出版,以便使《广西大学中国—东盟研究院文库》成为反映我院中国—东盟各国及其关系研究成果的一个重要窗口,同时也希望能为了解东盟、认识东盟、研究东盟、走进东盟的人们提供有益的参考与借鉴。由于时间太紧,本文库错误之处在所难免,敬请各位学者、专家及广大读者不吝赐教,批评指正。

是为序。

(作者系广西大学中国—东盟研究院院长)

2011年1月11日

目　录

图表目录

第1章 导论

在现代市场经济中，越来越多的交易关系表现为信用关系，信用关系已成为现代社会信用体系建设的矛盾核心，没有良好的信用，将难以保证宏观经济的正常运行，企业也将不能长期、健康发展。建立衡量企业信用状况的评价指标体系，是及时发现并有效解决企业信用建设中存在的问题，推动企业信用健康发展的基础性工作。本章是首先阐述本文的背景、意义和目的，接着综述国内外对企业信用评价的研究，将所收集的有关研究文献分类整理，针对选题的内容，搜集整理国外企业征信体系建设的观点，整理关于我国信用环境建设研究的各方面文献，按照区域经济发展理论与政策演变、区域经济发展差距与信用环境差距的形成与解决方案、生产贸易链条件下企业信用评价体系建设的必要性与方法、工具分别加以阐述，以期通过文献的梳理，以期为下文研究的区域经济合作背景下如何构建生产贸易链条件下企业信用评价体系的选择恰当方法，改善我国信用环境以便适应激烈的国际和地区市场竞争。

1.1 问题的提出

我们党和政府历来重视区域发展不平衡问题,并高度重视经济和社会发展的战略布局,制定了一系列关于促进区域协调发展的重大方针政策和措施。从“三步走”的战略部署到“两个大局”的战略构想,再到适时提出实施西部大开发战略、支持东北地区等老工业基地振兴战略和中部崛起战略,党和政府在促进地区经济协调发展,逐步缩小地区发展差距,试图形成东、中、西互动、优势互补、相互促进、共同发展的努力一直没有停止过。这些区域战略或政策措施的实施已经有了一段相当长的时间,可是收效不大。如何优化国家区域经济发展政策,落实相应配套政策措施,完善相关制度建设,创造良好的区域经济发展环境,实现既定的区域协调发展的目标成为摆在我们面前的重要课题。

我们总是试图通过政策倾斜去消除差异进而实现全国大同,在逻辑上是不是有问题,是否需要转换思路?如果承认区域差异的存在是客观和长期的,如果承认不同区域的经济发展中存在着阶段性和差异性,那么,我们以外力单纯地去追求相对均衡是否合适?市场经济条件下我们强调尊重市场机制,尊重市场规律与适度的行政干预是否可以找到结合点?在区域经济协调发展中,是以政府的作用为主,还是要培育企业的力量?如何去创造一个良好的区域经济协调发展的环境,并且在这一过程中着重解决哪些问题?这些问题都有待我们作出科学回答。论证并研究这些理论并能给予实证支持,将为区域经济协调发展找到一条科学的解决路径。要实现这一思想,我们就需要考察区域经济协调发展的动因及其阻滞因素,发现推动区域协调发展的积极要素并将其充分挖掘。

1.1.1 区域经济战略是建设全面小康、推进和谐社会的必然

我们的社会目前所达到的是“总体小康”,是一个低水平的、不均衡的小康,是在“部分先富”这个思想指导下实现的。而全面建设小康社会是本世纪头20年中国发展的主题和基本任务,“共同富裕”是全面建设

小康社会的主题。党的"十六大"报告对全面建设小康社会给出了如下六个方面的定性概念:"使经济更加发展、民主更加健全、科教更加进步、文化更加繁荣、社会更加和谐、人民生活更加殷实"。长期以来,在"效率优先,兼顾公平"战略的指导下,我国区域经济快速发展,取得了一定的成就。在我国,区域经济发展差距过大已经成为事实,如果不加以调整,势必影响整个国民经济的健康发展,最终导致整个国民经济体系出现严重的问题,共同富裕就成为一句空话,到本世纪中叶,人均国民生产总值达到中等发达国家水平的第三步发展战略就难以实现。中、西部地区虽然经济总量和经济发展水平低于东部地区,但占有我国绝大部分国土面积和人口,是全国经济发展的资源基础和重要市场,在全国总体发展中占有重要地位,中、西部地区发展相对滞后,区域性差距持续扩大,已成为实现全面建设小康社会和第三步战略目标的制约因素。统筹区域经济发展战略有利于形成三大区域互补互动的发展局面,促进整个国民经济的发展。通过实施这一发展战略,客观上可以改变三大区域各自为政的局面,实现优势互补,共同发展,使东、中、西部地区形成各具特色、优势互补的经济和社会发展体系。

然而地区之间、社会成员之间的差距越来越大,社会公平越来越受到挑战。区域经济发展的差距过大使得实现全面建设小康社会的战略目标面临巨大挑战。只有协调发展,才能逐步缩小东、中、西部的发展差距,从根本上解决面临的困难和问题。统筹区域经济发展战略的实施可以有效地调整这一现象,在制度、体制等层面上构建起新的社会公平体系,使区域经济发展差距逐步缩小,最终达到共同富裕,实现全面建设小康社会的目标。而且,如果没有区域经济的协调发展,就很难实现整个社会的协调发展。统筹区域经济发展正是以人为本的科学发展观的重要体现,突出人的主体性,把人的全面发展作为社会经济发展的终极目标,统筹区域经济发展必将为实现这个目标奠定基础。

1.1.2 区域经济合作成为区域经济协调发展的主流

我国地区层面在资源禀赋、产业结构和生产能力方面各有所长,并形成了一定的产业分工格局,特别是以自然资源禀赋形成的专业化分工比重较大。在我国市场开放不断深化的条件下,越来越多的地区已经注意到加强区域合作共同赢得市场的重要性。有的学者由此提出：各地区生产优势和贸易优势不一，资源配置效率各异，针对不同层次的区域融资能力、经济发展程度和自然资源水平的不同情况，可考虑增大地区间在产业内相互投资，优化出口分工，避免重复布局和恶性竞争。如果构建出一个能将生产和贸易紧密相连的区域生产贸易链，并对两者的紧密结合关系作出制度上和法律上的规定，使其具有约束性和稳定性，才能使整个链条上的生产贸易活动自然成链，浑然一体，由此形成区域内生产贸易互动、协调、健康发展的局面，同时可以更有利地培育区域内各地在生产和贸易方面的国际竞争力。

区域经济合作是不可阻挡的潮流，“长三角”、“泛珠三角”、“环渤海”、“泛北部湾”等区域合作概念提出即得到相关地区的积极响应。与此同时，区域经济合作发展的动机、地域分布及组织形式出现了一系列变化，主张区域之间在合作的基础上建立互补性竞争关系已经成为一种主流声音。改革开放后粤港经济的优势互补，曾为大珠三角的经济腾飞作出了积极的贡献，不能不说是区域经济合作的典范。那么，基于这一模式，国内相关区域（长三角、珠三角与“泛珠三角”、环北部湾与“泛北部湾”、振兴东北与东北亚经济合作等）正在朝着建立更紧密的经贸合作关系发展，消除各种不利区域经济合作的障碍，以期在特定的区域内实现商品、货物、资本、信息、技术的自由流动以及人员的有限流动，促进区域资源共享、优势互补、互利互助、共同发展，共同增强市场竞争力，推进区域经济协调发展。可是，我们现在面临的问题是，区域经济合作的支撑条件建设滞后，在开放的市场条件下，特别是在区域生产贸易链形成愈加紧密的情况下，如何推进跨行政边界区域合作尤其是企业间合作就成为亟待解决的现实问题。

1.1.3 企业跨区域协作将成为区域协调发展的重要推动力

作为区域经济的微观“细胞”，企业在区域经济中扮演非常重要的角色。随着社会主义市场经济体制不断完善，企业在区域经济发展中的地位愈来愈重要。企业经营自主权不断扩大，使企业对区域生产要素，包括资金、技术、人才的支配能力不断增强。为了更好利用企业外资源，绕开各种显性或隐性区域贸易壁垒限制，增强应对激烈市场竞争的能力，企业之间不断在研发、生产、销售和资金方面开展合作,有时候一个企业往往与其他企业开展多种形式的合作,使企业之间形成错综复杂的合作网络。在合作过程中,企业之间在资金、技术、人才、企业管理经验等方面不断交流,促进了区域生产要素的跨区域流动,对区域经济空间格局演化产生重要影响。通过企业合作,落后地区可以充分利用外部资源,承接发达地区生产要素的"蛙跳式"扩散,实现跨越式发展,并通过涓滴效应,拉动毗邻企业和地区的快速发展,逐步形成区域经济网络。此外,由企业合作所引致的隐含性交易,对区域经济发展也产生重要影响。在产业梯度转移和产业结构不断优化升级过程中,落后地区丰富廉价的劳动力资源优势和土地资源优势虽然得到很大程度的发挥,但隐含性交易造成的环境污染和生态破坏等往往对落后地区经济的长远发展产生很大制约作用。

企业之间的跨区域合作极大地推动了区域生产要素的跨区域流动,使区域生产要素呈现"蛙跳式"扩散模式。一般来讲,经济发展水平高的地区,其企业实力也比较雄厚,在企业合作过程中往往向外输出生产要素,比如资金、技术等。经济发展水平低的地区,其企业实力大多也相对薄弱,在合作过程中往往受到外来资金、技术的输入。正是由于企业的跨地区合作,促进了区域生产要素的"蛙跳式"空间扩散。对于生产要素输出地来说,由于企业的跨区域合作推动了区域生产要素的跨区域流动,这在一定程度上削弱了生产要素输出企业对当地企业的辐射带动作用,使企业对外辐射产生了空间上的跃迁。对于接受生产要素输入的企业来说,可以借助外来资源壮大企业规模,提升企业技术水平,引进先进的企业管理经验,促进企业的快速发展。企业跨区域合作所引致的区域生产重要素"蛙跳式"扩张,为落后地区跨越式超常规发展提供了机遇和可能。

在企业跨区域合作过程中,生产要素通过"蛙跳式"扩散,不仅能够对直接接受生产要素输入的企业产生重要作用,而且由于技术、信息、企业管理模式等具有很大的外溢性,即正的外部性,还可以使毗邻企业从中受益,这也就是企业合作的涓滴效应。涓滴效应往往是生产要素"蛙跳式"扩散的后续影响,对于促进接受生产要素转移地区的经济快速发展具有重要意义。由于技术、信息、管理模式的外部性,使其对毗邻企业产生了充分的示范带动作用,使区内毗邻企业在没有付出任何代价的基础上就可以获得很大收益，在很大程度上可以促进毗邻企业的快速发展。而且，涓滴效应可以向外层扩散，不断扩大影响范围，拉动相关区域性的快速发展。对于生产要素输出地来说，由于生产要素的跃迁性输出，对输出地毗邻企业的涓滴效应可能会相应减弱。

企业合作所产生的生产要素"蛙跳式"扩散以及后续的涓滴效应，可以推进区域性经济发展的不断网络化。在工业化时代，企业之间的联系相对比较单一，在市场竞争中，企业往往仅注重个体利益的追求。当然，在工业化中后期，也有不少企业认识到企业之间相互联合兼并的一体化战略可以在一定程度上垄断市场，获取超额利润。但是，这是建立在以损害经济效率为代价的，因此在很多国家都受到限制。于是，企业开始寻求介于市场交易和一体化之间的合作通过生产要素的"蛙跳式"扩散以及涓滴效应，使企业结成密切联系的网络。在这种合作网络中，企业之间的命运息息相关，任何一个企业的兴盛衰败都会对合作网络内的其他企业产生重要影响，企业更加注重合作过程中的整体利益分成。企业合作的网络化，使企业可以在更广阔的范围内配置资源和开拓市场，在很大程度上推动了企业之间的专业化分工，发挥了企业的比较优势。比如在同一个区域内的企业之间开展合作，可以有效整合企业既有资源，避免过度的内部竞争，形成优势互补的专业化分工格局。不同区域的企业开展合作，则可以使企业在更广阔的范围内配置资源和开拓市场，发挥不同企业的比较优势，取得联合效益。

1.1.4 良好的社会信用环境是生产贸易链形成的根本保证

稳定可靠的社会信用体系更是生产贸易链有效运行的重要基础条件。市场经济的利益主体多元化，经济交换通过市场由参与者自主完成，良好的社会信用制度可以使生产贸易链下的经济交换参与者方便、快捷地获取对方真实的信息，降低交易费用，减少风险，活跃国民经济。尽管我国由计划经济向市场经济的转型已取得显著进展[①]，却一直没有建立起符合市场规范的社会信用体系与制度，使信用主体的行为缺乏必要的

① 陈文玲：《中美信用制度建设的比较与借鉴》，《经济社会体制比较》2003年第1期。

制度约束和预算约束,造成信用市场中普遍的道德风险和违约行为,大大增加了信用主体的交易成本,导致社会信用供给的严重短缺和市场经济秩序的混乱,从而制约了区域生产贸易链的形成。

对上述问题,刘少波①、蒋海②曾作过一些初步分析,许多学者也从不同层次和角度(张维迎③;林钧跃④;魏玮等⑤;孙智英⑥;李健⑦;陈文玲⑧)对该问题产生的原因和治理进行了研究和分析,比较一致的观点是:中国在经济转轨过程中忽略了对社会信用制度的培育与建设,加上法制体系还不健全及执法力度不够,造成信用主体的预算软约束,使违约的收益远远高于成本。随着经济规模的扩大,很多企业已经开始跨市、跨省、跨国交易;经济合作方式的增加,来件装配、来料加工、来样定制、对外经济合作中常见的补偿贸易,还有代理、代销等各种批零销售方式的出现,使跨区域信用活动成为寻常。信用好的企业不但在商业银行对其的审核中更容易获得贷款,而且在与其他企业的贸易往来中更容易以其良好的信用获得商机。鉴于社会信用体系对市场经济运行和区域生产贸易链构建的重要性以及我国社会主义市场经济建设进程的加快,我国政府应该采取有力措施,争取在"十一五"计划时期建立覆盖全国的社会信用体系基本框架。

1.1.5 金融资源跨行政区域配置需要科学的企业信用评价制度

在生产贸易链条件下,企业活动很大比例为跨行政区域活动,因此在行政性区域范围内建立的企业信用评价体系并无太大意义。尽管构建一个全国统一的征信(信用)体系应该是最终目标,但全国统一的征信体系难以顾及到区域层面的现实问题。如果依据一个全国统一的企业信用评

---

① 刘少波:《信用缺失及其治理》,《学术研究》2001 年第 8 期。

② 蒋海:《不对称信息、不完全契约与中国的信用制度建设》,《财经研究》2002 年第 2 期。

③ 张维迎:《法律制度的信誉基础》,《经济研究》2002 年第 1 期。

④ 林钧跃:《失信惩罚机制的设计和维护》,《经济社会体制比较》2002 年第 3 期。

⑤ 魏玮、史耀疆:《渐进转轨中我国信用制度的扭曲及其纠正》,《经济社会体制比较》2002 年第 3 期。

⑥ 孙智英:《信用问题的经济学分析》,中国城市出版社 2002 年版。

⑦ 李健:《论加强社会信用的基础建设》,《财贸经济》2002 年第 5 期。

⑧ 陈文玲:《中美信用制度建设的比较与借鉴》,《经济社会体制比较》2003 年第 1 期。

价体系，则发达地区的企业由于其经营规模大、资产质量高、经营效益好而获得较高的资信评级，其融资相对容易。但是，落后地区的企业由于其所处的经济发展环境相对偏弱，尽管其经营效益好、资产质量高，但由于其规模有限，使得其资信评级相对较低，获得融资难度较大。特别是在生产贸易链条件下，具有贸易优势的终端企业往往效益最好，且这类企业大多在发达地区，相对来说，依赖价格低廉的劳动力、靠近原材料出产地从而具有生产优势的企业大多在落后地区，尽管其资信评级较低，但由于其处于生产贸易链条上，其还款能力依赖生产贸易链终端企业的产品结算。在这种情况下，如果给予生产贸易链终端企业较高的资信评级，那么终端企业将会及时结算，上游企业的还款是有保证的，同样应该给予上游企业同样的资信评级使其获得融资。也许终端企业所在地的金融机构了解这一生产贸易链条，愿意给予上游生产企业融资，但由于行政区划限制，这一可能性被大大降低。上游生产企业更多是从所在地金融机构取得融资，如果在一个统一的企业资信评级体系下，上游生产企业往往由于较低的资信评级难以获得金融支持。如果在一个区域经济合作框架下，有一个区域性的企业资信评级体系，这一体系能够考虑生产贸易链条件下的企业融资地位差异，这一问题就容易得到解决。

而且，在区域经济日趋融合的大背景下，“建立一个市场和政府扶持相结合的区域金融资源配置体系①”是大势所趋。伴随区域经济发展，省区间经济融合程度加深，有必要自上而下，建立区域性跨行政边界的企业信用评级体系，为区域经济合作构建良好的支撑条件。这一信用评级体系建设应充分考虑到各地区间经济发展不平衡，信用基础状况也不尽相同，注重统筹协调，积极吸收国际上有关征信研究的最新成果，在立足国情的基础上，博采众长，加强交流和合作，高起点、高水平地建设我国生产贸易链条件下企业信用评价体系。本文尝试将生产贸易链关系调整所引起的社会资本流动与信用环境的关系进行探讨，以此为基础构建区域层面信用评价体系。

① 唐双宁出席“2007 中国金融市场论坛”时发言。

1.2 研究综述

在前面的探讨中，我们知道了区域经济协调发展的战略背景，它是在国家经济实力达到一个阶段后的必然选择。在这一过程中，企业跨区域融合就会成为主流，但会遇到融资待遇不公平的问题，根源在于现行的信用评价体系难以适应区域企业跨行政边界合作的大趋势。近年来国内外关于区域经济合作、区域信用体系建设、征信体系建设的研究取得了很大的进展，学术界主要运用一些新的研究方法对信用风险度量、地区信用差异的构成与来源进行分解，以揭示引起地区信用差异变动的主要因素，产生了许多有价值的成果，文献缤纷。

1.2.1 相关概念的厘定

在国内关于信用体系建设有关讨论中，主要涉及三个概念：诚信、信用及征信。这三个概念涉及的核心内容都是信用、理解和分辨这三个概念，其本质就是如何理解信用本身。

一、关于诚信

随着改革开放的逐步深入和社会主义市场经济的进一步发展，我国在政治、经济、文化及社会生活方式等方面都发生了深刻而持久的变化。在这一变化过程中，诚信问题引起了社会各方面的极大关注，它不仅是商界和社会生活中人们讨论的一个热门话题，也成为理论界、学术界研究的热点。近年来，我国理论界就诚信的内涵、诚信的当代价值、诚信危机、诚信道德建设等问题进行了广泛、深入的研究，发表并出版了许多有分量的研究成果。

理论界普遍认为，哲学伦理学意义上的诚信包括诚信两方面："诚"即诚实、诚恳，是指真实不欺骗的品德，它要求人有真心、真言、真行，真诚地待人处事，反对欺骗、虚伪。它包含着忠诚于自己和诚实地对待别人的双重内涵。"信"即信用、信任，是指真实不欺、遵守诺言的品德。这种品德要求人们要对自己说过的话负责，要言而有信，诺而有行，行而有果，以信用取信于人。从逻辑关系看，诚实与守信互为因果、互为表里，诚实是守信之后所表现出来的品质；守信是诚实的依据和标准。诚是基础，具有本体论的意义，信是理性实践精神的外在表现。诚与信之间的关系，是体与用、目的与手段的关系。也有学者认为，诚信作为一种道德规范，在理论教育上应遵循由诚而信的逻辑，从诚信道德建设的具体实践层面上讲，则应从重信、守信入手。把“诚”与“信”连用而形成的诚信道德，其最高境界和要求是诚实信仰、忠诚信奉；其基本要求是诚实信用、诚实守诺；其最终归宿是忠诚信义、真诚负责。也有学者把诚信与忠诚、信义等同。根据孔颖达注“上好信，则民莫敢不用情”（《论语，子路》）中的“情，诚也”的说法，认为诚信与情、忠、义同义。还有学者从德性伦理的角度认为，诚信是人的一种品质，是一种以人的幸福为宗旨的伦理情感。

由于现代社会更注重信用制度的建立和个体偿债能力的强弱，所以法律意义上的诚信原则更加强调法律主体在经济活动中讲求信用、恪守诺言、诚实不欺，要求在不损害他人利益的前提下追求自己的利益。这一原则被民法奉为“帝王条款”。我国自1986年《中华人民共和国民法通则》确立诚实信用原则为民事活动的基本原则以来，至今为止，民法界就诚信原则在民法中的地位、功能及其法律保障和完善措施等问题做了相关研究。在如何理解诚信原则内涵的问题上，学术界形成了三种看法：一是语义学的解释，认为诚信即“守信不欺”，诚信原则是对民事活动的参加者不进行任何欺诈、恪守信用的要求；二是“一般条款说”，认为诚信原则既是对当事人进行民事活动时所必须具备的诚实心态的要求，也是对法官自由裁量权的授予，即法官根据公平正义原则进行创造性的司法活动，调节当事人之间、当事人与社会之间的利益关系；三是“两种诚信说”，即主观诚信与客观诚信，认为诚信原则是适用于全部民事关系的民法基本原则。① 在解释民法之所以要把诚实信用这一道德规范作为法律的基本原则时，多数学者认为，诚实信用是最基本的商业道德要求，只有遵循诚信准则，才能保证交易活动高效快速地进行，才能形成正当稳定的商业信用乃至社会信用和交易秩序。诚实信用是人们行为的最低标准，

---

① 徐国栋：《诚实信用原则研究》，中国人民大学出版社2002年版。

是维持起码的商业交易正常进行的基本准则,是道德底线。正因为此,在世界各国民事立法与司法中,诚实信用原则作为民事活动的基本原则被广泛采用。

有不少学者指出,作为道德原则的诚实信用,是市场经济最基本的道德准则,也是市场经济的黄金规则。市场经济愈发达,愈要求诚实守信,这是市场经济的内在要求,也是现代文明的基础与标志。正如恩格斯指出的:"现代政治经济学的规律之一就是:资本主义生产愈发展,它就愈不能采用作为它早期阶段的特征的那些琐细的哄骗和欺诈手段……的确,这些狡猾手腕在大市场上已经不合算了,那里时间就是金钱,那里商业道德必须发展到一定的水平,其所以如此,并不是出于伦理的狂热,而纯粹是为了不白费时间和劳动。"①亚当·斯密"理性经济人"的假设,也充分肯定了诚信的经济内涵。他形象地说,货币像葡萄酒一样,只有那些既没有购买它的资力,又没有借贷信用的人,才会常常感到缺乏。而有资力又有信用的人,在需要货币或葡萄酒时很少会感到缺乏。还有不少学者依据哲学伦理学意义上的诚信内涵这个"母本",从宗教学、心理学、社会学等方面研究了诚信的内涵及其相关问题。

诚信是建立良好的市场经济秩序的前提,是民族振兴的伦理基础。无论作为道德原则还是法律原则,诚实守信都是市场经济成熟的标志。一方面,市场经济是一种交换经济,它要求交易者必须诚实守信,平等交换,以保障市场经济活动的正常运行;另一方面,市场经济又是一种利益经济,最大限度地追求利益是其不变的本性。从经济学角度讲,诚信是一种资本,是企业的无形资产。不少学者认为,诚信不仅是一种美德,还是利益的内在驱动力,属于一种无形资产。它能使所有者和经营者依托有形资产获得更多的收益。诚信的这种功能体现在"诚招天下客,信引四方财"、"诚信是生财之道"、"诚信是生存之本"、"诚信是金"、"信用就是资本"等论断中。理论界普遍认为,以诚信道德规范社会经济秩序,其运作就会高效率低成本。相反,如果诚信道德丧失,社会经济运行就要付出极其高昂的成本,必然会对国家的正常生活造成极其不利的影响。

① 《马克思恩格斯全集》第22卷,人民出版社1965年版,第367~368页。

二、关于信用

现代汉语中的“信用”一词,通常即英文“credit”(用以解释或描述信用现象),同时具有诚信、相信、信任或声誉等含义。信用这一概念被赋予了两层不同的含义,一个是道德层面的,一个是经济学层面的。在道德层面上,信用是指人们诚实守信的品质与人格特征。在经济学层面上,信用是指有条件地让渡商品或货币,是价值运动的一种特殊形式,有商业信用、消费信用和国家信用之分。根据韦氏(Webster's)大词典的解释,信用是指“基于安全上的无需立即付款的买卖制度”。《大英百科全书》(Encyclopedia Britannica)对信用列出了七重解释,其中之一为:“基于信用基础上的对已售出的商品或劳务在约定的时间支付”,显然,这两种定义是基于不同角度的理解。《中国大百科全书》对信用的解释则为:“不同所有者之间的商品和货币资金的借贷及赊销预付等行为。”近现代西方经济学中有关信用问题的研究最早起源于信用本质和职能等一般问题上,在此基础上逐渐形成各种不同的信用理论。如,亚当·斯密、大卫·李嘉图的信用媒介理论和麦克鲁德、熊彼特以及韩等的信用创造理论,主要就是对“银行信用究竟是媒介资本还是创造资本”展开的论争。

我国经历了较长时期的计划经济体制,理论界对信用的研究起步较晚,对于与信用有关的相关概念,具有代表性的成果如下:曾康霖教授(1992)在其《信用论》中把信用定义为:以协议或契约为保障的不同时间间隔下的经济交易行为。同时他认为,发展商品经济需要资金,而资金的融通离不开信用。与之不同,著名教授秦池江(2001)指出现代意义上的信用不能单纯从融资意义上来认识,不只是“以偿还和付息为条件所形成的货币(或商品)借贷关系或债权债务关系”。现代经济中的信用,至少有四方面特点,即信用是一种无形资产;信用是取之不尽的资源;信用资格;信用是文化。张维迎(2001)①研究认为,中国目前的信用秩序混乱的现象完全是由于产权制度的缺陷,即作为我国市场主体的国有企业和国

① 张维迎认为,在这种产权制度的框架内无论进行什么样的改革都不可能创造出真正的信用。因此,要在中国建立真正的信用制度,唯一的改革思路是进行真正的产权改革,使所有的微观主体成为真正的所有者或市场主体。(参见《产权、政府与信誉》,张维迎著,三联书店,2001年版。)需要说明的是,本文的研究主要基于现有的制度环境进行,对建立我国企业征信体系所涉及的各方面重要问题进行探索,这与目前国内对征信体系的实践是一致的。

有银行没有独立的财产权所造成的。杜金富(2004)[①]给信用的定义是：受信人承诺事后按照约定的期限和其他条件还款而先行获取授信人的商品或服务，或承诺事后按照约定的期限和其他条件交付商品或提供服务而先行收取授信人的款项的经济关系。龙西安(2004)[②]在前人的研究基础上对信用的普遍含义进行了归纳，他认为可从以下三方面理解：狭义的信用即指借贷行为；中间层次的信用包括了借贷、赊销、租赁、国债等不同时间间隔下的经济交易行为；广义的信用指人们在交往中的相互信任问题。以此为基础，龙西安将征信领域所指的信用定义在中间层次上。[③]信用制度体系可以看作经济层面的信用含义，它包括政府信用、企业信用、个人信用、商业信用等方面，其所涉及的经济主体也就顺理成章地成为信用体系建设的对象。在界定了信用制度体系建设的内涵和外延之后，征信的概念也就水落石出了。

三、关于征信

相比之下，学术界对征信(英文即：Credit checking 或 Credit Investigation)的理解则较为统一。在我国，征信一词源于左传："君子之言，信而有征，故怨远于其身。"征信体系指的是企业和个人信用信息的征集、共享和报告制度。杜金富(2004)从征信起源进行了考察，他认为征信是贷款人(债权人)对借款人(债务人)能否还款情况的调查，是信用交易过程的一个环节。具体来看，包括单个贷款人主体征信和第三者征信[④]。征信体系则是包括征信法律、机构、市场、业务、标准、管理和科研等方面的总和。曹晓鲜(2005)[⑤]认为征信是对征信对象(企业、个人等)的信用信息进行采集、调查、加工、分析、预测、评级、使用等商业性活动。征信体系是在全国范围内采集企业和个人与信用交易有关的记录，并通过信用制度

① 杜金富、张新泽、李跃、王振营：《征信理论与实践》，中国金融出版社2004年版。

② 龙西安：《个人信用、征信与法》，中国金融出版社2004年版。

③ 与之相应，《辞海》(1999年版)列出了三种释义：谓以诚信任用，信任使用；遵守诺言，实践成约；以偿还为条件的价值运动的特殊形式。显然，这两种解释是不同的，龙西安的理解更多的是从经济学的角度来展开的。

④ 单个贷款人主体征信指由某一授信人在进行授信活动时，独自对受信人的自信状况和履约能力进行的一种调查；第三者征信又称征信所征信，是从贷款人联合共同调查借款人信用状况而独立出来的征信业务。

⑤ 曹晓鲜：《现代市场经济社会信用体系研究》，中南大学出版社2005年版。

的安排，满足市场对信用信息的需求。征信体系是一种社会制度，目的在于改变信用交易双方信息不对称的状况。龙西安（2004）对此作了较为详细的说明，他认为，信用征信是通过一定的机制把分散在不同授信机构、司法机构、行政机构等的能反映被征信者偿债意愿的信息（信用记录）集中到一个或若干个数据库中，让授信机构在授信决策时能方便、快捷地获得完整、真实的信息，从而大大地节约交易费用。

最早的征信理论是美国经济学者 Mark Sprint 于上个世纪五十年代创立，他将“征信”一词所对应的英文表述为 credit reporting 或者 credit investigation，意思是“信用报告、信用调查”，其现代解释是指信用信息的征集、揭露和使用，也可以说是企业或者个人等市场主体的信用状况的调查、核实、分析和评估。欧洲学者 Brightham 继之发展了这一理论，将征信分为企业征信和个人征信，认为征信业的发展可以为社会提供及时的信贷信息，提高透明度，提高银行贷款的速度和质量，更重要的是征信的发展对信贷业的进步也是有益的，它可以创造一些信誉良好的借款人和贷款人。世界银行高级经济学家 Magality Mily 对征信系统构成作出较完全阐述，她认为一般征信系统的构成中含有以下几个因素：民营信用登记系统（含商会和银行协会）；公共信息登记机构（含中央银行）；征信系统的法律框架；保护隐私及相关规定，包括商业秘密、个人隐私；征信系统的监管框架，这与一个国家金融机构的监管框架有密切的关系，也同该国法律实施的严密程度有关；经济体中其他有关借款人资料的特点；金融中心和其他机构对信用数据的使用情况；征信系统的文化内涵等等。英国经济学家 Charlie Smith 在对英国征信系统构成模式以及运行方面奠定了较好的理论基础，他主要主张是建立社会内部征信体系，首先要从研究的角度考察征信问题，尤其在征信立法方面涉及的工作包括银行数据保护、消费者权益保护等，同时还要特别重视向中小企业和贫困人口贷款，建立公共信息数据库等问题，除此之外，教育培训与对公众的宣传也是十分重要的。在发展中国家的征信体系建设中，泰国征信建设较为有典型借鉴意义。泰国经济学家 Buce 认为，推动泰国建立起较为完善的征信系统的因素主要有三个方面，资本市场重要性的提高，消费信贷的发展以及来自国外征信机构的竞争。在《征信业法》生效之前，泰国已经建立了两家征信公司：半官方的泰国信用局有限公司（TCB）和多家商业银行投资的中央征信服务有限公司(CCIS),相互配合开展征信业务。

四、关于信用与征信、信用体系与征信体系的界定

基于对信用的不同理解,目前理论界对于信用与征信、信用体系与征信体系的指向内容的界定仍较为模糊①。杜金富(2004)认为信用与征信的区别在于它们的表现形式和产品不同。信用的形式有:国家信用、企业信用、个人信用和其他信用(如投资信用等),产品包括国债、商业赊销、信用卡等。征信的形式主要是:个人信用调查、企业资信调查、资信评级和商业市场调查,产品包括信用报告、信用咨询、信用评分(评级)等。遗憾的是,这一理解仍未能指出两者的本质区别。对于信用体系、征信体系、诚信体系的关系,一种理解是,信用体系本质上指信用信息的服务体系,其基本活动是信用信息的采集、储存、整理、加工以及分析和评价。这与通常意义上的征信体系的含义基本相同。另一种理解认为,信用不仅指与价值运动相联系的债权债务关系及偿还情况,还包括更广义的诚实守信行为,在这一含义下,信用与诚信、信用体系与诚信体系的理解大致吻合。征信体系建设是建立有效信用体系的极为关键的环节。如果将信用体系看作一个大系统的话,征信体系只是其中的一个子系统。

由上分析,我们可以这样认为:诚信是信用的基础部分,信用在诚信的基础上赋予了经济活动的内涵。而征信,则在更高的层面上增加了对信用的管理要素,是信用管理的重要组成部分。因此,本文研究的生产贸易链条件下企业信用评价体系,应该是征信体系建设的一个关键环节,是信用管理的重要组成部分。更为重要的区别是,信用管理是一个全方位的体系,它涉及信用主体的身份识别、信用记录区域共享和失信惩戒机制等各个环节,而征信作为一个提供信用信息服务的产业,它仅涉及前两个方面,失信惩戒机制本身则是属于征信体系之外的范畴②。

1.2.2 关于企业信用评价体系建设的观点

一、关于企业信用的评价体系建设的必要性

---

① 从运用上看,2002 年 2 月全国金融工作会议首先提出"建立企业和个人征信体系的任务",同年 11 月十六届三中全会提出要"健全社会信用体系",而在实际工作中,"诚信体系建设"概念又被大量使用。

② 贺学会、尹晨:《信用体系与征信:概念与基本框架》,《金融理论与实践》2005 年第 2 期。

学者们均认为：在现代市场经济中，越来越多的交易关系表现为信用关系，信用关系已成为现代社会信用体系建设的矛盾核心，没有良好的信用，将难以保证宏观经济的正常运行，企业也将不能长期、健康发展。建立衡量企业信用状况的评价指标体系，是及时发现并有效解决企业信用建设中存在的问题，推动企业信用健康发展的基础性工作。林毅夫(2004)①从理论上分析了企业信用的重要性以及信用问题产生的根源，他认为，健康的企业信用是一个经济体系正常运行的基本保证，在市场经济中健全的企业信用体系尤为重要。陈文玲(2004)②从金融风险的角度指出，现在我国已经形成多元化的企业主体，但是在企业征信中仍然存在很多亟待解决的问题，例如，企业拖欠货款、不按约履行合同、生产假冒伪劣产品等现象和问题还很严重，使得信用风险成为我国金融业面临的最主要风险之一，商业银行因此面临巨额不良贷款风险。苏存(2005)③认为，信用缺失问题从表面上看是社会道德问题的经济问题，实际却是和制度有关。他从转型经济国家角度来阐述信用问题发生的原因是传统体制被打破，新机制尚未完善，信用体系在动态上没有得到有效建立。我们说的信用评价，就是根据"客观、公正、科学"的原则，采用规范程式和科学方法，综合评价履行经济承诺的行为、能力及可信任程度。在信息不对称的经济环境下，科学评价企业信用有助于防范企业经营风险，促进现代企业制度建立与完善；有助于降低信息不对称，保护投资者利益；有助于保持资本市场的秩序稳定，为资本市场管理部门审查决策提供客观的依据；有助于减少商业银行的风险，为其信贷资产风险管理提供可靠的依据，维护正常的社会经济秩序，也是建立社会信用体系的一项重要内容。杨子强、汪洋(2006)认为完善的征信体系是金融生态环境优化的重要标志，征信业的快速健康发展对营造和谐金融生态作用显著，政府的制度性安排是信用评级市场形成的重要推动力，而规范的市场化运作是信用评级市场赖以生存的根本。

二、关于建立一个怎么样的企业信用体系

① 林毅夫：《社会信用体系建设与金融改革》，《中国金融》2004年第12期。

② 陈文玲：《关于建立信用体系的几点看法》，《经济研究参考》2004年第3期。

③ 苏存：《信用缺失研究》，《金融研究》2005年第10期。

学者们看法不一:有的学者倾向于一步到位,建设一个全国统一的企业信用评价体系。苏宁(2004)[①]认为,中国征信体系的建立必须要适应中国市场的特殊需求,不能够完全照搬世界其他国家的模式,要借鉴国际经验,同时结合中国的现实情况,提出必须加强对企业信用约束管理,在建立严格的失信惩戒机制的同时,研究企业信用档案的统一征信标准、内容及办法,通过征信体系来建立覆盖全社会的信用记录、信用监督与信用保障体制,实现全社会共享的信用信息系统,由官方征信管理当局统一管理和指导。任兴洲(2005)[②]提出,我国企业信用评价体系建设要坚持一是要建立一个全国性的统一的有效的数据库,让守信的人得到好处,不守信的人寸步难行;二是要建立一个有效的中介体系,培育有信誉的品牌中介机构。曾宏(2004)[③]着重从当前我国建立征信体系的理论和政策进行探讨,他认为,2003 年中国人民银行担负起征信管理职能之后,我国企业信用征信体系建设方式应该首先从银行业为突破口,先由人民银行搭建信贷征信数据平台,营造信贷征信环境,力争在短期内首先奠定信贷征信体系的基础。

也有的学者倾向于渐进式改革,尽管最终是要建设一个全国统一的企业信用评价体系,但可以分地区、分阶段推进。廖文义(2004)[④]从实际角度出发认为,我国征信体系发展还处在初级阶段,市场发育和社会信用环境都还很不理想,需要充分发挥地方政府以及中央银行的引领和主导作用,推动和规范征信体系建设。赵怀勇(2002)[⑤]认为由联手工商、税务、海关等类似的行业管理部门分别组建各自的跨地区征信数据库,最后统一上报中央征信管理机构这样的管理部门来进行协调统一。张维建,路其永,齐爱国[⑥]等认为建立企业信用评价体系是一个系统工程,当务之急是从广泛参与的社会各界着手,把信用作为一种资格与能力,使之成为企业进入市场的“入场券”。认为应建立区域性信用等级评审机构、建立

① 苏宁:《积极推进我国征信体系建设》,《中国金融》2004 年第 14 期。

② 任兴洲:《建设中国信用制度的路径选择参考》,《金融研究》2005 年第 9 期。

③ 曾宏:《构建我国信贷征信体系有关问题的思考》,《南方金融》2004 年第 5 期。

④ 廖文义:《建设我国金融征信体系的设想和思考》,《南方金融》2004 年第 5 期。

⑤ 赵怀勇:《促进我国征信行业发展的政策建议》,国研网 2002 年 3 月。

⑥ 张维建、路其永、齐爱国:《建立企业信用评价体系的思考》,《济南金融》2004 年 12 期。

科学的信用评价指标体系及信用等级评定办法。

三、关于怎么样建设并推进信用体系建设

我国现代信用体系建设起步较晚,主要是从20世纪90年代后期开始。在理论方面,在信用体系建设的主体上,吴敬琏、林毅夫、陈清泰、曹凤岐、张德霖主张政府不应过多的直接介入信用体系的建设;石晓军,陈殿左主张由信用企业建立联盟的方式来进行信用体系的运作;李琨主张盈利为目的的信用中介机构应由市场运作,非盈利的机构由政府运作,并且要严格界定两者的界限。以上的理论从宏观层面上探讨了我国信用体系建设的主体,但是缺乏与具体的情况相结合。尤其在缺乏资金投入的地区,民间根本募集不到足够的资金来建设信用体系,况且信用体系建设又投资大,见效慢的特点,与公共设施建设具有相似性,需要待其成熟后再推向市场化运作。廖曼聪认为,我国企业信用评估体系如何建设,由谁来牵头建设,采用何种模式建设至今没有正式定论,未达成一致意见,但是,形势不可能等着人们的统一,相关工作现由人民银行紧锣密鼓逐步开展。这说明中国征信体系建设还有相当多的问题和争论还有待进一步解决,尤其是现有的研究内容主要集中在对发达国家征信体系模式的简单分析或者是对构建框架的表面设计上,还远不能完善解释中国复杂国情和多样化区域经济环境下的征信体系构建内涵。杨子强、汪洋(2006)认为:征信(信用)体系建设需要充分发挥政府作用,政府应处理好六个关系加快推进征信体系建设。商业银行是金融生态中最主要的主体之一,征信机制的完善、资信评级业的发展,不仅能够帮助商业银行进行客户筛选从而防范风险、提高资产质量,而且还可以通过对其所掌握的数据的深度挖掘,帮助商业银行进行市场细分和市场定位,为新产品的开发提供信息支持和风险分析。而中国人民银行征信管理局局长戴根有(2006)①表达了更为明确的想法:在征信体系建设中有两个问题值得探讨。一是基础征信体系建设是由政府推动办,还是由民间机构自发办。认为以公共征信机构的模式从事基础数据采集和基础信用报告的提供才符合我国实际。中国人民银行研究局局长唐旭(2006)也认为,在改善金融环境的过

① http://finance.jrj.com.cn/news/2007-11-24/000002969230.html

程中,政府的作用是十分重要的。在保护债权人和股东权益、稳定金融体系方面,政府有大量的资源可以利用。

四、关于是否有必要建设区域信用体系

目前我国东西部差距呈继续拉大趋势,区域间的非均衡发展必然会产生区域间的金融差距。因此,对不同地区的发展现状进行具体的理论分析,成为迫切需要解决的首要问题。当前,我国对地方信用体系建设理论的专题探讨仍处于刚刚起步阶段,随着市场机制的不断完善,各地方信用意识的逐步增强,地方信用体系建设理论的缺失,必将使其成为一个令人关注的重点研究对象。那么国家信用体系和地方信用体系之间到底是怎样的关系呢?

地方信用体系的内涵是地方性的社会信用体系,是相对于覆盖全国范围的社会信用体系而言的小的地方性的体系,它的作用范围是一国的经济发展水平相近的区域。而一国社会信用体系是覆盖全国的,以该国的法律法规和币制流通的范围为界限。二者的区别主要是信用体系作用范围大小。地方信用体系建设是一个系统工程,有"麻雀虽小,五脏俱全"的特点;另一方面,它也要考虑与国家信用体系的大体系相衔接的问题。地方信用体系建设常常是从联合征信平台或失信惩戒制度的建设起步的,国内已经有部分地区进行了试点。

2002 年 11 月,党的"十六大"报告明确提出了要"健全现代市场经济的社会信用体系"。十六届三中全会通过的《关于建立完善社会主义市场经济体制若干问题的决定》,又用专门篇幅论述了信用体系建设问题,提出要建立"以道德为支撑、以产权为基础、以法律为保障的社会信用制度"。但是,由于地域广阔,生产力发展不平衡,我国在短时间之内建立全国统一的信用体系是很难现实的。照搬美国或欧洲国家的信用体系模式显然是不现实的。因为,这些国家的经济发展水平远远高于中国的发展水平,市场机制和政府职能趋于完善,建立起统一的信用体系既有现实可能性也有社会适应性。但是在中国,只有上海、广州等东部地区已建立起比较完善的信用体系,而广大的西部地区在这一方面仍处于真空状态。我国区域差异的复杂性决定了各地区信用水平、信用观念和信用市场的差异化特征。区域信用体系是一个地区的"名片",是区域经济良性发展的公共平台,是重要的无形资产。区域的信用程度高,整个地区都受益;

反之则产生负的影响。因此,仅依赖于市场化运作的信用体系将会导致资金更多地从不发达地区流向发达地区,从而使西部金融生态环境进一步恶化,信用体系建设的步伐更加艰难,这显然不利于西部经济的发展。建设全国性的信用体系牵扯的问题十分广泛,既要实现全国的统一,又必须顾及各地区不同的情况。因此,全国性的信用体系真正能发挥作用还有相当长的时间。而且,区域金融合作的障碍之一就在于信用体系的不完善。政府信用信息共享不够,信息的收集、标准制定、评价结果应用缺乏统一,企业信用制度建设滞后。这将严重影响区域经济融合,因此,建立适合于其经济发展的地方性信用体系将显得尤为重要。从长远来看,地方性信用体系必将是未来全国性信用体系的组成部分。因此,建立地方性信用体系制度亦是当务之急。

1.2.3 关于企业信用评价方法的现状

关于企业信用评价方法,目前采用的方法很多。国内外理论界已有较为丰硕的成果,其中部分已运用于企业信用评价实践工作,为信用评价的商业化运作积累了经验。

一、企业信用评价方法的发展

从国外看,自从1909年约翰·穆迪(John Moody)率先对铁路债券进行信用评级之后,度量信用风险的各种方法相继出现。从1968年,埃德沃德·艾·埃特曼(Edward. I. Altiman)①提出了多种变量模型(Z-score-model)到1996年Trippi和Turban(1996)将神经中枢网络系统(neural network)应用于信用风险分析,企业信用评价方法在不断演进中得到发展和完善。从最初依靠训练有素的专家主观判断的古典信用度量术到现代以统计学、运筹学和现代金融理论为基础的信用风险模型,而且,一些基于现代资产组合理论、期权定价理论等构建的企业违约风险预测模型不断出现,如J. P. Morgan创建的Credit Metrics模型、KMV公司运用期权定价理论建立的KMV模型、McKinsey公司开发的Credit Portfolio View模型、瑞士银行的Credit Risk模型、信孚银行的RAROC模型、KPMG公司的

---

① E. I. Altman. *Financial Rratios, Discrimin Antanalysis and the Prediction of Corporate bankruptcy* Journal of Financel 1968, 23: PP189-209.

贷款分析体系(Loan Analysis System)及 Altman 的死亡率模型[①](Mortality Model)等。特别是神经网络的应用目前得到很好的发展,Dutta 和 Shekhar(1988)第一个应用神经网络于债券信用评级,研究不同数目的自变量及网络构架对等级分辨能力的影响,其预测准确率为 76% 至 82% 之间,自此神经网络成为研究信用风险的主要方法之一。之后由 Tam(1991)、Tam 和 Kiang(1992)、Dutta 和 Shekhar(1992)建议用于银行破产预测。Tam 和 Kiang(1992)是利用三层 BP 神经网络来训练网络,根据输入到网络的一些样本提供一套权重,在网络训练之后,可以将任何新输入(公司)划分为破产或非破产。Kevin、KarYanTan 和 MdodyY. Kiang(1992) Altman(1994)[②]、Trippi 和 Turban(1996).[③]采用了神经网络分析法分别对美国公司和银行财务危机进行了预测,取得了一定的效果。而且,Tam 和 Kiang(1992)以失败银行和正常银行各 86 家作为研究样本,比较了 Logit 模型法和神经网络法两种信用评价模型对样本的分类能力,结果显示,Logit 模型法和神经网络法的总误差分别为 14.8% 和 10.5%。Wilson 和 Sharda(1992)参考神经网络的应用做过企业失败预测,Salchenberger 等人(1992)利用神经网络预测过慈善机构的失败,Dutta 和 Shekhar(1992)提出用神经网络预测企业债券等级,Altman 等人(1994)利用神经网络对意大利公司进行了失败预测,与多元判别分析模型相比,给出了令人鼓舞的结果,Serrano-Cinca(1996)也用它做过破产预测。

从国内看,我国企业信用评价工作起步虽然较晚,但在企业信用评价等级个数、评价指标选择、风险预警等方面也已形成初步的理论研究成果,为我国企业信用评价实践工作提供了指导。从总体上看,初期的企业信用评价的方法仍是传统的专家法。如比较常见的 5C 法、特征分析法、评级方法等。国外对企业信用评估指标体系的研究已经非常成熟,形成

① Altman, Sauders. *Credit Risk Measurement: Developmentsover the Last Twenty Years.* Journal of Banking and Finance, 1997, (21).

② E. I. Altman, Giancarlo Marco, Franco Varettol Corporate Distress Diagnosis: Comparisonusinglinear Discriminate Analysis and Neural Net Works Journal of Banking and Financel 1994, 18(1): PP505-529.

③ Trippi. R. R. and E. Turban. Neural Networks in Finance and Investing of Chicago, Irwin Professional Publishing, 1996

了一套完善的评估指标体系。我国目前的企业信用评估仍处于起步阶段,还没有形成完善的评估指标体系,应该在研究和借鉴国外科学的指标体系的基础上,结合我国实际情况建立适合我国评估指标体系。值得一提的是神经网络模型应用。王保华(2003)构建了模糊神经网络,以 18 家上市公司为训练样本,进行了信用预测,误差均在 10% 以内。庞素琳等(2003)、吴德胜、梁樑、杨力(2004)[①]、钟田丽、贾立恒(2005)[②]、夏红芳、刘思峰(2006)[③]等采用 Elman 回归神经网络和 BP 网络建模,在建立了适合于我国企业的信用评分指标体系之后,运用以上两种方法进行实证研究并比较两种网络的诊断行为。多数研究结果表明神经网络优于传统的统计方法,但 Altman(1995)在对神经网络法和判别分析法的比较研究中得出"神经网络分析方法在信用风险识别和预测中的应用,并没有实质性的优于线性判别模型"。

判别分析法也在我国得到了很好的应用。陈静(1999)[④]、邹新月(2001)[⑤]、梁琪(2003)[⑥]、王春峰等(2004)[⑦]、方洪全、曾勇(2004)[⑧]、康宇虹、梁健(2006)[⑨]、施锡铨均在这方面做好了努力。梁琪认为企业的盈利指标、景气指标、资本市场指标和增长性指标等 4 个主成分最能解释我国上市公司的经营失败情况。方洪全、曾勇运用净资产收益率、资产负债率、流动比率、营运资金/总资产、留存收益/总资产作为典型判别分析变量,采用典型多元判别分析法,研究我国上市公司信用风险的评估。王乃

---

① 吴德胜、梁樑、杨力:《不同模型在信用评价中的比较研究》,《预测》2004 年第 2 期。

② 钟田丽、贾立恒:《中小企业信用评价的神经网络法》,《技术经济与管理研究》2005 年第 5 期。

③ 夏红芳、刘思峰:《企业信用风险评判的模糊神经网络方法》,《华东经济管理》2006 年 3 月第 3 期。

④ 陈静:《上市公司财务恶化预测的实证分析》,《会计研究》1999 年第 4 期。

⑤ 施锡铨、邹新月:《典型判别分析在企业信用风险评估中的应用》,《财经研究》2001 年第 10 期。

⑥ 梁琪:《企业信用风险的主成分判别模型及其实证研究》,《财经研究》2003 年第 5 期。

⑦ 王春峰、李汶华:《商业银行信用风险评估:投影寻踪判别分析模型》,《管理工程学报》2000 年第 14 期。

⑧ 方洪全、曾勇:《运用多元判别法评估企业信用风险的实例》,《预测》2004 年第 4 期。

⑨ 康宇虹、梁健:《基于 M. H. DIS 的我国商业银行企业信用评级方法》,《商业研究》2006 年第 8 期。

静、油永华(2006)[①]的结果表明,模型对优秀公司的识别率达到94%,对绩差公司的识别率为92%。张玲(2000)[②]采用我国120家上市公司的财务数据,通过判别分析过程,从11个特征财务比率变量中推导出一个只有4个变量的判别分析模型。

关于违约概率有关的企业信用风险度量,Logit分析在信用风险度量中已经得到了相当广泛的应用。Logistic模型最早是由Martin(1977)[③]用来预测公司的破产及违约概率。之后Ohlson(1980)[④]、Madalla(1983)[⑤]、陈晓、陈治鸿(2000)、高培业、张道奎(2000)、吴世农、卢贤义(2001)、齐治平、余妙志(2002)[⑥]等人的研究结果发现,含有二次项和交叉项的Logistic模型对前一年数据的预测准确率最高,达到83.3%,而Logistic回归模型的预测准确率为66.67%,线性判别模型的预测准确率为56.67%。在此基础上,姜秀华等(2002)[⑦]、唐有瑜(2002)[⑧]、吴世农(2003)[⑨]、庞素琳[⑩]、王燕鸣(2003)[⑪]利用多层感知器分别对我国2000年106家上市公司和2000年96家上市公司进行两类模式分类,分类准确率分别达到98.11%和79.7%。到目前为止,众多的研究已经表明,Logistic回归模型不要求数据满足正态分布,其模型采用Logistic函数。因此,在满足正态分布条件下,Logistic回归模型与判别分析模型具有相同的判别准确率;而在不满足正态分布条件下,Logistic回归模型判别准确率高于多元判别

---

① 王乃静、油永华:《基于Fisher判别分析的企业信用评价模型》,《技术经济与管理研究》2006年第4期。

② 张玲:《财务危机预警分析判别模型》,《数量经济技术经济研究》2000年第3期。

③ Martin D. Early Warning of Bank Failure: Alogitregression Approach. Journal of Banking and Finance, 1977.

④ Ohlson J. Financial Rations and The Probabilistic Prediction of Bank Ruptcy. JAccounting Research, 1980, 1: PP109—130.

⑤ Madalla GS. Limited2 Dependent and Qualitative Variablesin Econometrics. Cambridge: Cambridge University Press, 1983

⑥ 齐治平、余妙志:《Logistic模型在上市公司财务状况评价中的应用》,《东北财经大学学报》2002年第1期。

⑦ 姜秀华、任强、孙铮:《上市公司财务危机预警模型研究》,《预测》2002年第3期。

⑧ 唐有瑜:《财务危机预警模型在信贷风险管理中的应用》,《上海金融》2002年第2期。

⑨ 吴世农:《中国股票市场风险研究》,中国人民大学出版社2003年版。

⑩ 庞素琳:《信用评价及股市预测模型研究及应用—统计学、神经网络及支持向量机方法》,科学出版社2005年版。

⑪ 王燕鸣:《判别分析模型在信用评价中的应用》,《南方经济》2006年第3期。

分析法的判别结果。

二、对我国企业信用评价体系的评价

多数研究认为：现行企业信用评价体系存在一些不容忽视的缺陷，过度偏重于偿债能力指标，仅反映了企业过去的财务状况，未能充分体现未来的发展潜能，导致企业信用评价有一定的偏差。从研究结果来看，许剑生[①]认为现行企业信用等级评定指标体系主要存在两大缺陷：一是现行企业信用等级评定指标体系的基础是以企业资产负债表和损益表为主，着重从量上反映企业的偿债能力、营运能力和盈利能力，忽略了对企业现金流的分析，不能从质上体现企业的财务状况。二是部分指标设置不科学。如：资本收益率指标，它只是反映收益额与资本规模的关系，忽视了收益与负债的关系。这一观点在财务指标的设置方面探讨问题虽然对完善财务评价指标有其一定的价值，但由于仅仅局限于财务指标框架内讨论问题意义却很有限。高媛、卞直巍[②]根据全面性、科学性、针对性、公正性、合法性和可操作性的指标体系设置原则试图建立中小企业同意的包含指标、标准和方法的信用评级体系，并针对银行贷款的特点提出风险度的概念。但其指标体系的建立存在如下缺陷：一是虽然提出了指标体系设置的原则，但由于该原则过于“原则”，很难起到实质性地对评价指标体系设置的指导，从而看不出原则与指标设置结果的必然联系，所以指标设置的科学性和全面性得不到保证并让人信服；二是指标体系及其指标权重缺乏实证的分析，因而也很难避免指标之间的相关性。李小燕、卢创等[③]从企业信用评价指标的有效性、信息成本和还贷激励等问题出发提出改进和优化在信息不对称、制度不完善条件下的我国企业信用评价模型的构想。指出以现金流的业绩指标为重心来构建企业信用评价模型，可以在一定程度上提高预测的准确率，并且该模型与企业经营管理者的还贷责任、还贷义务以及相应的还贷激励想联系，将有助于促使还贷成为经营管理者内在激励的自发行为。同时可大大简化企业信用评价模型，

① 许剑生：《企业信用等级评定指标体系的缺陷及优化》，《中国投资管理》1997 年第 1 期。

② 高媛、卞直巍：《关于中小企业信用评价体系》，《长春工业大学学报》2003 年第 4 期。

③ 李小燕、卢创等：《企业信用评价模型、信用等级与业绩相关性研究》，《中国软科学》2003 年第 5 期。

降低了信息获取成本,克服了定性指标根据专家经验打分,客观依据不足的弊端。该研究对财务指标选择的合理性和有效性有非常的启示意义和进步价值,但认为应以现金流的业绩指标为重心来构建企业信用评价模型并去除相关定性指标,则其必须满足一个假设,即所有被评价企业在信用品质方面都不存在问题,但现实中是不成立的。张红波[①]认为我国企业缺乏信用的原因在制度和文化方面。制度方面的原因是公司治理结构缺失、现阶段政策多变和法律制裁不力。文化方面的原因是信任家庭主义、商人本身缺乏诚信伦理取向。提出了建立企业信用评价指标体系的代表性、独特性、独立性、可行性和相关性原则,并基于此设想,从企业规模实力、品格、赢利水平、风险控制能力和发展前景五个方面构建企业信用评价的指标体系。该研究的最大意义是完全突破以往财务指标为主构建评价指标体系的一贯思想,开始将大量的非财务指标引入评价体系而将财务指标仅仅作为指标评价的一部分,使企业信用评价指标体系的设计更趋多元化和全面化。但该指标体系的构建还仅仅是一种设想,没有经过理论和实证的分析。

概括而言,我国企业信用评价体系的特点是:信用评价模型大多集中在分层评分模型,同时也有部分神经网络模型和风险度量模型的研究。分层评分模型的构建开始引入定性指标,并有向以定量的财务指标与定性的素质指标并重建构指标体系的趋势。分层评分模型的指标选择在技术上由依靠专家意见或主观臆断逐渐走向运用理论和实证分析为主。

三、信用评价模型在我国的应用情况及其主要观点

信用评价已引起学术界和企业界的极大关注,其研究得到不断深入,许多定量技术、支持工具和软件得到充分运用。从近期的评价方法研究成果来看,王春峰等(1999)[②]研究了神经网络技术在商业银行信用风险评估中的应用。实证结果表明,与传统统计方法(判别分析)相比,神经

① 张红波:《略论企业信用状况评价指标体系的构建》,《湘潭师范学院公报(社会科学版)》2004 年第 3 期。

② 王春峰、万海晖、张维:《基于神经网络技术的商业银行信用风险评估》,《系统工程理论与实践》1999 年第 9 期。

网络技术具有更高的预测精度。蔡虹、高杰(2003)[①]我国证券市场的上市公司因财务状况异常而被特别处理的现象屡禁不止,这种信用风险管理问题已成为金融机构和广大投资者十分关心的问题,因此对作为信用风险管理基础环节的信用风险评估进行研究具有重要的意义。文章在研究上市公司信用风险评估方法的基础上,指出了信用风险评估模型的不当选择、信用风险数据的缺乏和信用评估差数的不易确定是我国上市公司信用风险评估中存在的主要问题,针对这些问题,提出了提高我国上市公司信用风险评估能力的应对措施。李建平、徐伟宣、石勇(2004)[②]基于我国商业银行现有的信用卡评分标准和信用评分方法,提出一种基于主成分线性加权的综合评价的信用评分方法。其优点在于能够实现指标项权重的客观性、能方便地适应我国不同地区由于经济文化的差别而带来的信用环境不同以及一个地区由于人口漂移快而带来的评分变化。实证检验表明模型训练结果符合信用卡风险管理实际,测试结果显示有较好的应用前景。吴德胜、梁樑(2004)[③]研究关于公司神经网络信用评估问题的现状,提出遗传算法辅助网络训练策略(优化后的网络称为进化网络),克服传统网络建模中产生的局部极小缺陷。建立了适合于我国商业企业的信用评分指标体系;然后依据该指标体系建立了基于进化神经网络的信用评估模型;最后,利用样本公司实际指标数据对该模型的评分效果进行了比较研究。杨文瀚、刘思峰(2005)[④]则利用历史违约企业的信息构造一个具有平均违约特征的"典型违约企业",认为它的信用评分为1,以此为参照,对待评价企业进行信用评价。他们认为这样不仅能够充分利用历史违约信息,而且也符合企业都有"违约倾向"的假定。所以他们的模型实际上认为所有综合指标值大于"典型违约企业"综合指标值的企业一定违约。而反映财务风险状况的指标基本上属于量化指标,一

① 蔡虹、高杰:《我国上市公司信用风险评估的方法、问题及对策分析》,《科学学与科学技术管理》2003年第9期。

② 李建平、徐伟宣、石勇:《基于主成分线性加权综合评价的信用评分方法及应用》,《系统工程》2004年第8期。

③ 吴德胜、梁樑:《遗传算法优化神经网络及信用评价研究》,《中国管理科学》2004年第1期。

④ 杨文瀚、刘思峰:《基于灰关联度的企业信用风险评分方法及应用》,《商业研究》2005年第20期。

般采用模糊数学的方法进行评估,从而提出一种新的定性和定量相结合的资信评价模型,能较全面地反映出企业的资信状况。张卫东、韩云昊、米阳(2006)[①]研究了商业银行信用风险评估的现状,针对单独应用 BP 神经网络评估信用风险时存在的缺陷,提出了基于遗传算法优化模糊 BP 神经网络的信用风险评估新模型。通过遗传算法训练模糊 BP 神经网络,克服网络建模中产生的局部极小的缺点,提高了风险评估的准确性。最后,利用 Matlab 软件对样本数据进行训练和测试,仿真结果表明所构造的评估模型预测误差非常小。左国超(2007)[②]在属性集和属性测度函数的基础上建立了属性测度预警系统。利用我国深、沪两交易所 2000 年公布的 106 家上市公司作为训练样本,计算出"差"企业和"好"企业的属性测度均值,构造出属性测度函数。进而对 2001 年公布的 13 家预亏公司进行预警分析,用置信度准则及最大属性测度准则判别,预警准确率分别达到 92. 31% 和 100% 。因此,属性识别预警系统在信用评价方面具有良好的应用前景。许皓、吴登生、谢阳群(2007)[③]针对我国企业信用评价问题的特点,分析了企业信用评价基本原则和主要影响因素,建立了企业信用评价指标体系。企业信用评价是一类包括一系列独立变量的分类问题,将主成分分析与模糊理论引入信用评价中,构建基于 PCA/FCM 的企业信用评价模型,这使得模型更接近人们的思维方式,指标赋权更为客观。应用该模型及 SPSS11. 0、MATLAB7. 0 对所选企业研究显示:该模型非常有效和实用。樊元、杨立勋、刘敏(2007)认为[④]信用评价体系建设的关键是要确定信用评价体系运行模式。我国应该构建政府、信用管理行业协会和市场化信用服务组织分工明确、各有侧重、相互协调的信用评价体系运行模式。政府应是信用秩序治理的政策制定者和监督管理者,同时要在现代公共管理理念的指导下,鼓励、支持社会性服务组织提供信用

① 张卫东、韩云昊、米阳:《基于 GA-BP 模糊神经网络的商业银行信用风险评估》,《工业工程与管理》2006 年第 5 期。

② 左国超:《属性识别预警系统(AFS)——一种新的信用评价方法》,《数学的实践与认识》2007 年第 2 期。

③ 许皓、吴登生、谢阳群:《基于 PCA/FCM 的企业信用评价研究》,《技术经济》2007 年第 3 期。

④ 樊元、杨立勋、刘敏:《中小企业信用评价体系运行模式研究》,《淮海工学院学报(社会科学版)》2007 年第 2 期。

评价服务；市场化信用服务组织的作用是通过提供信用产品与服务来满足企业和社会组织的市场需求；信用管理协会的作用是进行行业自律，引导行业开展有序经营，合理健康地发展。

指标体系方面，杨雄胜、杨臻黛（1998）①在深入调研的基础上提出了企业综合评价指标体系，包括偿债能力、获利能力、经济效率、发展能力、贡献能力、遵纪守法能力共 6 个方面 12 个具体指标。范柏乃、朱文斌（2003）②在分析国外企业信用评价指标的基础上，从企业偿债能力、经营能力、创利能力、管理能力、创新能力与成长能力 6 个层面遴选了 28 个评价指标，并运用隶属度分析、相关分析和鉴别力分析对评价指标进行实证筛选，进而建立了中小企业信用评价体系。徐广军、倪晓华、肖运香（2007）③认真分析了标普（S&P）、穆迪（Moody's）和邓白氏（D&B）的企业信用评价指标体系，国内学者对信用评价指标的实证研究主要从财务指标层面作了较为系统的研究。周春喜（2003）④在指出当前银行企业信用评价存在指标数据来源存在缺陷——财务数据失真、定性指标测定的主观随意性较强和缺乏对现金流量的分析和预测等不足的基础上，提出了从企业素质、经济实力、资金结构、经营效益、信誉状况和发展前景 6 个方面建立企业信用评价指标体系，并用层次分析法确定了各指标的权重和隶属度。高凌云、陈敏、徐海俊（2004）⑤认为企业的信用评价体系应该是一个多层次的综合评价体系，应当从市场评价、企业经营管理评价、企业技术创新评价、财务评价、基本素质等方面构建，并用多级模糊综合评价模型来进行评价。

---

① 杨雄胜、杨臻黛：《企业综合评价指标体系研究》，《财政研究》1998 年第 5 期。

② 范柏乃、朱文斌：《中小企业信用评价指标的理论遴选与实证分析》，《科研管理》2003 年第 6 期。

③ 徐广军、倪晓华、肖运香：《标普、穆迪、邓白氏企业信用评价指标体系比较研究》，《浙江金融》2007 年第 3 期。

④ 周春喜：《企业信用等级综合评价指标体系及其评价》，《科技进步与对策》2003 年第 4 期。

⑤ 高凌云、陈敏、徐海俊：《我国中小企业信用评价体系构建研究》，《华东交通大学学报》2004 年第 12 期。

1.2.4 中国企业信用评价体系建设进展及需要进一步研究的问题

一、从中央层面来看

从1986年8月,国家工商行政管理局在辽宁省抚顺市召开了开展"重合同守信用"活动座谈会,到1987年3月27日国务院发布《企业债券管理暂行条例》并开始建立资信评级机构,我国的企业信用管理工作有了一定的发展。从1989年,由人民银行和各专业银行设立的信用评级公司一律撤销,企业的信用等级终将统一由第三方的专业评级机构来评价初现端倪。1991年3月,国务院生产办组织清理企业"三角债"、"质量、品种、效益年活动",力图解决制约企业发展的经营行为和经济秩序问题,由此开始认识到信用观念、信用制度和信用体系等我国经济体制存在的深层次问题。随后,1993年出台了《企业财务通则》和《企业会计准则》、1994年实施了《公司法》、1995年施行了《商业银行法》、《担保法》和《仲裁法》、1999年统一并出台了《合同法》,我国社会主义市场经济体制的法律体系初步形成,使市场经济由无序竞争走向有序竞争有了可能。2000年9月我国实施的新的《产品质量法》,加大了对产品质量违法行为的法律制裁力度,增强了对质量违法行为的处罚措施,但制裁力度仍是不够。在《民法通则》、《合同法》和《反不正当竞争法》、《刑法》、《产品质量法》、《消费者权益保护法》中虽然都有诚实守信的法律原则,但却未形成强有力的法律规范和约束。从2001年4月,原国家经贸委会同国家工商总局、质检总局、中国人民银行、国家税务总局、中国证监会等十部委联合下发了《关于加强中小企业信用管理若干意见的通知》、2002年8月,中国人民银行出台《关于进一步加强对有市场、有效益、有信用中小企业信贷支持的指导意见》到十六届三中全会提出:"建立健全社会信用体系。"、2003年10月国家工商行政管理总局出台《关于对企业实行信用分类监管的意见》、2004年11月中央文明办等国家六部委联合举办首次"诚信建设成果展"、2005年8月央行确定了重庆、南京、长沙、武汉、成都、天津等8个城市实施由独立第三方的信用评级公司开展对企业信用评级进行试点,企业信用评价的努力一直没有停止。

二、从地方层面来看

从2001年10月上海市启动了企业联合征信系统的建设,到2002年3

月28日企业联合征信系统的正式开通,2005年5月,《上海市企业信用征信管理试行办法》正式实施,地方政府也在就加强企业信用体系建设作出努力。2001年北京市先后启动了"工商企业不良行为警示系统"及中关村科技园区企业信用制度试点工作,并公布《中关村科技园区企业信用制度试点暂行办法》。2001年8月,甘肃省政府下发了《甘肃省人民政府关于建立中小企业信用体系的意见》。安徽省自2002年8月建立"安徽省社会信用建设联席会议"制度,2003年5月,杭州市人民政府出台全国第一个企业信用评级规范性文件《杭州市中小企业信用评价与管理办法》。2003年11月,浙江省出台《浙江省企业信用基准性评价指标体系和评价方法》。2004年5月,第二届长三角一体化发展论坛在浙江湖州举行,16个城市市长共同签署了《共建信用长三角宣言》。2005年7月1日,中国人民银行杭州中心支行(杭银发[2005]102号)《浙江省借款企业资信评级业务监督管理准则(试行)》在浙江实施。2005年9月1日,《浙江省企业信用信息征集和发布管理办法》(省政府令第194号)在浙江实施。

三、今后建设的任务

我国正处在加快社会主义市场经济建设和完善时期,在法律制度不健全、市场规则不完善的情况下,企业信用缺乏有其必然性。但如果任其存在和蔓延,不仅会严重影响国民经济的健康运行,给国家、企业和人民群众的利益造成重大损害,而且导致投资环境恶化,败坏国家信誉和改革开放的形象,给中国经济的可持续发展埋下隐患。因此,建设企业信用,已经成为当前一项重大而紧迫的任务。信用建设是一个系统工程,加强社会信用制度建设的关键是建立社会信用的标准体系及其评估体系。主要包括地方行政环境、法制环境、金融环境、市场交易环境等内容。从信用体系的内容可以看出,无论是企业信用、政府信用还是个人信用,其中很重要的一环就是信用评估或称信用评级。因为信用的核心问题是信息不对称问题,信用评级是解决信息不对称问题的关键,通过信用评级可满足市场主体对客观、公正、真实信用信息的需求。

四、现有研究的不足

虽然国内外信用评价模型已有许多,但验证模型的有效性即返回测试仍旧是一个瓶颈,由于建模样本及检验样本均为小数量的样本,而产生1个预测数据大约需要1年的时间,因此,合理测试预测精度的时间跨度会很长。期间影响企业履约的因素很多,且不断变化,从而使评价企业偿债能力,进而预测其违约风险的工作变得十分困难和复杂。而且,这些模型是建立在独立的角度去考察一个企业,并没有将所评价的企业放在一个生产链条中去观察,更未考虑企业区域性差异的现实存在。

首先,如果建模样本及检验样本不足以横跨几个宏观经济或信用周期,模型的构建与应用条件可能发生重大变化。我们国家推动企业信用评价的工作起步较晚,使我们国家对这些模型的应用大大受限。

其次,主要以会计账面价值指标为基础而构建的模型,如信用评分模型,大部分变量值在时间上具有离散性的特点,银行很难发现借款者经营过程中更细微、更快速的变化,特别是在生产贸易链条件下,上下游企业的供应链条发生重要变化,都会对企业信用评价结果产生重要影响。还有许多对履约有重大影响的非财务因素,如:人力因素等不可量化,即便模糊计量,取得这些信息资料也十分不易。

最后,银企之间的信用契约为不完全契约(即不可能将未来可能发生的所有事件全部包括在契约中),以及缺乏与之配套的信用法律支持系统,单凭契约本身不能有效地解决由于信息不对称而产生的代理人问题——逆向选择和道德风险。企业有限责任制度,有效地保护着企业所有者,使之最大损失仅以自己投入企业的资本为限;而财产权利和财产义务相分离,企业逾期还贷,甚至违约处罚与经营管理者个人利益相分离,经营管理者无内在激励去履行还贷义务,还贷责任也因此社会化。由于以上这些因素的影响,即使是精确的模型,也无法产生准确的预测结果。

总之,从现在的研究来看,我国学术界对信用问题的研究,主要集中在企业和个人信用层面。本研究认为,众多经济学家和学者从多个角度解释阐述了中国企业信用评价体系建设的意义、框架、模式、作用等,但还未深层次涉及到制度建设层面。针对区域经济融合日趋深化,是否应该建立区域性企业信用评估体系的问题无疑还必须立足中国国情来加强实际可操作性和可行性。因此,我们认为,关于这一问题,研究的重点应该放在如何构建适合中国区域经济发展的实际情况,特别是企业间加速融合趋势上。因此,本文将生产贸易链条件下区域差异置入信用评价理论框架中进行新的思考,从而提出改进和优化生产贸易链条件下企业信用评价模型的构想。

1.3 论文研究的基本框架

1.3.1 研究目标

在市场经济进程中，由于传统制度约束的日渐减弱，而成长中的新制度的约束力在一段时期内又力所不逮，各地区都不程度出现了信用失序的现象，失信行为频频出现。与此同时，在信用环境普遍较差的情况下，某些地区也出现了恪守诚信的良好信用环境。为什么会出现这种对比鲜明的情形呢？一些初步的研究表明：社会资本对恪守诚信的信用环境有着多方面的影响。但是由于社会资本的内涵十分丰富，所以，对于该问题的研究有待进一步深入，在开放条件下尤为重要。究竟什么是开放条件下的区域信用评价体系；为什么要建立（区域）地方信用体系；生产贸易链条件下区域企业信用体系建设的目标和功能定位是什么；在建设过程中该注意哪些问题？本研究以客观数据为依据，以信用体系理论、博弈理论、信用评级理论为基础，丰富和发展区域金融理论、信用体系理论，通过实证分析与理论的证明，为区域信用体系的建立和完善、经济健康而快速的发展提供理论支撑及可操作性建议。围绕这一目标，本研究设定了两个相互联系的具体目标：

（1）从理论上研究生产贸易链条件下企业信用评价体系发生作用的内在机理，并建立生产贸易链条件下企业信用体系建设内在发生机理基础上的评价模型。

（2）生产贸易链条件下企业信用体系建设现状的研究与改进。

1.3.2 基本思路

本文的研究按照这样的思路展开：在梳理前期国内外研究文献的基础上，本研究以客观数据为依据，以信用体系理论、博弈理论、信用评级理论为基础，丰富和发展区域金融理论、信用体系理论，从探讨区域经济战略与宏观经济布局的互动关系出发，论证了企业跨区域合作是区域协调发展的重要环节，以此出发研究区域协调发展、企业跨区域合作、生产贸易链建设与生产贸易链条件下企业信用评价体系的关系。课题还就中国现行企业信用评价体系进行了考察，分析了现行分析方法在信用管理实践中的应用情况，对比了评价指标的选用情况，以生产贸易链调整导致的金融资本流动为主线，研究以金融资源配置推进地区征信环境建设，同时在此基础上建立科学统一（动态）的区域企业信用评价体系，更好地服务于金融资源配置，促进区域经济和谐发展，并就如何构建这一生产贸易链条件下企业信用评价体系提出自己的见解。

1.3.3 研究内容

第一章《导论》：阐述选题的意义，针对选题的内容，搜集整理关于我国信用环境建设研究的各方面文献，按照我国信用环境的现状、我国信用状况恶化的原因分析，通过对已经形成的企业信用评价方法进行梳理，以期为我们研究的区域经济合作背景下生产贸易链条件下企业信用评价体系构建选择恰当的评价方法，改善我国信用环境以便适应激烈的国际和地区市场竞争，以确保研究的先进性、科学性和针对性。在此基础上将所收集的有关研究文献分类整理，按照区域经济发展理论与政策演变、区域经济发展差距与信用环境差距的形成与解决方案、生产贸易链条件下企业信用评价体系建设的必要性与方法、工具分别加以阐述，以期通过文献的梳理紧跟学术前沿，为本文提供坚实的基础，少走弯路，确保研究成果的先进性和科学性。

第二章《生产贸易链条件下企业信用评价的理论基础》：将以生产贸易链调整导致的金融资本流动为主线，研究以金融资源跨行政边界配置为背景的地区信用环境建设，同时在此基础上建立科学统一（动态）的生产贸易链上企业信用评价体系，更好地服务于金融资源配置，促进区域经济和谐发展。理论从来是实践的基础并为实践服务，构建生产贸易链条件下企业信用评价体系仍然需要科学的理论指导。本文将以区域生产贸易链理论、制度经济理论、新制度经济学发展理论、信息经济学理论为基础，对企业信用评价体系中的区域性问题与统一性问题进行研究，分析了建设生产贸易链条件下企业信用评价体系的必要性，并提出了根本的解决方案。

第三章《中国现行企业信用评价体系考察》：通过考察中国企业信用

体系现状,剖析问题,结合区域经济发展趋势,试图构建生产贸易链条件下统一的企业信用评价体系,为构建生产贸易链上统一的企业征信体系奠定基础。通过对已经形成的企业信用评价方法进行梳理,以期为我们研究的生产贸易链条件下企业信用评价体系构建选择恰当的评价方法,选用科学合理的评价指标,并对评价模型中的各指标体系给予科学的赋权。通过对我国企业征信体系建设考察找出制约我国企业征信发展的主要问题。

第四章《生产贸易链条件下区域性企业信用评价体系构想》:本章提出了生产贸易链条件下企业信用评价体系建设的基本思路:如果在一个区域经济合作框架下,有一个生产贸易链上的企业资信评级体系,这一体系能够考虑生产贸易链条件下的企业融资地位差异,就可以缓解上游生产企业往往由于较低的资信评级难以获得同等金融支持的难题。阐述了生产贸易链条件下企业信用评价体系建设的难点和重点,并提出要规范政府行为,打破地方保护主义,强化政府职能,推动信用体系建立,加快市场化进程等工作,充分发挥政府在生产贸易链信用制度建设中的积极作用。

第五章《生产贸易链条件下企业信用评价模型》:信用评级方法是指对企业资信状况如何进行分析判断并确定等级的技巧,从系统分析的观点来说,信用评级的方法就是对资信状况进行分析、综合和评价的全过程。区域性企业信用评级体系是否能发挥作用,关键取决于所选用的分析方法和模型的科学性和实用性。信用评级方法和模型的选择应与评级机构所采用的指标体系相对应。本部分主要是以真实可靠的财务信息和会计报表数据为基础获得的定量信息,在此基础上分析得到的客观评价模型,再辅之以主观定性信息即可得到一个较为完整的评价模型。

第六章《生产贸易链条件下企业征信数据库的建设》:企业征信数据库,是信用信息搜集和信用记录的一种重要形式,通常指按照一定的数据模型,在计算机系统中组织、存储和使用的互相联系的企业信用信息的数据集合。其收集和保存的企业信用信息是出于具体、明确、合法的目的,按照准确、连续、动态、及时更新的要求以可处理的形式存储。征信数据库的功能在于其激励机制和失信惩罚机制,建立功能完善的企业征信数据库,是社会信用体系建设必备的基础设施,也是开展企业信用管理,促进信用行业发展的先决条件。本部分通过对发达国家征信数据库的分析,根据我国的国情和现阶段经济社会发展的需要,针对我国市场经济秩序中存在的突出矛盾和问题,借鉴国外信用信息系统建设的经验,进一步完善信贷、纳税、合同履约、产品质量的信用记录,推进信用信息体系建设。

第七章《生产贸易链条件下企业信用风险管理》:本部分主要论述生产贸易链条件下信用风险的内涵,通过了解企业的信用风险管理的内容,构建生产贸易链条件下信用风险管理框架。之后介绍我国企业信用风险管理的现状及成因分析。通过分析生产贸易链条件信用风险的特点,从定性和定量的角度对生产贸易链条件下信用风险进行了分析。通过解析信用风险的管理流程和信用风险对生产贸易链的影响效应,构建了一个生产贸易链条件下信用风险管理的系统框架。最后分析了我国企业信用风险的发展阶段的特点,以及企业信用风险管理缺失现象及其成因。

第八章《生产贸易链条件下企业信用风险识别和评估体系分析》:本部分主要对生产贸易链条件下企业信用风险识别和评估体系进行分析,按外部因素和内部因素对生产贸易链条件下的企业信用风险因素进行分析,从行业状况、企业自身状况、生产贸易链状况、区域信用环境方面四个方面对企业信用风险因素进行分析。将在识别并整理企业信用风险因素基础上,按层次分析法分析各层信用风险因素,建立生产贸易链条件下的企业信用风险评估体系。文中将按照定性和定量结合的综合评价的方法,把评估体系的信用风险按定量和定性进行归类,系统、全面地识别和评估企业信用风险,为信用风险的度量奠定良好的基础。

第九章《生产贸易链条件下企业信用风险度量模型》:本章在对影响生产贸易链条件下企业信用风险的各方面因素进行分析的基础上,将运用综合评价和 AHP 法建立生产贸易链条件下企业信用评价的模型,并通过实例分析来验证模型的实用性和有效性。在生产贸易链条件下企业信用风险评价指标体系的构建过程中,企业信用风险因素将充分考虑企业自身的财务状况、管理状况等状况,以及生产贸易链上其他企业的信用状况以及企业之间的合作关系状况、行业状况、区域信用环境等风险因素。将通过综合评价法和 AHP 法来建立生产贸易链条件下企业信用风险评价模型,并对所建立的模型进行实例分析。

第十章《生产贸易链条件下企业信用风险管理的对策》：本章主要是对生产贸易链条件下企业信用风险管理的完善提出建议，主要是从企业层面和政府层面两个方面同时完善生产贸易链条件下企业的信用风险管理：生产贸易链条件下企业层面的企业信用风险管理将在企业的组织管理体系、企业信用风险管理制度和企业全员信用风险管理文化等方面提出生产贸易链条件下完善企业信用风险管理的建议；政府层面的企业信用风险管理将从信用风险管理法律法规、培育市场对信用的重视、建设企业信用文化和企业失信的惩罚机制入手，提出完善生产贸易链条件下企业的信用风险管理的对策。

1.4 拟采用的研究方法、技术路线及创新

1.4.1 研究方法

本研究中将根据研究内容的需要，综合运用现代经济金融理论，涉猎社会学和伦理学的范畴，主要运用现代经济学的分析方法，包括实证分析、规范分析、动态分析、比较分析、制度分析和演化分析等方法，并运用成本—收益分析、计量经济等分析工具进行分析和展开研究。本研究以生产贸易链调整为背景，在研读有关文献基础上，联系实际提出问题；在掌握一定资料基础上，对于所提出的问题进行深入思考，提出假定地区信用环境评价体系并进行分析论述；最后对假定进行经验检验（图 1-1）：

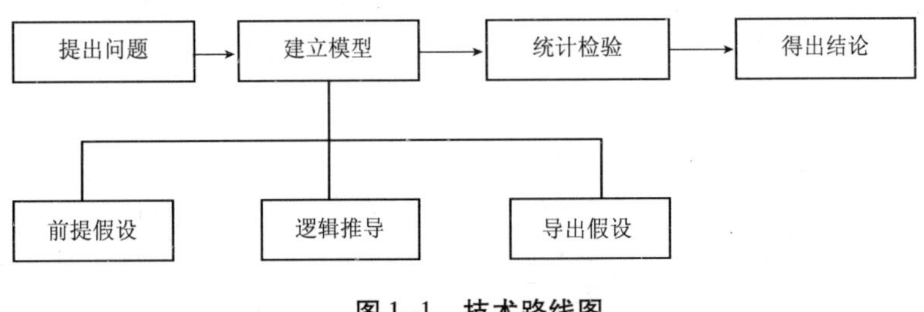

图 1-1 技术路线图

在研究过程中,通过参阅国内外公开发表的有关研究资料和成果,借鉴国内外区域信用体系建设的经验教训,结合中国国情与区域经济的实际情况,通过归纳、分析、比较,试图寻找能解决区域信用体系建设的对策。

1.4.2 技术路线

本文首先以区域经济管理系统控制论和产业链理论为依据,以构建开放条件下区域联合征信体系的控制系统作为研究目标,同时以区域经济条件下生产贸易链构建过程中的信用约束为研究对象,在论证国内相关地区征信体系建设协调必要性与可行性的基础上,从理论上找出生产

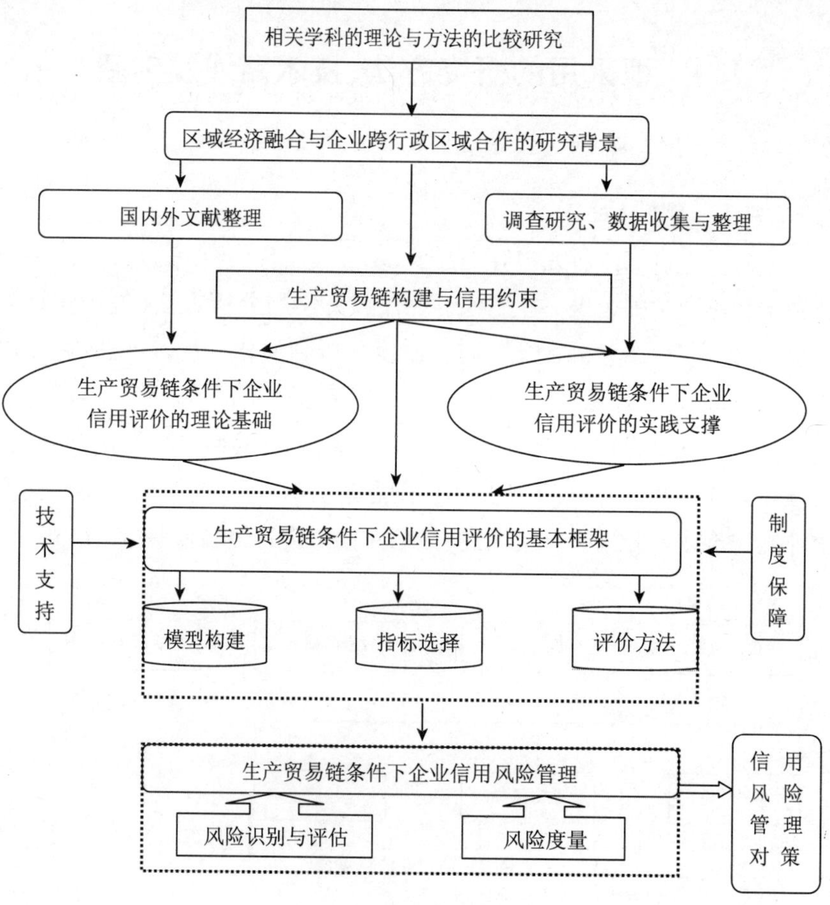

图1-2 研究技术路线

贸易链条件下区域信用体系建设发生作用的内在机理,通过规范与实证相结合的研究,形成理论观点和方法思路,从管理层面和制度层面进行以下几个方面的研究,分别是:生产贸易链条件下企业信用评价体系建设的理论与实证研究、企业信用评价共性与生产贸易链条件下企业征信体系建设特性的理论研究、生产贸易链条件下企业征信体系视角下的中央政府与地方政府行为。如图 1-2 所示。

1.4.3 本文的创新

一是提出了区域协调发展中应该重视区域间企业间合作的观点,并以生产贸易链这种方式不固化这种协作关系,并指出只有构建出一个能将生产和贸易紧密相连的区域生产贸易链,并对两者的紧密结合关系作出制度上和法律上的规定,使其具有约束性和稳定性,才能使整个链条上的生产贸易活动自然成链,浑然一体,由此形成区域内生产贸易互动、协调、健康发展的局面,同时可以更有利地培育区域内各地在生产和贸易方面的国际竞争力。

二是提出了建立生产贸易链条件下科学统一(动态)的区域企业信用评价体系,更好地服务于金融资源配置,促进区域经济和谐发展的观点。只有建立科学合理的生产贸易链条件下企业信用评价体系,以此为基础加大对区域内或生产贸易链上的失信企业惩戒,提高失信企业的成本,使企业进行短期博弈和失信的成本远远大于企业因此博取的收益,才可能促使链条上的企业进行长期博弈,减少企业的失信行为,促进区域经济融合,推动区域经济发展。

本章小结

本章阐述选题的意义,针对选题的内容,搜集整理关于我国信用环境建设研究的各方面文献,按照我国信用环境的现状、我国信用状况恶化的原因分析,通过对已经形成的企业信用评价方法进行梳理,为我们研究区域经济合作背景下生产贸易链条件下企业信用评价体系构建选择恰当的评价方法，改善我国信用环境以便适应激烈的国际和地区市场竞争，以确保研究的先进性、科学性和针对性。在此基础上将所收集的有关研究文献分类整理，按照区域经济发展理论与政策演变、区域经济发展差距与信用环境差距的形成与解决方案、生产贸易链条件下企业信用评价体系建设的必要性与方法、工具分别加以阐述，以期通过文献的梳理紧跟学术前沿，为本文提供坚实的基础，少走弯路，确保研究成果的先进性和科学性。

第2章 生产贸易链条件下企业信用评价的理论基础

建立区域合作环境的生产贸易链条件下企业信用评价体系，提高企业信用水平，根本上是需要建立良好的企业信用评价制度，以制度作为推动企业信用健康发展的保障。本章首先从制度的本质机理入手，构建生产贸易链条件下企业信用评价体系的基础平台。再从信息经济学探索建立企业信息共享平台。信息非对称性的存在是企业失信的原因之一，生产贸易链条件的形成加速了区域经济的融合，原来的征信体系（或信用评价体系）如果不能适应金融资源跨行政区域配置、企业信用信息如果不能在区域间共享，信息不对称将会大大延缓这一进程。只有建立科学合理的生产贸易链条件下企业信用评价体系，以此为基础加大对区域内或生产贸易链上的失信企业惩戒，提高失信企业的成本，使企业进行短期博弈和失信的成本远远大于企业因此博取的收益，才可能促使链条上的企业进行长期博弈，减少企业的失信行为，促进区域经济融合，推动区域经济发展。

2.1 制度经济学理论与生产贸易链条件下企业信用评价体系建设

现代市场经济乃是信用经济。企业信用水平要得到提高,根本上是需要建立良好的企业信用评价制度,以制度作为推动企业信用健康发展的保障。但是究竟什么是企业信用制度?企业信用制度又是如何产生发展的?我们需要一个什么样的企业信用制度?要明晰这些问题,我们需要从制度的本质机理入手,构建生产贸易链条件下企业信用评价体系的基础平台。本部分的研究,将更多地考虑制度因素,从国家制度变迁的视角,从理论上分析制度变迁、生产贸易链条件下企业信用评价体系调整二者之间的互动机理,从实证上验证中国(包括几个区域层面)改革开放以来制度变迁与企业信用体系构建和经济增长之间的互动关系,作出评价和分析。

2.1.1 信用缺失与制度缺损

许多事实表明,市场竞争中的自利者不一定会自然讲求信用,在不完善的市场条件下,人们实施机会主义行为的收益大于成本,必然要损害到别人的利益,进而造成市场失灵和秩序混乱,这正是信用失真的根本原因。但是,利益受损方并不甘心遭受损害,而是会在保持正常交易关系的条件下,想尽办法保护自己的利益,这必定要支付某种费用。这种为达成合约事前发生的费用和事后发生的监督、执行该项合约所发生的费用就是交易费用。按照科斯定理,不讲信用会引发和增加交易费用,降低资源配置效率。因为当交易费用大于零时,法定权利的初始安排会影响资源配置效率,而通过降低交易费用提高资源配置效率的关键是,建立使经济人讲信用的收益大于失信所付出成本的制度。

制度能够影响经济人的选择行为,是由于其目的是约束追求主体福利或效用最大化的个人行为。随着行为约束规则的变化,当事人的收益预期会相应改变,最后会使追求主体福利或效用最大化的个人行为发生变化,因而特定制度会导致特定的经济人行为。失信行为的泛滥并不能草率地归结为普遍性的道德败坏,而是因为现有的制度存在某些欠缺,导致经济人看到选择机会主义行为有利可图。假若这种损人利己行为无法得到现有制度的惩罚或惩罚不力,就会产生"劣币驱逐良币"的效应,引发更多的人违背信用,致使道德持续滑坡。

2.1.2 制度变迁与信用制度建设

马克思是最早研究经济制度的学者之一,他明确提出:凡是适合生产力发展的经济制度就是有效的制度,它能对经济发展起着十分重大的积极作用。而另一方面,不适合生产力发展的经济制度会成为生产力发展的桎梏。作为市场经济核心的信用制度是否健全,更是关系市场经济链条是否正常运转的关键环节。20 世纪 30 年代,科斯的代表作《企业的性质》正式发表,这标志着新制度经济学的诞生。科斯也指出:在交易成本大于零的情况下,制度安排不仅对分配有影响,而且对资源的配置以及产出的构成都将产生影响;不同的制度安排会产生不同的资源配置效率,从而也将对产出产生影响,人们需要在不同的制度之间进行选择。虽然马克思与诺思等人研究问题的出发点不同,目的不同,时代背景也各异,但是他们都认为在一定的历史时期,是技术(生产力)和制度(生产关系)共同决定了一个社会的经济实绩。在此基础上,诺思从人类分工及专业化发展的角度来考察制度的产生过程,他认为专业化程度的提高能够节约生产成本,但是随着专业化程度的提高,边际生产成本的降低幅度逐渐递减,这种成本的节约,会被由于信息不完备和市场中的机会主义倾向所带来的边际交易成本的逐渐增加所抵消。因此,为了降低交易成本,就需要建立一套能够规范和约束人们的交易行为的制度,从而降低由于市场信息不完备性和市场中机会主义行为所导致的交易成本,良好的企业信用制度是最好的选择。

2.1.3 信用制度变迁与经济增长的作用机理

无论是正式的规则,还是包括意识形态在内的非正式规范,其变迁是否有效,取决于它们是否降低了交易成本。交易成本的降低可被视为是制度创新所带来利润,但这些潜在的利润无法在现有的制度安排结构内实现，因而在原有制度安排下的某些人为了获取潜在利润，就会率先来克服这些障碍，从而导致了一种新的制度安排。

信用制度变迁对经济增长的作用路径，是在一个动态的经济系统中，现存的信用制度环境与信用评价制度安排决定市场经济交易机会与成本收益结构，从而决定了经济增长的收入流以及速度。当外在性条件的变化（如生产贸易链形成）或相对价格（进出口产品价格、原材料价格、劳动力价格等）的变化进入经济系统，则改变了现有的经济条件及成本收益结构，经济环境中就会出现一些新的潜在的收入流，在现存的信用制度安排之下，这些潜在的收入流不可能实现。只有进行信用制度创新，创立新的适合生产贸易链的信用制度安排，在新的企业信用评价制度结构之下才有可能实现潜在利润，实现经济增长，即制度变迁决定了经济增长。

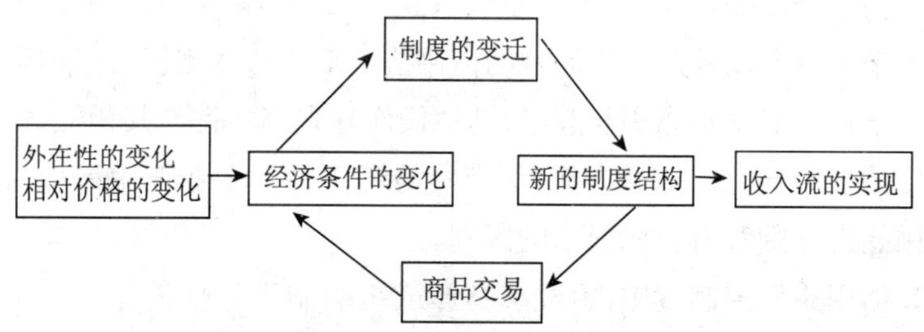

图2-1 NORTH的制度变迁与经济增长模型

由此从理论和实践两方面可以看出，信用制度创新在经济增长过程中起着关键性的促进或阻碍作用。当制度因素能约束人们行为的准则，把人们工作努力程度与报酬大小更紧密地联系在一起，能给人们提供较多的经济机会从而获利，能带来利益关系调整，从而使经济活动空间发生变化时，制度则促进经济增长，反之则阻碍经济增长。

2.1.4 新制度经济学发展与生产贸易链条件下企业信用评价制度建设

从制度的定义我们可知，制度实质上就是人与人之间发生经济关系、进行交易活动的某种特定方式，也就是行为规则。其形式既可以是正式的，也可以是非正式的。那么信用制度就可以定义为与信用相关的人与人之间发生经济关系、进行交易活动的行为规则。由此定义出发，我们可以发现与信用相关的各项法律法规、实施条例、契约、操作机构、道德习俗、意识形态都被纳入到信用制度的范畴中来。这个定义的内涵远大于通常意义上以信用法律法规及体系结构为主体的范畴。新制度经济学经过了阿尔钦、姆赛茨、张五常、巴泽尔等经济学家的进一步发展,不断趋于成熟,形成了以交易费用理论、产权经济学、契约理论、制度变迁理论为主要支干的理论体系,为探求我国生产贸易链条件下企业信用评价制度提供了合理的分析框架和有利的分析工具。

信用制度作为约束信用行为主体的规范、标准及其产权结构的合约性安排,对信用秩序的稳定及金融体系乃至整个国民经济的健康发展都具有重要的影响,特别是在生产贸易链条件下,对金融资产的跨行政区域配置发挥着基础性作用。参照新制度经济学派对制度的划分,也可将生产贸易链条件下企业信用评价制度划分为以下几个部分:

1. 信用法律保障规则:由国家政权发布的,宪法、经济法中关于信用的相关条款及专门针对信用问题的信用法。信用法律规定了信用活动所必须严格遵守的基本原则与规则,其他任何规则都不得与其相抵触,是信用制度的最高层次。在这方面,生产贸易链条件下企业信用评价与一般的信用建设规则没有什么根本的区别。

2. 信用条例控制规则:由经济实体或组织制定的信用相关规定及条例。例如由中央银行、各商业银行、信用协会、信用中介等机构发布的指导其管理与经营行为的信用规定。这是生产贸易链条件下企业信用评价制度建设的主要依据。这样一个评价体系,需要国家有关部门、地方政府共同的智慧来完成。

3. 信用文化约束规则:与信用相关的道德风俗、意识形态、价值观等非正式约束。信用文化不同于法律、条例等正式约束,在大多数情况下并无明确的条文及强制力量,而是通过舆论、集体价值取向、道德评判等方式来规范企业信用评价活动与企业跨行政区域配置资源相适应。

2.1.5 制度变迁理论与企业信用评价制度创新

新制度经济学认为,制度作为规范人类行为的规则体系,主要包括正式约束、非正式约束和实施机制三部分。正式约束是人们制定的一系列法律法规和政策;非正式约束则是人们在长期交往中逐步形成的具有持久性的价值观念、伦理规范、道德观念、风俗习惯、意识形态等文化要素。

正式约束和非正式约束的作用是相互依存、相互补充的。非正式约束是对正式约束的补充、拓展、细化及限制。同时,制度并不是一成不变的,诺斯把制度变迁视为一种制度的均衡—非均衡—均衡的过程。林毅夫教授认为,制度变迁分为诱致性变迁和强制性变迁。前者是指一群(个)人在响应由制度不均衡引致的获利机会时所进行的自发性变迁,比如说企业信用评价制度的构建;后者是由政府法令引致的变迁,比如说适应区域经济发展需要的信用制度建设。

以科斯、诺思为首的新制度经济学派已明确指出制度变迁的动力来自于变迁收益,即变迁所带来的交易成本的降低。但是变迁自身也需要成本,变迁最后能否成功,就取决于变迁所带来的收益是否大于成本。这可看作是制度变迁所需遵循的基本规律。但从我国的实际情况来看,在传统的计划经济体制下,几乎不存在真正意义上的市场信用关系。这样的制度安排下,虽然契约也是不完全的,但契约双方的财产所有权属于国家,企业跨区配置生产资源的权利集中在国家或是上级部门,不存在也无需考虑信用市场的风险问题。旧体制下逐渐形成的这种落后意识构成了我国制度变迁的严重"路径依赖",对市场经济制度以及相应的各种非正式约束产生着深刻影响,以致我们明明发现外在条件发生了变化,原来的信用评价制度不能适应区域经济融合的大趋势,却没有从根本上积极入手改革并建立生产贸易链条件下企业信用评价体系,而是在等待上级部门的反应。依据制度经济学的分析,我国的生产贸易链条件下企业信用评价制度创新将是市场经济制度变迁过程中社会信用观念、行为依据和准则创新的必然后果,但在制度变迁的过程中,需要外部干预。制度经济学表明,如果一种机制为了达到某种社会目标被设计出来却无法自我实施,那么就需要附加一种额外的实施机制,这样才能改变博弈形式,从而改变后果函数。这就为生产贸易链条件下企业信用评价体系建设进程中政府的干预提供了理论基础。中国需要探索并建立与区域经济发展相适应的企业信用评价体系和信用管理制度,政府作为强制性制度变迁的主体在这方面作出一些努力可以说是正当其时。

2.2 信息经济学理论与生产贸易链条件下企业信用评价体系建设

我们知道,信用征信在解决信息非对称性方面可以发挥重要作用。专业化的信用中介结构利用市场公开信息和内部信息,运用专门的知识和经验,对这些信息进行加工、处理、研究和分析,将复杂的企业信用信息转化为简单明了的评级信息的过程,这对于没有足够时间和精力、无法收集到足够信息或者专业知识有限、无法理解披露信息所表达的特定含义的投资者具有重要意义。但是,生产贸易链条件的形成加速了区域经济的融合,原来的征信体系(或信用评价体系)如果不能适应金融资源跨行政区域配置、企业信用信息如果不能在区域间共享,信息不对称将会大大延缓这一进程。

2.2.1 非对称信息理论与企业信用风险形成

新古典主义经济学的一般均衡理论是建立在一系列市场完全的假设基础之上,其中一个假设就是经济交易双方拥有完全信息,从而忽略了信息不完全所引起的各种现实问题。实际上,市场中交易双方拥有交易相关的信息或知识存在明显的差异,交易者是在不完全信息条件下决定其交易行为的,这样的交易可使拥有信息优势的一方在交易中处于有利地位。信息的不对称性可以从两个角度来理解。从不对称发生的时间来看,包括事前不对称和事后不对称。事前不对称发生在当事人签约之前,会导致逆向选择。逆向选择指的是代理人或卖主凭借信息优势而使处于信息劣势的委托人或买主处于不利选择的境地,这将导致低质商品排斥优质商品、市场效率低下、资源浪费严重的不良结果。Akerlof(1970)的旧车市场模型(lemonsmodel)指出,当贷款人或汽车的买方拥有不完全的信息时,还贷可能性低的贷款人或劣质车的卖方就可能会把市场上的其他卖方挤出市场,形成混合均衡(poolingequilibrium),最终会阻碍对双方有利的交易进行。事后非对称发生在当事人签约之后,会产生道德风险。

道德风险是指经济代理人在追求自身效用最大化时，损害委托人或其他代理人的利益。就不对称信息的内容而言，不对称信息可能指某些参与人的隐藏行动，也可能是指某些参与人的隐藏信息。隐藏行动或隐藏信息都属事后，属道德风险范畴，在这种情况下，交易双方在签约时信息是对称的，但签约后由于一方对另一方的某些信息缺乏了解，就可能会产生道德风险。Spence(1974)的劳动力市场模型分析了受教育水平在劳动力市场上存在信息不对称，雇员知道自己的能力而雇主不知道，但是雇员的教育程度向雇主传递了有关雇员能力的信息。通过这种信号揭示功能，可以使市场中的代理人消除逆向选择的不利影响。所谓信号显示，是指经济代理人采取的可以让对方相信其产品质量或价值的可观察的行动。Spence 指出，只有当显示信号的成本在信号发送者之间具有显著差异时，信号显示才会起作用。

企业信用风险发生的重要原因在于企业之间存在非对称信息问题。由于企业处在竞争日益加剧的环境中，出于战略考虑而授信于其他企业，这种授信本质是给予交易对方充分的财务灵活性，旨在使之能与自己建立长久的合作、交易关系，所以通常体现的是建立在信用基础上的无担保的赊销。而目前大多数企业缺乏应有的回收账款的手段及债权保障措施，从而使企业产生信用风险。反过来，若采取那种强硬的债权保障措施则会伤害企业之间的感情，因此可以说，控制信用风险的关键在于事前阶段，即对客户信用及信用额度给予评价的阶段。实际上，若在这一阶段出现了偏差，则在事中及事后阶段采取的补救措施相当少，效果也很差。为了减少由此原因产生的风险，企业应该在交易以前，尽可能多地掌握客户的经营管理信息，注意客户的动态性变化，分析客户所处的外部环境因素对客户企业的影响，进而分析自己企业的风险程度。见图 2-2。

2.2.2 博弈论与生产贸易链条件下企业信用评价制度建设的必要性

博弈论认为，企业总是寻找对自己最优的策略并由此形成一个均衡状态。在良好的信用环境中，即大部分企业讲信用，信息传递方便，市场监督机制健全的社会，如果某家企业某次不讲信用，它可以获得额外利益，但别的企业可以很快知悉并在其后的经济交易中拒绝对它提供信用，那么这家企业就会处于孤立状态，从而付出巨大的代价。因此，在信用监

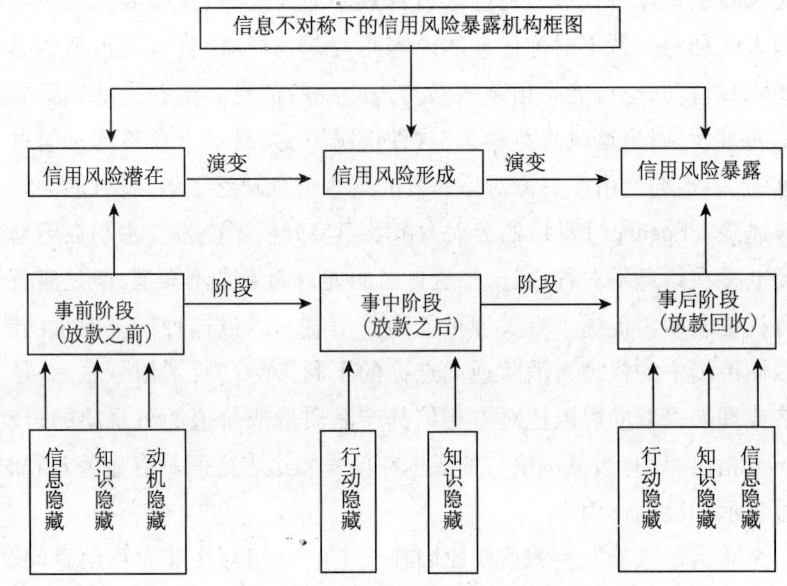

图 2-2 非对称信息下信用风险暴露

督机制健全的社会环境中,企业不讲信用不是最优策略,它的最优策略就是讲信用,防范交易对手不讲信用。与此同时,企业对交易对手的信用信息需求也是内在的,因而信用服务的需求也会增加。在信用环境不太好,市场机制不健全的社会,如果某家企业某次不讲信用,它因此可以获得额外收益,但由于市场监督机制不健全,信息传递不畅,其他企业无法及时获取它不讲信用的信息而得不到相应的惩处,那么这家企业还会在其他交易中取得信用,直到其他企业了解到该信息为止。

对于企业来讲,开展资信评级是实现不完全信息动态博弈分离均衡的一种手段。企业得到一个客观和有权威的评级结果,就可以向银行和社会表明自己的身份,获得市场上的通行证,从而把信用低或不讲信用的企业分离出去,特别是在区域经济条件下,基于生产贸易链形成,使得银行或社会能够识别真正信用低的企业,减少信用错判,实现金融资源的合理配置。

因此,在现行信用监督机制不健全的生产贸易链环境中,一个企业不讲信用可以获得额外收益,因而它的最优策略就是不讲信用,但对生产贸易链条产生致命打击。当其他企业发现不讲信用的企业短期内可以获得额外收益，而自己因为讲信用却遭受利益损失时，那么这些企业的最优经济策略就是不讲信用。如果不讲信用被大多数企业作为最优策略时，企业之间的信任度随之降低，那么信用环境就会恶化，信用服务的需求就会减少，生产贸易链断裂，区域经济合作失败。如果其中有信用融资服务，贷款将遭受严惩损失。当然，从长期来看不讲信用的企业是没有市场的。博弈论研究结果表明，如果企业只进行短期博弈而缺乏长期博弈，那么企业就会失信。只有建立科学合理的生产贸易链条件下企业信用评价体系，以此为基础加大对区域内或生产贸易链上的失信企业惩戒，提高失信企业的成本，使企业进行短期博弈和失信的成本远远大于企业因此博取的收益，才可能促使链条上的企业进行长期博弈，减少企业的失信行为，促进区域经济融合，推动区域经济发展。

2.2.3　企业信用缺失的信息经济学解释

现实中存在着这样一种可以直接观察到的现象：不同国家和地区的信用市场中受信企业的违约程度是不同的，欧美发达国家受信企业的违约率要远远低于中国，那么在我国不同地区同样存在着这样的现象。许多学者已从制度层面对该问题作出了解释，这里不再重复。欧美发达国家的信用市场经过数百年的培育和发展，形成了比较完善的信用体系和管理机制。一方面，通过长期的市场竞争和交易制度的完善，培育起了“讲信誉者生存、不讲信誉者淘汰”的良好信誉机制和信用环境。在这样的市场环境下留在市场上的企业绝大多数都是信誉好、市场成熟度高的企业，它们的信誉资产价值远远高于不讲信誉带来的收益。另一方面，这些国家大多都以立法的形式保证了信息披露公平、公正和迅捷，并通过完善非政府的市场信息披露和社会信用评级体系，进一步增强了市场的公开和透明，最大限度地降低了信用交易双方的信息不对称，使授信方能够更加准确地掌握受信企业的信誉、信用状况，以较低的成本和较高的准确性甄别出不同信誉价值的企业类型，实现了信用市场中唯一稳定的博弈均衡（授信，守约）。上述两个方面使信用市场中的违约率大大降低，同时也使授信方判断的受信企业违约概率维持在较低的水平上，从而形成提供信誉资源与信用资源的激励和有效供给。

然而,中国的情况截然不同。中国经济仍然处于不断改革当中,还没有形成真正意义上的相对完善的市场经济体系,符合市场经济条件的信用约束机制还没有建立[1]。在这样的信用环境下,很难在较短的时间内通过竞争建立起良好的信誉机制,企业也没有激励去培育自己的信誉资产,使整个社会的信誉资产及其供给处于很低的水平上。另一方面,中国自改革开放以来,一直没有建立和完善市场经济发展所需要的信息披露制度,造成信息供给的严重短缺。目前无论是信息公开的法律规定还是信息披露的主要渠道,都是不完善和不畅通的,特别是在生产资源跨行政区域交易的情况下,对于信用信息的获取更是相当困难。在政府、市场披露和社会信用评级三个信息渠道中,政府部门的90%的信息和数据在本地区既不流动也不公开(陈文玲,2003[2]),而后两个信息供给渠道在行政区域间也是不畅通的,只有为数不多的上市公司信息得到公开,信用评级体系也没有建立。信用信息供给的严重短缺和虚假信息的普遍存在,使我国信用市场中交易双方的信息不对称程度大大超出一般市场经济国家的正常水平。因而,中国信用市场中绝大多数受信企业的信誉价值都低于违约的收益,不讲信誉的企业及其信息租金大量存在,违约率要远远高于欧美发达国家。授信方也只能以较高的信息成本和较低的准确性来区分不同信誉价值的企业类型,对受信企业的违约期望值也是较高的,极大地削弱了授信方提供信用服务的激励,造成整个社会信用资源的浪费和有效供给的不足。

2.2.4 关于企业信用缺失治理的信息经济学解释

信息经济学理论认为:信息不对称与交易行为的透明度以及交易行为的信息传递机制有直接关系,提高交易行为的透明度,建立交易行为的信息传递机制,可以在一定程度上解决信息不对称问题。信息非对称性的存在是企业失信的原因之一。相反,如果交易行为的透明度高和交易行为的信息传递畅通,那么企业失信就会减少,因为企业有足够的信息可以判断交易对手的信用状况从而制订正确的信用政策,失信企业将被其

---

① 蒋海:《不对称信息、不完全契约与中国的信用制度建设》,《财经研究》2002 年第 2 期。

② 陈文玲:《中美信用制度建设的比较与借鉴》,《经济社会体制比较》2003 年第 1 期。

他企业所知悉并因此无法获得相应的授信。上述分析所含的逻辑结论是,要从根本上治理我国当前的企业信用缺失问题,增加信用资源的有效供给,必须加快建立和完善我国的市场化企业评价信用制度,形成使守信者得到回报、失信者必然付出代价的制约机制。在生产贸易链条件下,以区域经济大融合为背景,为此需要解决市场中跨行政区域信息严重不对称和企业信誉资产价值低下的问题。一方面要通过完善信息披露制度加快信用市场的透明度建设,另一方面要通过相应的制度安排与政策措施培育市场主体的信誉资产,增加违约的机会成本。要加快建立区域性企业信用信息共享机制,完善信息披露制度,畅通信息供给渠道。

市场透明度建设的目标是保证市场所需信息能够及时、准确、公正地得到公开,最大限度地降低交易双方的信息不对称和代理人的信息租金,在区域经济融合的大趋势下,这一措施尤其重要。要实现这一目标,必须以立法的形式完善信息披露制度,畅通信息区域间供给渠道,建立高效率的区域性企业信用信息管理体系。①尽快制定和出台《信用信息披露法》、《商业机密法》等法规体系,在合理界定政府行政公开与国家经济安全、商业机密与公开信用信息、消费者个人隐私与公开信用信息界限的基础上,要求政府部门及市场参与主体在不涉及商业机密的情况下充分公开自己的信息和相关数据。②推动《信用档案法》的出台,建立全面、客观、公正的企业信用档案,对信用档案的记录与移交、管理与评级、披露与使用及评级机构与被评级单位的责权利作出明确规定。③利用互联网技术建立高效率的区域性(甚至全国性)的企业信用信息管理系统,通过信用数据的充分开发利用,为全社会提供真实、可靠、便捷的信用信息服务。

本章小结

本章以生产贸易链调整导致的金融资本流动为主线,研究以金融资源跨行政边界配置为背景的地区信用环境建设,同时在此基础上建立科学统一(动态)的生产贸易链上企业信用评价体系,更好地服务于金融资源配置,促进区域经济和谐发展。通过理论指导实践,本章论述构建生产贸易链条件下企业信用评价体系需要科学的理论指导。本章以区域生产贸易链理论、制度经济理论、新制度经济学发展理论、信息经济学理论为基础，对企业信用评价体系中的区域性问题与统一性问题进行研究，分析了建设生产贸易链条件下企业信用评价体系的必要性，并提出了根本的解决方案。

第3章 中国现行企业信用评价体系考察

企业信用体系是国家社会信用体系的重要内容，是对企业信用资源进行管理和对企业信用交易进行服务、监管的一整套机制。由于我国没有信息透明的文化传统，受以前计划经济体制的影响和对信用制度缺乏系统的认识等原因，目前企业的信用状况还存在许多问题。本章对我国现行的企业信用体系中信用评价主体、现行的评价方法和制度保障进行分析。在区域化一体化的发展背景下，我国目前对企业信用状况的评价，在地区层面上各自为政，形成各具特色的企业信用评价标准，阻碍了企业跨行政边界的市场交易活动；而在全国层面上构建一个统一的企业信用评价体系，不能满足区域一体化要求的区域差别，不利于从实际出发判别企业信用状况。同时，缺乏有关信用管理制度的立法。对现实的考察为下章构建生产贸易链条件下企业信用评价体系提供现实基础。

3.1 中国企业信用评价体系现状考察

企业信用是指一个企业建立在安全、信赖基础上,其他经营者乐于与其从事相互间的交易,并无需立即偿付即可获取资金、物资和服务的能力。企业信用体系是国家社会信用体系的重要内容,是对企业信用资源进行管理和对企业信用交易进行服务、监管的一整套机制。企业信用制度是社会信用制度的重要组成部分,企业作为最具活力的市场主体之一,其信用制度的构建成为社会信用制度建设的关键,而信用评价则是其中的核心问题。如何加快中国企业信用体系建设,在此基础上建立科学的企业信用评价体系,并能够在此基础上进一步构建我们所期望的区域性统一的企业信用评价体系,将是我们研究的起点。

从总体上看,由于我国没有信息透明的文化传统,受以前计划经济体制的影响和对信用制度缺乏系统的认识等原因,目前企业的信用状况还存在许多问题,企业信用制度建设还停留在探索阶段,我国至今没有建立起有效的企业信用管理体系,所以导致企业失信行为盛行,严重阻碍了市场经济的发展。

3.1.1 信用评价主体纷争严重

从全国社会信用体系建设的实践来看,社会信用体系建设有了一定的进展,但仍存在着相当多的问题,较为严重的是信用评价主体问题,突出表现就是信用体系建设中的公地现象(程广云,2005)[①],导致的结果就是大家在各自的权力范围内尽情地“建设”,如:中国人民银行征信管理局在企业信贷登记咨询系统的基础上又开始了个人信用信息基础数据库的建设,并计划在将来交由类似银联的公司独立市场化运作。商务部中国国际电子商务中心启动“中国企业信用信息数据中心”项目,并计划用

① 程广云:《信用体系建设中的公地现象》,http://finance.sina.com.cn/stock/ychd/20050624/16101722231.shtml

五年时间打造中国最大的企业信用信息数据库。国家发改委开展了社会征信服务体系联合建设示范工程,要实现信用数据在全国的互联互通。由于多头管理,造成信用中介市场的混乱,有的仅根据客户委托进行信息调查、有的不管有无委托都进行信息积累;有的努力保持自己中立第三方的地位,有的采用"信用+担保"的形式;有的仅从事企业信用方面的业务,有的企业信用业务个人信用业务都做;有的仅从事区域性的,有的做全国的;有的仅提供信用报告,有的咨询、追账都做;有的只要挣钱什么都做,有的执著地向着国外信用局的模式发展……。在我国信用建设初期出现上述现象也在情理之中,毕竟任何一个行业必然会经历兴起时的喧嚣,关键在于我们必须找到解决方法。

3.1.2 缺乏有效的生产贸易链条件下企业信用评价体系和保障体系

我国目前对企业信用状况的评价,要么在地区层面上各自为政,形成各具特色的企业信用评价标准,阻碍了企业跨行政边界的市场交易活动;要么试图在全国层面上构建一个统一的企业信用评价体系,抹杀了区域差别,不利于从实际出发判别企业信用状况。同时,我国也缺乏有关信用管理制度的立法。即法制不健全,人治重于法治,使信用活动运行的环境较差,这是建设有效的生产贸易链条件下企业信用评价体系的最大障碍。主要表现为:法律法规渊源复杂,缺乏系统性,且相互间也多有抵触;有的法律法规内容在地区间的解释含糊不清,过于笼统、抽象,造成理解上的困难,甚至误解,也给法律的执行留下宽广的空间;执法水平落后,法制保障不可靠;地方保护主义严重;有些政府部门不能依法行政,干扰企业的正常经营等等。没有法制作保障,就不可能真正建立起有效的信用制度和管理体系。

而且,由于没有区域性统一的信用评价体系,规则没有明确,致使一些地方政府或行政主管部门以口头或书面形式为企业融资活动提供变相的信用担保,而在发生偿债问题时,又推诿责任,任意逃废债务;更有部分地方政府或管理部门,干扰执法,纵容包庇不如期履约清偿债务的本地企业、一些执法机关和执法人员甚至徇私枉法,侵害债权人利益,这些都严重影响了区域统一的社会信用观念。同时,地方政府对从事企业信息服务的中介机构(包括会计、审计、法律服务等)和某些负责企业有关方面认证、评定等的政府部门缺乏监管,即在信息生产环节管理不严格,造成虚假信息盛行。

3.1.3 条块分割导致的一系列问题难以解决

首先,由于行政管理的条块分割,也带来信用体系建设的条块分割。部门建部门的,地方建地方的,部门和地方都按照自己的理解建设信用体系。我国政府各相关部门在对企业、个人实行行政管理的职责范围内,均获有大量企业、个人的资信信息,由于体制的原因,现在信用信息多掌握在各个部门,这些部门建立的信用数据档案系统相互封闭,如工商行政管理部门的企业注册和年检信息、税务部门的企业纳税信息、法院的诉讼记录等。地方则主要立足于本区域信用数据进行的信用系统建设,容易形成信用市场壁垒,同时,还会造成多重技术标准,不利于信息共享,造成资源浪费。由于条块分割,仅限于部门和地区信用基础数据库的建设即原始数据的归集整理,信用产品原材料要么被部门垄断,要么被地方政府或地方政府主导的数据管理公司垄断或优先使用。信用体系建设的条块分割必然会造成信用体系的条块分割,到目前为止,面向全国的信用中介服务机构还很少,条块分割应该是原因之一。

其次,现阶段信用市场的发展瓶颈是信用数据的采集与开放。各相关部门积极建立的信用档案系统有助于推动政务信息系统的完善和部门信息化现代化建设,但是,信用信息分散在各部门,互相割裂垄断,不能共享,对社会信用体系的建设有着较大的消极影响,因为各部门提供的信用档案只是本部门的信息,只是信用的一个方面,而社会需要的信用报告则是全方位的,只有建立在这些部门的综合信息基础之上的信用报告才是有效的有用的,建立社会信用体系的真正目的也在于此。此其一。其二,部门信用信息垄断造成信用中介机构无原料可加工,信用评级机构和各类市场主体也不易查询或需要付出很高的成本,增加了征信和企业信息获取的难度,人为扩大了交易成本,不利于信用市场主体发展。其三,部门信用信息垄断将延迟从同业征信向联合征信的过渡时间。

3.2 中国企业信用评价方法在实践中的运用考察

我们有必要对已经形成的企业信用评价方法进行梳理,以期为我们研究的生产贸易链条件下企业信用评价体系构建选择恰当的评价方法,选用科学合理的评价指标,并对评价模型中的各指标体系给予科学的赋权。

3.2.1 定性分析方法及其选用的评价指标

一、5C 分析方法及其扩展

美国银行家爱德华于 1993 年在 4C 理论上又加一 C 形成的。由于 5C 学说提出的 5 个信用要素英语单词第一个字母都是 C,所以称 5C 学说。目前,国际上采用 5C 学说的较为普遍。它主要集中在对以下五个方面进行全面的定性分析①。

借款人的道德品质(Character)——是一种对企业声誉的度量,包括其偿债意愿和偿债历史;指企业的品行、品质,将直接影响其合同履约或付款的意愿。按邓白氏公司的研究,相比一些发达国家,品质方面对中国企业的影响将更为显著。一般从企业的付款历史记录、管理层的素质及管理规范程度来进行考量。

还款能力(Capacity)——包括企业的盈利能力、盈利产生的现金流对债务的偿还;经邓白氏的研究,就全球范围内,导致较差信用表现的最主要因素还是偿付能力的缺乏。大企业因没有偿付能力而最终倒闭的案例比比皆是。偿付能力风险分短期风险与长期风险,对企业财务状况及经营状况的分析是研究偿付能力的基础。

资本实力(Capital)——是衡量企业的自有资本和债务的关系,即财务杠杆,高杠杆意味着比低杠杆有更高的破产概率;在其他条件相同的情况下,规模较大的企业抗风险能力较强,而与商业信用最直接相关的规模

---

① 张友棠、杨轶:《基于"5C"的企业信用评价标准化体系的构建》,《世界标准化与质量管理》2005 年第 9 期。

即为资本规模。净资产、营运资金、销售收入等是常用的考量指标。

担保(Collateral)——在授信中所采取的担保、抵押等措施,能减少偿债的风险和损失;指企业提供的备用偿债保证,通常需要对抵押资产进行估价,对担保人进行信用分析来确定抵押担保的价值。这一方面的考量对企业的商业信用是一个较好的保证措施,同时也需要考虑企业对第三方提供的担保状况。对“担保”这一要素,最早的提出者美国人波士特认为:如果授信者能够提供足以偿还或履行他所承诺的信用价值的担保品,那么,即使企业和企业经营者的品格、能力、资本三个要素都不好,授信者又有何担心呢?所以它应该是一个信用要素。我们认为,这种说法不无道理。然而不可回避的是,担保不能起到评价、标示企业信用状况良好的作用。相反,它往往是企业信用状况不佳、不能取信于人而不得已采取的一项措施,而且是一次性的,这与我们要评价企业信用行为状况和信用能力的目的有差异。而且,授信者大多数仍然是希望能通过正常途径收回现金或享受应得的服务,而不是耗时费力地去处理担保品或通过诉讼向第三方索赔。从这个意义说,担保只是有分散授信分险、促进信用交易的作用,不是信用评价的必要条件。在考核这一指标时,值得考虑。

经营环境条件(Condition)——对受经营环境条件影响较大的企业的偿债能力影响很大。事物是内因与外因共同作用的结果,在环境或条件这一部分,我们考虑一些系统风险,如国家、地区、行业等特有的风险对企业信用的影响。

在此基础上,有些银行将其归纳为“5W”因素,即借款人(Who)、借款用途(Why)、还款期限(When)、担保物(What)及如何还款(How)。还有的银行将其归纳为“5P”因素,“5P”指 Personal(个人因素)、Purpose(目的因素)、Payment(偿还因素)、Protection(保障因素)及 Perspective(前景因素)。还有一种 LAPP 指标体系,指 Liquidity(流动性)、activity(活动性)、profitability(赢利性)、potentiality(潜力)。无论是“5C”、“5W”或是“5P”要素法在内容上大同小异,他们的共同之处都是将每一要素逐一进行评分,使信用数量化,从而确定其信用等级以作为其是否贷款、贷款标准的确定和随后贷款跟踪监测期间的政策调整依据。我国实行的贷款五级分类办法也是一种传统的信用评价方法。评级方法在前文中已经进行了详细的介绍，比较类似于专家方法。

5C分析法也是金融机构对客户作信用风险分析时所采用的专家分析法之一。在具体应用时，他们认为企业资信评估指在分析企业风险（包括经营风险和财务风险）的基础上，对受评企业的未来现金流产生能力做出判断。建立评估模型时，考虑到反映经营风险状况的指标基本上属于质化指标，主观成分居多，一般对经营风险评估采用灰色评估方法①进行客观量度，选取了七个如下指标：

净资产负债率=负债总额/所有者权益总额

营运资金/总资产=（流动资产流动负债）/资产总额

净资产收益率=净利润/平均净资产

流动比率=流动资产/流动负债

销售净利率=净利润/主营业收入

现金流量负债总额比率=经营活动产生的净现金流量/负债总额

营业增长率=本年营业收入增长额/上年营业收入总额

其中第一个为逆指标，其余的为正指标。模型原理是，根据曲线相似程度来分析因素的关联程度，即依据问题的实际背景，找出理想最优对象对应的效果评价向量，用待评对象的效果评价向量与理想最优对象的效果评价向量之间灰色关联度的大小，用以确定待评对象的优劣排序，关联度大表示其评价结果好。运用灰色关联度法处理数据之后，可以给出企业的信用排名。

二、特征分析法

特征分析模型是目前在国外企业信用管理工作中应用较为普遍的一种新的信用分析工具，本质上它也属于传统的信用分析和评价方法。该模型的主要用途就是对客户的资信状况作出综合性的评价，并以定量化的方式，对客户的授信作出评定。该模型简单明了，操作比较容易规范。

---

① 关联度作为一种技术方法，是分析系统中各因素关联程度或者说关联程度量化。作为一种数学理论，该方法实质就是将无限收敛用近似收敛代替，将无限空间的问题用有限数列的问题逼近，将连续的概念用离散的数据列取代的一种灰色系统的理论。企业信用子系统的结构、参数和特征具有典型的灰色特性，影响系统的各因素相互联系相互作用但又不完全清晰，而灰色关联评价方法对非线性、离散、动态的和历史数据较少的信息进行量化和评价具有独特的优越性。

简单来说,该模型就是从客户的种种特征中选择出对信用分析意义最大、直接与客户信用状况相联系的若干因素,把它们编为几组,分别对这些因素评分并综合分析,最后得到一个较为全面的分析结果。该模型一共使用三组指标,共18项。

第一组为客户自身特征。这一类因素主要反映那些有关客户表面、外在的、客观的特点。包括六项指标:表面印象,组织管理,产品与市场,市场竞争性,经营状况,发展前景。

第二组为客户优先性特征。这类因素主要是指企业在挑选客户时需要优先考虑的因素,体现与该客户交易的价值。这类因素具有较强的主观性。共包括六项指标:交易利润率,对产品的要求,对市场吸引力的影响,对市场竞争力的影响,担保条件,可替代性。

第三组为信用及财务特征。这类因素主要是指能够直接反映客户信用状况和财务状况的因素。共包括六项指标:付款记录,银行信用,获利能力,资产负债表评估,偿债能力,资本总额。

由上面这三组指标可以看出,特征分析技术涵盖了反映客户经营实力和发展潜力的一切重要指标。对每一个项目,公司制定一个衡量标准,分为好、中、差三个层次,每个层次对应不同的分值。例如,对应“产品质量”一项,衡量标准层次如下:

好:产品质量好,富有特色;

中:质量中等,属大众消费商品;

差:质量很差,属劣等品。

对其他项也都相应确定不同衡量标准层次下的语言描述。不同层次对应的分值为:

好:对应分值为8—10分

中:对应分值为4—7分

差:对应分值为1—3分

在未得到某项的任何情况时,赋值0。

另外,根据公司的销售政策和信用政策对每一项都赋予一个权数,18个项权数之和为100。接下来,可以按照以下三个步骤计算:

(1)对每一项进行打分。某项特征越好,分值越高。

(2)用权数乘以10(每一项可能得到的最高分值),得出最大可能评分值。

(3)用每一项权数乘以实得分数并加总得出加权平均分,并以此与加总的最大可能评分值相比,得出百分率。

对于特征分析模型的最终结果可以作如下归类:

表 3-1 特征分析模型最终百分率分类

最终百分率	类别
0-20	收集的信用特征不完全,信用风险不明朗,或存在严重的信用风险,因此,不应该进行赊销交易。
21-45	交易的风险较高,交易的吸引力低;建议尽量不与之进行赊销交易,即使进行,也不要突破信用额度,并时刻监控。
46-65	风险不明显,具有交易价值,很可能发展为未来的长期客户,可适当超出原有额度进行交易。
66 以上	交易风险小,为很有吸引力的大客户,具有良好的长期交易前景,可给予较大信用额度。

特征评分有以下几个用途:

一是调整赊销额度。与营运资产模型相比,特征分析模型更全面。可以将特征分析模型与营运资产分析模型结合起来确定赊销额度。方法为:根据特征分析模型得出的最终百分率对在营运资产分析模型基础上得出的赊销额度进行调整(表 3-2)。

表 3-2 根据特征分析模型调整赊销额度

根据特征分析模型得出的最终百分率	可超出赊销额度(根据营运资产分析模型确定)的数量
0-20	0
21-45	赊销额度×21% 至赊销额度×45%
46-65	赊销额度×(46% +0.5)至赊销额度×(65% +0.5)
66 以上	赊销额度×(66% +1.0)以上

二是对客户进行分级。可以按照表 3-3 所示对客户分级:

表 3-3 根据特征分析模型对客户分级

评估值	客户信用等级
0-20	D
21-45	C
46-65	B
66 以上	A

在采用特征分析模型时涉及权数的选择问题。权数的重心倾向实质反映了公司的政策取向。不管权数是偏重于销售或偏重于财务，有一些项目因为其重要性总是具有较高的权数，包括：付款担保、付款历史记录，资本结构比率，管理能力，产品概要等。一笔交易的信用风险不光取决于客户的付款能力还取决于它的付款意愿。Z 计分模型、巴萨利模型和营运资产分析模型主要以财务分析为主，而特征分析模型既考虑了财务因素，又考虑了非财务因素，既考虑了付款能力，又考虑了付款意愿，另外，企业从多渠道获得客户信息（如销售人员获得客户信息）也可以在特征分析模型中加以利用。因此，特征分析模型是值得企业广泛采用的一种有效方法。特别是“优先性特征”的设置使分析工作更接近实际情况，有助于企业的销售工作。特征分析方法主要由信用调查机构和企业内部信用管理部门使用。

三、专家法

专家分析法以借款人基本特征所反映出的各种信息为基础，依赖专家的主观判断来估算借款人的信用风险。基本思路是，评价决策权由经验丰富的专家决定，在评估的过程中，许多难以量化的因素将由专家的主观判断决定。以 5C 法为例，在对资金状况和担保进行评估时，信贷机构较容易地采用量化的分析方法，如对财务指标的分析和判断，但在对企业的品德、资格与管理能力、经营条件和商业周期进行评估时，由于变量较难量化，信贷机构一般采取定性为主的分析方法，主要依靠专家的经验进行判断，来确立该变量的风险程度。专家法必须根据经济环境和风险因素的变化不断调整自己分析和调查的重点，才能作出准确的决策。传统的信用评价方法虽然有成熟的经验可资借鉴，一般也要制定自己的分析和评价体系。但我们每次实际进行一家企业信用调查与评价工作时，它都是一个全新的工作;同时,企业信用调查与评价工作必须通过自己的实践来积累经验。这种方法存在一些问题,如专家的培养需要较长时间,同时要确保信用专家能真正考虑所有的相关方面,专家法的成本比较高等。尽管现在很多银行仍然使用专家分析法,但是该类方法面临着一致性和主观性两个重大挑战。对于相似的借款者,不同的信贷负责人可能运用完全不同的标准得出不同的评价结果,而且他们评判时易受感情和外界因素干扰,作出偏差较大的分析。因此,近年来,金融机构已经逐渐放弃纯粹定性分析的专家分析,在此类方法中加入越来越多的客观定量分析。

信用风险评价方法不断推陈出新,管理技术正日臻完善,许多定量技术、支持工具和软件已付诸商业应用。

3.2.2 简化的定量分析方法及其选用的评价指标

一、Altman 的 Z 计分模型

其中 Z1 主要适用于上市公司,Z2 适用于非上市公司,Z3 适用于非制造企业。

Z1 = 1.2X1 + 1.4X2 + 3.3X3 + 0.6X4 + 0.999X5

X1 = (流动资产-流动负债)/资产总额

X2 = 未分配利润/资产总额

X3 = (利润总额+利息支出)/资产总额

X4 = 权益市场值/负债总额

X5 = 销售收入/总资产

对于 Z 值与信用分析的关系,Altman 认为 Z 小于 1.8,风险很大;Z 大于 2.99,风险较小。

Z2 = 0.717X1 + 0.847X2 + 3.107X3 + 0.420X4 + 0.998X5

X1 = (流动资产-流动负债)/资产总额

X2 = 未分配利润/资产总额

X3 = (利润总额+利息支出)/资产总额

X4 = 权益/负债总额

X5 = 销售收入/总资产

Z3 = 6.56X1 + 3.26X2 + 6.72X3 + 1.05X4

X1 =(流动资产-流动负债)/资产总额

X2 = 未分配利润/资产总额

X3 =(利润总额+折旧+摊销+利息支出)/资产总额

X4 = 所有者权益/负债总额

Altman 认为,根据上述公式计算的 Z 值,如果 Z 小于 1.23,风险很大;Z 大于 2.9,风险较小。还有一种 Z 计分模型,是对非上市公司进行分析的:

Z = A+B+C+D+E

A = 税前利润/总负债

B = 税前利润/销售额

C = 营运资本/(总负债递延税金)

D = 速动资产/营运资本

E = 速动资产/流动负债

上述公式对非上市公司非常适用,公司破产一般发生在该公司每一次打分出现负值后的三年里。由上可以看出,Z 模型将不同财务指标的关联性及重要性以不同权重的方式予以表述,进一步提高了风险的识别能力及预测精度,同时,基于不同行业的 Z 模型的变形,拓展了评估的行业,使财务指标为基础的定量分析方法达到了新的高度。上述风险量化模型是建立在完善、准确的企业财务报表的基础上,在对财务报表的作用进行考量时,我们会发现:财务报表是企业经营管理的集中体现,是企业经营成果的"浓缩",如果我们将企业经营的其他方面称之为"因"的话,如管理水平、技术特点、行业竞争力、市场需求等,财务报表则可称之为"果",存在着辩证关联。财务报表同上述关联因素间形成了一种塔状的联结方式,是企业经营成果的最上层体现。从银行信贷机构的角度考虑,以财务指标为基础的信用风险量化模型提供了一种最为直观、便捷、高效的评估方式,同时也降低了信贷评估的成本。当然,其缺陷也是显著的,表现在:适用范围有限,临界值的设定问题,无法计量企业的表外信用风险和变量的线性关系尚需论证等方面。

二、巴萨利模型

巴萨利模型是后人在 Z 计分模型的基础上发展出来的,此模型以其发明者亚历山大·巴萨利(Alexander Barthory)的名字命名,此模型适用于所有行业，且不需要复杂的计算。其各项比率如下：

Z＝X1＋X2＋X3＋X4＋X5

X1＝（利润总额＋折旧＋摊销＋利息支出）/流动负债

X2＝利润总额/（流动资产－流动负债）

X3＝所有者权益/流动负债

X4＝有形资产净值/负债总额

X5＝（流动资产－流动负债）/总资产

对各项比率考察重点如下：

X1 是衡量公司业绩的工具，能精确计算出公司当前利润和短期优先债务的比值，也用于表示公司业绩。

X2 是衡量公司营运资本的回报率。

X3 是资本结构比率，自有资本与短期负债的对比关系，衡量股东权对短期负债的保障程度。

X4 是衡量扣除无形资产后的净资产对债务的保障度。

X5 是衡量流动性的指标，表示营运资本占总资产的比重。

巴萨利模型指标值高说明公司实力强，反之则弱。巴萨利模型是 Z 计分模型更普遍的应用，可在预测公司破产可能性同时，也能衡量公司实力大小。据统计，巴萨利模型的准确率可达 95%。对这些模型的研究一直在继续，如 Chesser 判别模型。1977 年 Altman 又建立了第二代模型，称为 ZETA 信用风险模型。主要变量有 7 个，即资产报酬率、收入的稳定性、利息倍数、负债比率、流动比率、资本化比率、规模等。

三、营运资产分析模型

营运资产分析模型是企业进行信用分析的又一个重要模型，这个模型从 1981 年开始在国外开始广为应用，在计算客户信用额度方面具有很强的作用。营运资产分析模型的计算过程主要分为三步：营运资产计算、资产负债表比率计算以及计算信用额度。

营运资产计算：

营运资产＝（营运资本＋净资产）/2

营运资本＝流动资产－流动负债

从这个公式可以看出，该模型在营运资产的计算上，不仅考虑了客户当前的偿债能力而且还考虑客户的净资产能力。用这两个方面的综合平均值来衡量客户风险具有很大的功效。因为从信用管理的角度来看,仅考虑客户的流动资产和流动负债情况,还不足以反映客户的真正资本实力,净资产是保障客户信用的另一个重要指标。

资产负债表比率计算:

营运资产模型考虑如下比率:

A 流动比率=流动资产/流动负债

B 速动比率=(流动资产-存货)/流动负债

C 短期债务净资产比率=流动负债/净资产

D 债务净资产比率=负债总额/净资产

评估值=A+B-C-D

A 和 B 衡量公司的流动性;C 和 D 衡量公司的资本结构。

可以看到,评估值综合考虑了资产流动性和负债水平两个最能反映公司偿债能力的因素。评估值越大,说明公司的财务状况越好,风险越小。

表 3-4 营运资产百分比等级

评估值	风险程度	营运资产比例(%)
≤-4.6	高	0
-4.59~-3.9	高	2.5
-3.89~-3.2	高	5.0
-3.19~-2.5	高	7.5
-2.49~-1.8	高	10.0
-1.79~-1.1	有限	12.5
-1.09~-0.4	有限	15.0
-0.39~0.3	有限	17.5
0.31~1.0	有限	20.0
>1.0	低	25.0

计算信用额度:

营运资产分析模型最大的贡献在于它提供了一个计算信用额度的思

路:对于不同风险下的评估值,给定一个比例,按照比例和营运规模确定赊销额度。评估值越小,信用风险越大,营运资产分析模型给予其越小的营运资产比例作为计算赊销额度的依据。表 3-4 表示不同评估值下对应的营运资产的不同比例。从表 3-4 可以看出,对评估值越小(即信用风险越大)的公司,营运资产分析模型给予其越小的营运资产比例作为计算赊销额度的依据。

例:公司 A、B、C 的评估值及营运资产分别如表 3-5 所示:

表 3-5　赊销额度计算

	A 公司	B 公司	C 公司
评估值	1	-2.3	-4.7
营运资产(元)	100,000	100,000	100,000
赊销额度(元)	25,000	100,000	0

由此可见,该模型使用的财务数据和比率并不复杂,直接在财务报表中都可获得,因此较为实用。与 Z 计分模型和巴萨利模型相比,营运资产比较简单,易于操作,但它不能用来预测客户的破产可能性。在采用营运资产分析模型时应该注意以下两点:

(1)根据营运资产模型得出的赊销额度只能作为信用管理人员决策的参考,而不能也不应严格按照模型的给出确定额度,因为一些影响信用风险的因素在模型中并没有得到体现。

(2)营运资产百分比等级应该根据公司的销售政策和公司当前整体赊销水平不断进行调整。

四、Chesser 判别模型

Delton Chesser 采用 6 个变量进行了 Logit 分析,得到的公式是:

$y=-0.0434-5.247X1+0.0053X2-6.65073X3+4.4009X4-0.0791X5-0.1020X6$

其中 X1=(现金+市场化证券)/总资产

X2=销售净额/(现金+市场化证券)

X3=资产报酬率

X4=资产负债率

X5＝固定资产/股东权益

X6＝营运资本/净销售收入

变量 y 是一个独立变量的线性组合，采用如下公式确定不一致的概率 P：$e=2.71828$，y 值可以看作客户不一致倾向的指数，y 越大不一致的概率越高，他确定的分类原则是：(1)如果 $p \geq 0.50$，归于不一致组；(2)如果 $p<0.50$，归于一致组。

五、ZETA 分析模型

Zeta 分析模型是 Altman，Haldeman 和 Narayanan 在研究公司破产时提出的一个模型，采用 7 个指标作为揭示企业失败或成功的变量，这 7 个指标是资产报酬率、收入的稳定性（用 10 年资产报酬率的标准差的倒数来度量）、利息保障倍数、赢利积累（用留存收益/总资产来度量）、流动比率、资本化率（用五年的股票平均市场值/总长期资本来度量）和规模（用公司总资产来度量），这 7 个指标分别表示企业目前的赢利性、收益的保障、长期赢利性、流动性和规模等特征，Altman 在 1968 年通过对若干组企业的研究和分析，采用了 22 个财务比率经过数理统计筛选建立了著名的 5 变量 Z-score 模型和在此基础上改进的"Zeta"判别分析模型。由于模型简便、成本低、效果佳，Zeta 模型已商业化，广泛应用于美国商业银行，取得了巨大的经济效益。美国还专门成立了一家 Zeta 服务有限公司，著名美林证券也提供 Z 值统计服务。受美国影响，日本开发银行、德国、法国、英国、澳大利亚、加拿大等许多发达国家的金融机构，以及巴西都纷纷研制了各自的判别模型。虽在变量上的选择各有千秋，但总体思路则与阿尔特曼如出一辙。在对信用评分法有一定了解的同时，还需要知道它的客观性所在，所以在实际中使用容易产生偏差。另外，对于信用评分法，目前我国尚未进行比较科学的检验，有关参数能否适用尚不能完全肯定。宋秋萍（2000）[①]直接采用美国 Altman 的 Z-score 模型对中国 6 家公司进行了预测分析，认为两国会计准则有一定的差距，用美国公司财务数据建立的模型并不适用于对中国公司的预测，从国内企业财务数据中提炼出特征指标建立判别函数更为务实。

① 宋秋萍：《开展财务预警分析，增强经营者忧患意识》，《生产力研究》2000 年第 1 期。

3.2.3 现代复合信用风险评价模型的应用及其选用的评价指标

综合评估方法产生于20世纪80年代,此前的单纯以财务数据预测信用风险的方法已越来越不能适应市场变化的无常性,迫切要求加强对企业经营风险的定性经验判断。综合评估方法以定性分析为主、定量分析为辅,要求对评估对象作出全局性、整体性的评价。综合评估法的评估步骤是:首先确定评估对象系统,明确评估内容和方式,其次是建立合适的评价指标体系和评估模型,最后根据对评估内容所作的系统分析,并在信用评价数学模型的基础上对企业的未来经营业绩变化做出趋势的推测和量的判断,这种预期能够更好地反映企业的未来信用风险大小,因此,该方法现已为世界各大评价机构所采用,它代表了当今信用风险评估方法发展的主流方向。尽管在实际操作中财务风险评估强烈地影响着企业资信评级,但是一个企业的经营风险在一定程度上决定着企业可以承担的财务风险,因此一般而言,经营风险在企业信用评估中起着主导作用。

信用风险度量模型创新不断,品种繁多,现在信用风险的度量方法的发展主要体现在以下几个方面:一是基于模型精算,关键是选用什么样的模型;二是基于大量信用数据;三是基于财务评分人工智能。企业信用风险度量方法创新的背景和原因大致有:(1)企业破产和违约机会的增加。(2)资本市场的发展。(3)银行利润率的下降。(4)抵押品价值下降,波动性增加。(5)资产负债表外交易量增加。(6)科技及金融工程的进步。(7)计算以风险为基础的资本。按照建模应用的理论或技术的不同,创新模型主要可以分为如下几类。

一、基于期权的模型

利用期权理论,可求解贷款的价值或违约率。代表性的模型是KMV公司的信用监控模型(Credit Monitor Model)。这类模型的理论依据在很多方面与Black-Scholes(1973),Merton(1974)以及Hull和White(1995)的期权定价模型相似。因此也称信用风险的期权定价模型。Black-Scholes-Merton系列定价模型表明一家公司的破产概率取决于公司资产相对于其短期负债时的初始市场价值和资产(股票)市价的波动率。当公司资产的市场(清算)价值低于其短期负债价值,即资不抵债时,那么该公司实质上已经破产。1993 年 KMV 公司研究提出的期望违约率(Expected Default Frequency,EDF)模型也是基于这一理论。

KMV 信用监控模型基本思想是,当公司的价值下降至一定水平时,企业就会对其债务违约。根据有关分析,KMV 发现违约发生最频繁的分界点在公司价值等于流动负债+长期负债的 50% 时。有了公司在未来时刻的预期价值及此时的违约点,就可以确定公司价值下降百分之多少时即达到违约点。要达到违约点资产价值须下降的百分比对于资产价值标准差的倍数称为违约距离。违约距离=(资产的预期价值-违约点)/资产的预期价值×资产值的波动性。该方法具有比较充分的理论基础,特别适用于上市公司信用风险。模型的结构包含两种理论联系。其一是将股票价值看成是建立在公司资产价值上的一个看涨期权;其二是公司股票价值波动率与公司资产价值变化之间的关系。在实践中,通过观察在一定标准差(资产市价与偿债价值的标准差)水准上的公司(其初始资产高于负债)在一年内有多少比例的公司破产,以此来衡量任一具有同样标准差公司的违约概率。由于资产市值的估算又取决于股价波动率的估算,因此令人质疑的是估算的股价波动率是否可作为公司资产价值估算的可信指标。

二、基于在险价值的模型

代表模型是摩根公司、KMV 公司、瑞士联合银行等于 1997 年推出的“信用度量术”(Credit Metrics),它利用借款人的信用评级、下一年评级发生变化的概率、违约贷款的回收率、债券市场上的信用风险价差和收益率,为非交易的贷款或债券计算出假想的价值和价值波动性,从而计算个别贷款和贷款组合的在险价值。在险价值就是在给定的置信区间(如 95%、99% 等)下衡量给定的资产在一定时间内可能发生的最大的损失。对于信用风险的衡量,这一方法通过借助资信评级机构的评级结果等回答的问题是,如果下一年是个坏年份,我的贷款会损失多少? 实际上,它是一种计量风险大小的方法。信用集中风险是所有单一项目信用风险的总和。金融市场的全球化和风险的多样化使人们越来越认识到“不能把鸡蛋放在一个篮子里”的重要性。金融机构和投资者们采用贷款组合、投资组合来达到分散和化解风险的目的。那么如何来衡量这些组合及所有个别加组合汇集起来的信用集中风险又成为一个新的课题。目前在这一课题上最为人们所关注的是 J. P 摩根 1997 年推出的信用计量法(Credit Metrics TM)和瑞士信贷金融产品信用风险+法(CSFP)。这两大信用风险评估系统都是为了评估信用风险敞口亏损分布以及为弥补风险所需的资本,但使用的方法有所不同。信用计量法是以风险值(VAR)为核心的动态量化风险管理系统。它集计算机技术、计量经济学、统计学和管理工程系统知识于一体,从证券组合、贷款组合的角度,全方位衡量信用风险。该方法是基于借款人的信用评级、次年评级发生变化的概率(评级转移矩阵)、违约贷款的回收率、债券市场上的信用风险价差计算出贷款的市场价值及其波动性,进而得出个别贷款和贷款组合的 VAR 值。分析的面广,包括证券、贷款、信用证、贷款承诺、衍生工具、应收账款等方面的信用风险的估测。具体操作是依据与动态信用事件(信用等级的变迁,违约等)相关的基本风险来估测集中信用风险的风险值。集中信用风险值是指在未来一定时间内,因信用事件引起证券或贷款组合资产价值的潜在变化量。风险管理者依据这一风险值调整头寸和决策以防范损失。Credit Metrics 的缺点是:信用等级迁移概率事实上是跨时自相关的;没有考虑信用评级的转移受重要的国家因素、行业因素和商业周期因素的影响;贷款的抵押品、合约条件等与债券不同,因而使用债券信用转移矩阵可能会导致某种内在的估值偏差。

三、神经网络的模型

神经网络的理论可追溯到 20 世纪 40 年代,在信用风险分析中的应用还是 90 年代的新生事物。作为研究复杂性的有力工具,神经网络技术近年来在模式识别与分类、识别滤波、自动控制、预测等方面已展示了其非凡的优越性,特别是能处理任意类型的数据,这是许多传统方法所无法比拟的。通过不断学习,能够从未知模式的大量的复杂数据中发现其规律。神经网络方法克服了传统分析过程的复杂性及选择适当模型函数形式的困难,它是一种自然的非线性建模过程,无须分清存在何种非线性关系,给建模与分析带来极大的方便。该方法用于企业财务状况研究时,一方面利用其映射能力,另一方面主要利用其泛化能力,即在经过一定数量的带噪声的样本的训练之后,网络可以抽取样本所隐含的特征关系,并对新情况下的数据进行内插和外推以推断其属性。它在分类问题中的出现,最早是用于对银行破产的预估。有学者提出以非线性方法(例如类神经网络或模糊理论)作为信用风险分析的工具。在神经网络概念下,允许各因素之间存在复杂的关系,以解决传统计分方法的线性问题。而非线性方法面对的最大问题是:需要考虑多少个隐蔽关系?考虑太多的隐蔽关系有时会给模型产生过分拟合的问题。并且,使用神经网络来决策的一个缺陷是解释能力缺乏。当它们能产生高的预测精度时,获取结论的推理却还不存在。故需要一套明确的和可理解的规则,有人评价对比了几种神经网络的规则提取(Neural Network Rule Extraction)技术,并用决策表(Decisiontable)来代表提取规则。他们得出结论,神经网络的规则提取和决策表是有效的和有力的管理工具,可以为信用风险评估构建先进的和友好的决策支持系统。

神经网络模型综合评价系统共有 13 个输入值(指标 X1 到 X13),1 个输出值(信用评分 G),系统的框架如下图所示,包含模糊化、神经网络和逆模糊化三个组成部分。其实现过程由自适应训练和映射组成;自适应训练基于样本值调整权值和阈值,获得预期误差限内的评判器模型;映射过程对未知输出企业进行综合评分并根据评分结果检验评判器的合理性。

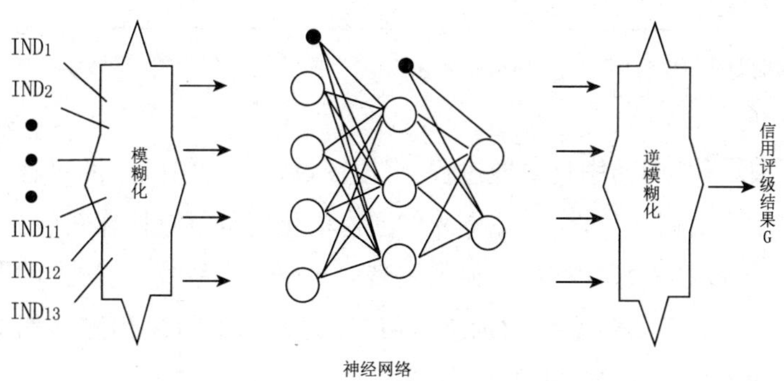

图 3-1 神经网络模型

模糊化:将精确量转换为模糊量的过程称为模糊化,其关键问题是确定模糊化算法。本系统中输入为 IND1 到 IND13 的指标值,输出为模糊论域上的隶属度 $\mu(X_i)$,在[-1,1]区间上,对应每个指标差(或好)的程度。本系统模糊量化函数设计如下：

$$\mu(X_i)=\begin{cases}-1 & X_i \leqslant X_{ia} \\ -Sqrt[(X_{is}-X_i)/(X_{is}-X_{ia})] & X_{ia}<X_i<X_{is} \\ 0 & X_i=X_{is} \\ sqrt[(X_i-X_{is})/(X_{ib}-X_{is})] & X_{is}<X_i<X_{ib} \\ 1 & X_i \geqslant X_{ib}\end{cases}$$

式中，X_i 为指标 i 的实际值；X_{is} 为指标 i 的中值，即企业的平均水平或合理水平；X_{ib} 为指标 i 的下限值，X_{ib} 为指标 i 的上限值，即当指标值小于 X_{ia} 或大于 X_{ib} 时认为指标变化对企业信用水平的影响都不再变化。下表所示为部分指标的中值、下限值和上限值。

表 3-6　部分指标的特征值表

指标	下限 X_{ia}	中值 X_{is}	上限 Xi_b
资产负债率/%	20	55	90
流动比率	0.8	1.3	2
现金比率/%	5	30	200
销售净利率/%	2	6	15

注：数据取自中国统计年鉴(2004)。

逆模糊化：即模糊化的逆过程，将模糊量转化为精确量的过程。本系统输出量为信用评价得分，如不采用逆模糊化器也可直接作为输出目标，但由于系统的输入节点较多，如采用多输入单输出系统，结构上的严重不对称性将不利于实现系统的训练学习，使得训练学习过程容易崩溃。故系统中逆模糊化算法采用重心法：

$$G=[\sum_{i=1}^{n}p(u_i)u_i]/[\sum_{i=1}^{n}p(u_i)]$$

式中，u_i 为模糊论域 i 对应值；$p(u_i)$ 为评分结果 G 对模糊域 i 的隶属度。信用评分逆模糊量化表如表 3-7 所示。

表 3-7　信用评分逆模糊量化表

模糊域 ui / G 值	BB	MB	SB	M	SG	MG	BG
	0	0.2	0.4	0.5	0.6	0.8	1.0
0.15	0.25	0.75	0	0	0	0	0
…	…	…	…	…	…	…	…
0.70	0	0	0	0	0.5	0.5	0
0.75	0	0	0	0	0.25	0.75	0
…	…	…	…	…	…	…	…
0.95	0	0	0	0	0	0.25	0.75
1.00	0	0	0	0	0	0	1.0

本系统采用三层网络结构来获取抽象的经验,进行自适应训练。网络的第一层为输入层;第二层为隐含层,节点数与训练样本数以及输入、输出节点数有关,隐含层节点表示为 k;第三层为输出层,节点表示为 j。根据误差反向传播算法的基本思想,训练算法如下。

(1)实际输出 y_j 为:

$$y_j=\frac{1}{1+e^{-(\sum_k W_{kj}-y_k+\theta_j)}}$$

式中,W_{kj} 为输出层 j 对隐含层 k 的权值;y_k 为隐含层 k 的输出;θ_j 为输出层 j 的阈值。

(2)自输出层向前修正权值:

$$W_{kj}(t+1)=W_{kj}(t)+\eta\sum_{j=1}^{N}\delta\cdot y_k$$

式中,$\delta_j=y_j(1-y_j)(\bar{y}_j-y_j)$,$\bar{y}_j$ 为目标输出,使用冲量算法,对每一权值修正过程增加一项冲量增量值 $\Delta_{kj}(t)$,即:

$$W_{kj}(t+1)=W_{kj}(t)+\eta\delta_j y_k+\Delta_{kj}(t)$$

$$\Delta_{kj}(t)=\alpha[W_{kj}(t)-W_{kj}(t-1)]$$

对以上各式,η 为增益因子,$0<\eta<1$;α 为动量因子,$0<\alpha<1$。

与传统的企业信用评价方法相比,神经网络法具有明显的优越性。(1)它具有非线性映射能力,自我组织与学习的能力强,分类精度高。不完全依据对问题的经验知识和规则,具有自适应功能,对于弱化权重确定中的人为因素十分有益;(2)能够处理有噪声或不完全的数据,具有泛化功能和很强的容错能力;局部的资料缺失不影响总体的评价结果。而且它是自由分布式的,不需要输入数据服从正态分布,并可以根据新样本和环境做动态调整。(3)能处理复杂的非线性关系问题。但它受人批判之处是:(1)特殊的理论基础以及用数据挖掘的方法确认解释变量之间隐含的相关关系;(2)要得到一个较好的神经网络结构非常耗费人力和时间。尽管存在一些遗憾,神经网络方法作为一门崭新的信息处理科学方法仍然吸引着众多领域的研究者。

以上简要评述了信用风险度量的六类模型,实际上还有很多模型和方法,如返回测试和压力测试的方法,根据风险调整的收益对资本的比率方法,M. H. DIS(Multi-group Hierarchical DIScrimination)等。随着信用风险模型的涌现,出现了评价模型对信用损失预测的精确性的问题,有的论文提出了基于横截面模拟的评价信用风险模型的方法。结合前述的各种类别的信用风险创新模型,可以发现信用风险度量的创新模型有以下共同特点:

(1)信用风险分析结果定量化。如KMV模型是预测违约率,在险价值方法是计算预期损失,德国中央银行的改进Z模型是将客户精确分级,并知道模型的统计错误的大小。

(2)及时动态地反映借款人情况的变化,即模型能随着时间的改变和借款人状况的改变而及时预测出风险的变化。

(3)模型背后都有积累的大量专业数据库。如KMV的违约距离与违约率关系的经验数据库,德国中央银行有企业样本数据库,以便计算公式的系数,以及判断模型的错误大小。

(4)模型的建立与应用,运用了先进的计算机、统计、人工智能和知识工程等技术和方法,因而模型的自动化程度和效率大大提高。

四、判别分析法

多元判别分析法从若干表明评价对象特征的财务比率中筛选出能提供较多信息的变量建立判别函数,推导出错判率最小的判别模型,然后对研究对象所属类别进行判别。判别分析法是根据已知的违约和非违约的企业进行分类构成若干个总体,由这若干个总体的特征找出一个判别函数,用于判别任意已观察的向量应判属于哪一个总体,以及检验两个或多

个母体,在所测量的指标变量上是否有显著差异,如有则指出为哪些指标。具体模型设计思路如下:

假设有个 n_a 公司来自组 π_a ,α=1,…,k,共有 $n=\sum_{a=1}^{k} n_a$ 个上市公司作为研究样本,每一个样本点由 P 个财务指标组成,可视为 P 维欧氏空间 R^p 中的一个点,所有 n 个点由 k 个不同的集合组成,第 α 个集合(由组 π_a 形成)含有 n_a 个点。设来自组 π_a 的 P 维观测值为 $X_i^{(a)}$,($i=1,\cdots,n_a;\alpha=1,\cdots,k$)将它们投影到某一个共同方向,得到的投影点是线性组合 $y_i^{(a)}=c'x_i^{(a)}$,c=($c_1,\cdots,c_p$)′为 P 维常数向量,表示投影方向。则 SST、SS(TR)和 SS 分别代表总方差、组间方差、组内方差,所含有的自由度分别为 $n-1$、$K-1$ 和 $n-k$ 。假定各组的真实方差相等,则可以对 K 个组的真实组均值之间是否有显著差异进行检验。(注意:我们选定的组是有差异的,但是投影所得到的量不一定有显著差异。)设 K 个真实组均值相等是原假设,那么检验统计量为: $F=\dfrac{SS(TR)/(K-1)}{SSE/(n-k)}$

当 $F\geqslant F_a(k-1,n-k)$ 时,拒绝原假设。F 值越大,拒绝原假设的理由就越充分,各组真实组均值之间的差异越显著,投影数据越能反映原始数据的真实情况,典型判别分析效果越理想。从上述分析可知,F 值的大小与 c 有关,即可以看成是 c 的函数。要使各组的差异程度尽可能地大,应合理地选择 c,使得 F 值达到最大,就是使

$(c)=\dfrac{SS(TR)}{SSE}=\dfrac{c'Bc}{c'Ec}$

$$\Delta(c_i)=\frac{c_i'Bc_i}{c_i'Ec_i}=\frac{c_i'(\lambda_i Ec_i)}{c_i'Ec_i}=\lambda_i$$

达到最大。由矩阵知识可知,Δ(c)的最大值就是 E-1B 的最大特征值。将 E-1B 的全部非零特征值依次记为 $\lambda_1\geqslant\lambda_2\geqslant\cdots\geqslant\lambda_r>0$,它们都是特征方程|B-λE|=0 的根,相应的特征向量依次记为,满足方程:

$$(B-\lambda_i E)c_i=0,i=1,2,\cdots,r$$

则 $\Delta(c_i)=\dfrac{c_i'Bc_i}{c_i'Ec_i}=\dfrac{c_i'(\lambda_i Ec_i)}{c_i'Ec_i}=\lambda_i,i=1,2,\cdots,r$

所以,选择投影方向,能使得组间方差 SS(TR)与组内方差 SSE 之间

达到最大工值：$\Delta(c_i)=\lambda_1$。

在上述过程中，笔者致力于寻找一个最能反映K个组之间差异的投影方向，即寻找线性判别函数 $Z_1(x)=c'x$，然而，如果组数K很大，或者原始的数据向量维数P很大，则仅仅使用一个判别函数是不够的，因为仅在一个投影方向上组之间的差异可能是模糊的。这时，可以考虑建立第二个线性判别函数 $Z_2(x)=c_2{}'x$；如还不够，可再建立第三个线性判别函数 $Z_3(x)=c_3{}'x$，以此类推，所有这些线性判别函数均称为典型判别函数。典型判别函数 $Z_1(x)$ 的判别能力定义为：$P_1=\lambda_1/\sum_{i=1}^{r}\lambda_1$，而 $r_0(r_0<r)$ 个典型判别函数 $Z_1(x)$，…，$Z_{r_0}(x)$ 的累计判别能力定义为：$P_{1,2,\cdots,r_0}=\sum_{i=1}^{r_0}\lambda_1/\sum_{i=1}^{r}\lambda_1$，在实际应用中，通常取较小的，并能使得累计判别能力达到75%95%。

最后，在确定了需使用的 r_0 个典型判别函数 $Z_1(x)$，…，$Z_{r_0}(x)$ 之后，一个很自然的问题是如何来制定判别规则。设组 n_a 在 r_0 个典型判别函数 $Z_1(x)$，…，$Z_{r_0}(x)$ 上的样本均值为：

$$\bar{Z}_1^{(a)}=\frac{1}{n_a}\sum_{i=1}^{r_0}c_1{}'x_1^{(a)},\cdots,\bar{Z}_{r_0}^{(a)}=\frac{1}{n_a}\sum_{i=1}^{r_0}c_{r_0}{}'x_1^{(a)},(\alpha=1,\cdots,\mathrm{k})$$

当 $r_0=0$ 时，将新样本 $x=(x_1,x_2,\cdots x_p)'$ 代入判别函数 $Z_1(x)$，判别规则为：

$$x\in\pi_1,若\ |Z_1(x)-\bar{Z}_1^{(1)}|=\min_{1\leq j\leq k}|Z_1(x)-\bar{Z}_1^{(j)}|$$

若 $r_0>1$ 时，新样本 $x=(x_1,x_2,\cdots,x_p)'$ 代入 r_0 个判别函数 $Z_1(x)$，…，$Z_{r_0}(x)$，计算：

$$D_a^2=\sum_{i=1}^{r_0}(Z_1(x)-\bar{Z}_1^{(a)})^2\lambda_1,\alpha=(1,2,\cdots,\mathrm{k})$$

则判别规则为：$x\in\pi_1$，若 $D_1^2=\min_{1\leq j\leq k}D_j^2$

判别分析方法的优点是，可同时考虑多项财务指标作比较能够衡量企业的整体绩效，找出具有判别能力的财务比率，缺点是判别分析需要变量符合正态分布假设（而财务比率并不符合）、分析结果仅能作分值高低排列，模型无法处理非线形情况，而变量的选取没有理论基础可能导致选择偏差从而对分类能力造成影响。

五、债券违约率模型和期限方法

阿尔特曼研究的债券违约模型(Mortalityratmodel)和 Asquith、Mullins(1989)的期限方法(Ag-ingapproach)是按穆迪和标准普尔的信用等级和债券到期年限,采用债券实际违约的历史数据建立的违约概率经验值。对各类信用等级和期限债券的违约风险的衡量。美国穆迪(1990)和标准普尔(1991)两家评级公司修正了这一模型并作为他们的常规金融分析工具。此类模型有望扩展到贷款违约风险分析中。但目前的障碍是银行无法收集到足够的贷款违约历史数据供建立一个非常稳定的违约概率数据库。因此美国许多大型银行正致力于建立一个全国贷款违约和违约损失率的共享数据库。线性概率模型以评判对象已知的信用状况为因变量,多个财务比率为解释变量代入线性回归模型,通过最小二乘法回归得出各解释变量与企业违约选择之间的相关关系,建立预测模型,然后运用模型预测企业未来违约概率。该方法可以解决自变量不服从正态分布的问题,模型使用时不需要转换,容易使用,但是模型预测的概率估计值可能落在区间(0,1)之外,不符合概率理论。目前此方法已经很少使用。为了改进线性概率模型的预测值落在区间(0,1)之外的缺陷。后续学者便假设事件发生的概率服从某种累积概率分布,使模型预测值落在0与1之间。若假设事件发生的概率服从累积 Logistic 分布,则称为 Logit 模型;若假设事件发生的概率服从累积标准正态分布,则称为 Probit 模型。Probit 和 Logit 模型采用一系列财务比率预测公司破产或违约的概率,根据风险偏好程度设定风险警戒线、以此进行信用风险定位和决策。Probit 模型的基本形式与 Logit 模型相同,差异仅是用于转换的累积概率函数不同,前者为累积正态概率函数,后者为 Logistic 概率函数。

六、层次分析法

层次分析法基本思想①是:通过建立一套企业信用等级评价指标体系,然后应用层次分析、聚类分析等方法对企业信用指标体系进行赋权。通过专家赋权所得权重对区间化后的指标值进行加权平均,得出企业的信用评价值;并利用商业银行的企业信用等级分类标准,得出企

① 吴金星、王宗军:《基于层次分析法的企业信用评价方法研究》,《华中科技大学学报(自然科学版)》2004年第3期。

业的信用等级。根据“商业银行法”和“企业财务通则”等有关规定,以及集约性、可比性和实用性等原则,建立了一套具有较高代表性和实用性的企业信用评价指标体系,共有6类子目标18个指标。即商业信誉子目标U1:存贷款比率U11,贷款清偿率U12,应付账款清偿率U13。流动性子目标U2:流动比率U21,速动比率U22,现金比率U23。盈利性子目标U3:销售利润率U31,营业利润率U32,资产报酬率U33。财务杠杆子目标U4:资产债务比率U41,有形资产负债比U42,利息保障倍数U43。效率性子目标U5:总资产周转率U51,存货周转率U52,应收账款周转率U53。发展能力子目标U6:销售增长率U61,利润增长率U62,资本增值率U63。

在此将专家所确定的权重判断系数矩阵r,应用层次分析法进行矩阵推导,分别得出s个子目标和t个财务指标的权重,并进行一致性检验,然后通过聚类分析的方法进行一次收敛,得出企业信用评价模型中所需要的权重。其过程如下:

1. 邀请n位专家应用层次分析法分别对信用评价体系中的s个子目标以及该子目标中的各个指标分别进行比较,得到若干个判断系数矩阵$r_k=(r_{ji})_{m\times m'}$,式中,$k$表示第$k$个专家,$m$为子目标或子目标中指标的个数;$r_{ij}$表示指标$i$与指标$j$相比较所得的判断系数,而$r_{ji}$表示指标$j$与指标$i$相比较得出的判断系数为$r_{ji}=1/r_{ij}$。判断系数设定如表3-8所示.在1~5的范围内取值,取值越大,表明一个指标相对另一个指标的重要程度越高;反之则反。

表3-8　判断系数确定

重要程度	判断系数
同等重要	1
稍微重要	2
明显重要	3
重要得多	4
极端重要	5

2. 采用几何平均法求行特征向量W。如果专家给定的判断系数正

确,则得到矩阵:

$$Q_k = r_k\omega_k = (r_{ij})_{m\times n}[\omega_1,\omega_2,\cdots\omega_m]^T = \lambda[\omega_1,\omega_2,\cdots\omega_m]^T$$

式中,$\omega_i = (\prod_{j=1}^{m} r_{ij})^{1/m}$,$W = [\omega_1,\omega_2,\cdots\omega_m]^T$ 为最大特征值 λ 对应的特征向量。

3. 再将 W 向量作归一化处理,即将向量 W 的每一分量分别除以分量的总和,就可以得到第 k 位专家的权重向量 W。d. 为了分析权数分布的合理性和可靠度,利用文献对判断系数矩阵 r_k 进行一致性检验的方法求得判断系数矩阵 r_k 的一般性指标 C_{R_k},当 C_{R_k} 小于 0.1 时,可认为该判断矩阵 r_i 具有较优的一致性,表明赋权合理;否则,就需要调整判断系数矩阵 r_i,直到获得满意的一致性为止。

4. 应用聚类分析原理,对层次分析法中的 n 位专家的评价权重进行筛选和修正,使专家组评价指标权重结果符合数学中的多数原则。其一,通过层次分析法得出的每位专家对各个子目标以及各个指标的权重,由这些权重值构成权重系数矩阵 M,$M = (w_{ij})_{n\times n}$,式中,第 i 行表示第 i 位专家对信用评价子目标或评价指标所给的权重意见,第 j 列表示 n 位专家对第 j 个子目标或指标所赋权重值。其二,计算权重相关系数,并建立相关系数矩阵 R,R_{ij} 表示第 i 位专家对第 j 位专家所给结果的相似程度,R_{ij} 越小,相似程度越低。

$R = (R_{ij})_{n\times n}$,式中,$R_{ij} = 1\left[\frac{1}{n}\sum_{k=1}^{n}(w_{ik} - w_{jk})^2\right]^{1/2}$。其中,确定域值,去除离异程度较大的专家权重。

通过建立一个量化指标 d_k,来衡量各个专家意见的偏离程度,若 d_k 大于设定的阈值时,该意见就应该排除。

$d_k = [(P_{\max} - P_i)/P_{\max}] \times 100\%$

A_{ij}

$U_i = (U_{i1}, U_{i2}, \cdots U)$ 　　式中,P_i 为相似系数矩阵 R 中的各行

X_2

相加所得的列向量;$P_{\max}$ 表示 P_i 中的最大值. f. 对所剩下的专家意见进行平均化处理,即可得到专家组所赋的权重向量 W。由于多指标决策的各个指标没有统一的度量标准,难以进行比较和计算,直接使用评价指标的

属性值往往不便于比较和分析所得出的结果. 因此,在进行综合评价前,将评价指标的属性值统一转换到[0,1]区间内。

(1)效益型指标(越大越好型)。量化的隶属函数 X_{siM} 为:

$$X_{siM}=\begin{cases}1, X_{si}\geqslant M_i\\(X_{si}-m_i)/(M_i-m_i), X_{si}\in(m_i,M_i)\\0, X_{si}\leqslant M_i\end{cases}$$

; b. 成本型指标(越小越好型)。量化的隶属函数 X_{siM} 为:

$$X_{siM}=\begin{cases}1, X_{si}\leqslant M_i\\(M_i-X_{si})/(M_i-m_i), X_{si}\in(m_i,M_i);\\0, X_{si}\leqslant M_i\end{cases}$$

式中, X_{si} 是评价指标属性值; m_i 和 M_i 分别表示指标 x_{si} 的最小值和最大值; X_{si} 表示指标区间化后的值且 $X_{si}\in[0,1]$。企业信用度计算将层次分析法和聚类分析法所得的各个子系统及各个指标的权重值和区间化后的指标值进行加权平均,从而得到企业信用度: $DC=\sum S_j=w_j\times t_i=X_{ji}\times w_{ji}$

式中, w_j 表示子目标权重; w_{ji} 表示指标权重; X_{ji} 表示区间化后的指标值。专家赋权应用层次分析法,权重聚类应用聚类分析的方法鉴别和排除专家中所赋权重中偏离阈值的权重,使评价指标权重结果符合数学中的多数原则。在聚类分析中,考虑到子目标权重和指标权重是不同层次的权重值,它们对信用度的评价中的重要程度是不同的,为了防止在聚类分析指标权重的差异影响子目标权重,将对子目标权重和指标权重分别进行聚类分析,提高专家组对权重判断的准确性①。层次分析法常存在逻辑判断矛盾,一致性检验困难,特别是专家意见分歧较大时,一致性检验更为困难②;周春喜(2003)③也针对目前我国企业信用评价方法中存在的缺陷,利用层次分析法(AHP)建立了企业信用的多层次评价指标体

① 迟国泰、郝君、徐铮:《信贷风险评价指标权重的聚类分析》,《系统工程理论与实践》2001 年第 1 期。

② 施锡铨、邹新月:《典型判别分析在企业信用风险评估中的应用》,《财经研究》2001 年第 10 期。

③ 周春喜:《企业信用等级综合评价指标体系及其评价》,《科技进步与对策》2003 年第 4 期。

系，将定性分析与定量计量相结合，对企业信用进行了综合评价。

七、分类树（决策树）评估法

80年代末期，有学者提出一种利用机器学习技术发展起来的符号方法——分类树。该方法不像传统方法那样通过判别函数形成决策规则来判别样本所属的类型，而是创立了一个对原始样本进行最佳分类判别的分类树。此前，曾有学者采用了一种叫做递归分割的类似技术生成判别树。两种方法都采用了一种非返回跟踪的分割方法将样本集递归分割成不相交的子集。它们的差别只是在分割准则上，分类树方法旨在极大化分割子集的熵，而递归分割方法则旨在使期望误判损失达到最小。决策树是一个类似流程图的树型结构，其中树的每个内部节点代表对一个数据属性的测试，其分支代表测试的每个结果，树的每个叶节点代表一个数据类别，树的最高层节点就是根节点，是整个决策树的开始。运用决策树模型进行分析决策就是按一定的方法绘制好决策树，然后用反推决策树方式进行分析，最后选定合理的最佳方案。决策树的制作步骤：

1. 绘出决策点和方案枝，在方案枝上标出对应的备选方案；

2. 绘出机会点和概率枝，在概率枝上标出对应的自然状态出现的概率值；

3. 在概率枝的末端标出对应的损益值，这样就得出一个完整的决策树，决策树评估法图如下：

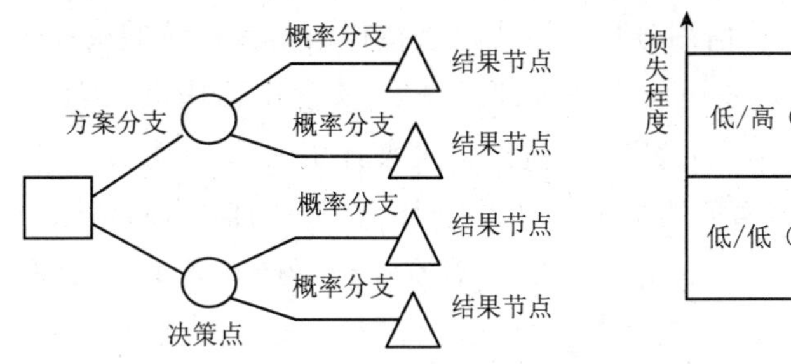

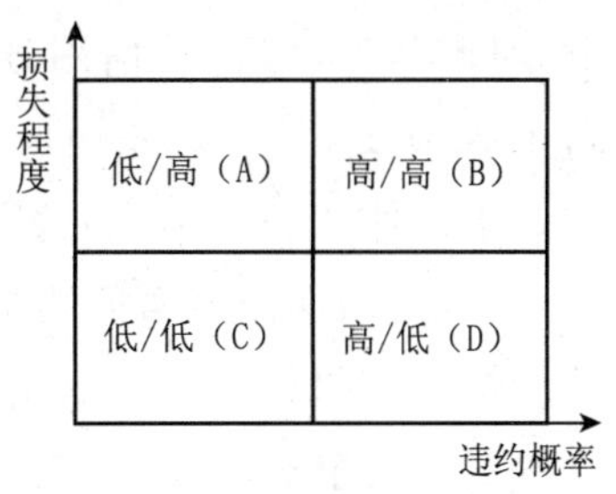

图3-2 分类决策树应用示意图

图中的方块代表决策点，从它引出的分支叫方案分支。每条分支代表一个方案，分支数就是可能的行动方案数。圆圈代表方案节点，从它引出概率分支，每条概率分支上标明了自然状态及发生的概率，末端的三角形叫做结果节点，注有各方案在相应状态下的结果值。应用决策树决策的过程，是从右向左逐步后退进行分析。根据右端的损益值和概率枝的概率，计算出期望值的大小，确定方案的期望费用，然后根据不同方案的预期结果作出选择。决策树分析方法能使多阶段清楚地，有条理地进行决策，便于管理人员审度决策局面，分析决策过程，对决策事件采用一个有秩序的合理过程。在当今决策中，这种方法深得各企业的厚爱，得到了广泛应用。

企业信用风险分析人员根据完整性、统一性、相关性和系统性的要求，收集尽可能多的数据，在此基础上分析每个信用申请人的风险，并作出相应决策。进行信用分析决策时，必须平衡坏账损失的风险和失去订单的风险，因为失去大量订单与坏账损失同样可怕。信用决策主要有3种：是，否，可能：

(1)是，意味着接受客户的信用申请；

(2)否，拒绝客户的信用申请；

(3)可能，意味着多种考虑。

调查发现部分信息支持授信，部分信息显示应该谨慎决策，这就要求信用分析人员作出进一步分析。信用分析人员可以利用收集到的客户信用资料，应用上述信用风险评估模型，对信用申请者进行信用分析，并将客户大体划分等级，更具其信用等级的高低进行初步筛选，很明显，对于B/C类客户，信用分析人员可以直接作出是否授信的决定；但对于A/D类客户，企业还应进一步进行决策，实际中信用决策大多往往处于这种状态。本文运用决策树分析决策技术对A/D类客户进行深入分析，以期作出谨慎的决策。对于A/D类客户的信用状况决策树分析结构如图3-3。对于A/D类客户，存在3种可选方案a，b，c，每个方案对应两个概率分支(高风险与低风险)。对于每个分支，信用分析人员应计算各分支的可能后果的概率，并估计各项费用，其中信用调查费为进一步调查费用。决策树分析的下一环节是计算各个方案的期望费用，通过每个分支的费用乘以对应的分支概率得到。每个方案中各分支期望费用如下：

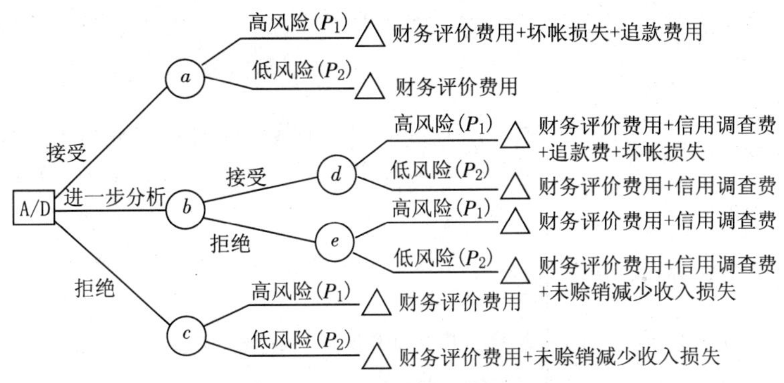

图 3-3　信用风险决策树分析模型

表 3-9　常用风险度量方法的评价指标选用

指标		模型方法
一级	二级	
偿债能力	流动比率	Fisher 判别分析方法,PCA/FCM 模型,层次分析法,BP 神经网络模型,决策树法,logistic 回归模型,综合评分法
	流动负债经营活动净现金流比	Fisher 判别分析方法,logistic 回归模型,BP 神经网络模型,
	总债务/ebitda	决策树法
	速动比率	PCA/FCM 模型,层次分析法,BP 神经网络模型,综合评分法
	资产负债率	PCA/FCM 模型,BP 神经网络模型,决策树法,层次分析法,综合评分法
	逾期债务比率	BP 神经网络模型
	股东权益比率	Fisher 判别分析方法,logistic 回归模型
经营能力	总资产周转率	Fisher 判别分析方法,PCA/FCM 模型,层次分析法,决策树法,logistic 回归模型,BP 神经网络模型,
	流动资产周转率	PCA/FCM 模型,BP 神经网络模型,决策树法
	存货周转率	Fisher 判别分析方法,层次分析法,BP 神经网络模型,层次分析法,logistic 回归模型,综合评分法
	应付账款周转率	Fisher 判别分析方法,PCA/FCM 模型,层次分析法,BP 神经网络模型,logistic 回归模型,综合评分法
	每股营业现金流量	Fisher 判别分析方法

续表

指标		模型方法
一级	二级	
盈利能力	净资产收益率	Fisher 判别分析方法,PCA/FCM 模型,决策树法,层次分析法,logistic 回归模型,BP 神经网络模型,综合评分法
	每股收益	Fisher 判别分析方法
	主营业务利润率	层次分析法,Fisher 判别分析方法,PCA/FCM 模型,logistic 回归模型
	营业利润率	层次分析法,BP 神经网络模型,决策树法
	全员劳动生产率	BP 神经网络模型
	总资产报酬率	PCA/FCM 模型,层次分析法,BP 神经网络模型
现金获取能力	现金流动负债比率	PCA/FCM 模型
	盈利现金比例	PCA/FCM 模型
	现金总负责比率	PCA/FCM 模型
创新能力	技术人员比重	PCA/FCM 模型,BP 神经网络模型
	总资产增长率	PCA/FCM 模型
	所有者权益增值率	PCA/FCM 模型
	产品发展趋势	PCA/FCM 模型
	经营规模和策略	PCA/FCM 模型
	新产品销售收入比率	BP 神经网络模型
	R&D 投入强度	BP 神经网络模型
	净利润增长率	PCA/FCM 模型
发展能力	资本积累率	决策树法
	利润增长率	层次分析法,综合评分法
	资本增值率	层次分析法
	净资产增长率	BP 神经网络模型,层次分析法,综合评分法
	工资总额增长率	BP 神经网络模型
	销售收入增长率	BP 神经网络模型,综合评分法
	销售(营业)增长率	决策树法,层次分析法
商业信誉	存贷款比率	层次分析法
	贷款清偿率	层次分析法
	应付账款清偿率	层次分析法

方案 a 的期望费用:接受申请的费用=P1×(财务评价费用+坏账损失+追款费用)+P2×财务评价费用

方案 c 的期望费用:拒绝申请的费用=P1×(财务评价费用)+P2×(财务评价费用+未赊销减少销售收入损失)

方案 b 期望费用:进一步调查分析的期望费用=P1×(财务评价费用+信用调查费用+坏账损失+追款费用)+P2×(财务评价费用+信用调查费用+未赊销减少销售收入损失)

安玉琢、鲁小妮(2006)①在科学把握决策树与信用风险管理理论的基础上,对现有信用风险评估模型和方法进行了分析评价,针对信用评估结果不确定的情况,在企业信用风险评估中引入决策树分析方法,建立了基于决策树技术的企业信用风险评估模型,以使信用风险评估工作更科学、可靠,更直观地筛选赊销对象。另外,他们还分析了上下游企业之间基于价值链的信用风险管理体系的建设②。

3.3 我国企业征信体系建设考察

1932 年 6 月,由当时的浙江实业银行、上海商业储蓄银行、中国银行、交通银行等 5 家银行共同发起筹建了“中华征信所”,这是我国大陆第一家华资信用调查机构,其当时提供的服务主要有两项:一是企业的历史和现状调查,二是经济和金融一般情况的调查。新中国成立后,大陆实行单一的公有制计划经济,企业的生产、交易主要依靠国家信用,银行的信贷统统按国家计划进行,征信需求消失了,征信业自然也烟消云散。改革开放以来,随着社会主义市场经济的推进和发展,信用交易在日渐发达。为适应现代信用交易发展的需要,我国的征信行业也从头再来。

① 安玉琢、鲁小妮:《基于决策树技术的企业信用风险评估》,《河北工业大学学报》2006 年第 6 期。

② 安玉琢、鲁小妮:《基于价值链的企业信用风险管理体系》,《时代经贸》2006 年第 2 期。

3.3.1 新中国征信业发展的几个阶段

新中国征信业的发展大致经历了三个阶段。

一、起步和初期发展阶段(1987—1994 年)

最初主要是适应企业债券的发行和管理,由人民银行各省分行成立资信评级机构,对发行的企业债券进行评级。之后经历了几次整顿,这些机构逐渐与人民银行脱钩,开始走向独立经营。1991 年,国务院下发了《关于在我国范围内开展清理"三角债"工作的通知》,原国务院生产办在国务院的直接领导下,组织进行了清理企业"三角债"和"质量、品种、效益年活动",尽管当时其目的是力图解决制约企业发展的经营行为和经济秩序问题,但实质已触及社会信用问题。20 世纪 90 年代初期,国内相继涌现出中国诚信、大公、远东等一批与企业发债和资本市场发展相适应的信用评估机构,信用意识开始逐步被企业和投资者所接受。特别是银行为控制贷款风险,开始引入贷款证管理模式,积极开展以控制自身信贷风险为目的的贷款企业信用等级评定工作。与此同时,专业性担保、信用调查、讨债追债等信用中介机构也开始出现,如华夏信用管理公司、新华信商业风险管理有限责任公司、中国经济技术投资担保公司、华安公司等。1992 年,第一家由民间投资、专门从事企业资信调查的企业征信机构——北京新华信商业风险管理有限责任公司成立,标志着新中国私营企业征信开始起步。

二、民营征信业发展和外资进入阶段(1995—1997 年)

这一时期我国经济得到快速发展,商品的买方市场开始形成,银行信贷和商业信用规模不断扩大,各类民营征信机构不仅数量有所增加,而且业务也有一定发展。这期间最主要的是一些外资企业征信机构和信用评级机构也登陆中国市场。在国家经贸委、财政部和中国人民银行等部门的大力推动下,济南、镇江、深圳、重庆、山西河南等一大批面向中小企业服务的信用担保机构相继涌现;同时,民间资本也开始涉足信用担保行业,如深圳的中科智担保公司、甘肃的银泰担保公司、山西的阳泉个私担保公司等。

三、政府重视征信业发展,企业和个人征信体系进入全面建设阶段(1998 年至今)

1998年银行信贷登记咨询系统开始建立和运行，一些省市配合贷款卡管理开始组织对借款企业进行信用评级。2000年上海开始个人联合征信试点工作。截止到2001年年底，全国已有各类信用担保机构约360家，覆盖了全国近30个省、市、自治区的300多个城市，拥有的担保资金已达100亿元，其中50%为民间投资，担保公司中注册资本超过10亿元的全国已有3家。在此阶段，中国人民银行开始在全国推广信贷登记咨询系统建设，这为我国企业征信业的快速发展起到了重要的推动作用。2002年2月，中共中央、国务院下发《关于进一步加强金融监管，深化金融企业改革，促进金融业健康发展的若干意见》，提出"要在试点的基础上，抓紧建立全国企业和个人征信体系，使具有良好信誉的企业和个人充分享有守信的益处和便利，使有不良记录的企业和个人付出代价、声誉扫地。"3月，国务院办公厅下发文件，成立了由人民银行牵头，国家计委、国家经贸委、公安部等16个部委参加的"建立企业和个人征信体系专题工作小组"，负责研究我国企业和个人征信体系建设的总体方案、征信立法及实施步骤等问题。自此，我国企业和个人征信体系开始进入全面建设阶段。2002年3月28日，北京和上海同时开通了城市企业信用信息系统，至今已初具规模。2002年3月国务院正式启动企业和个人征信立法与实施方案起草工作，财政部、国家经贸委、中国工业经济联合会等国家各部委及行业组织纷纷开始了相应的信用信息系统建设工作。到目前为止，由中国人民银行主办的银行信贷登记咨询系统已经建成并实现全国联网，包括中国诚信、华安、华夏、大公、远东、联合、新华信以及中国联合信用网、中国企业信用网、中国信用信息网等在内的社会信用中介机构不断开拓业务领域，邓白氏、惠誉、科法斯等国外信用机构相继进入国内市场并已具备一定规模。据统计，境内各种由政府出资建设的征信机构、民营征信机构以及外资分支机构，已达150多家。

3.3.2 我国企业征信业发展的经验总结

一、市场化运作模式已经基本形成

我国的企业征信服务行业是在政府驱动下起步的，但是目前的企业征信市场上，各征信公司均采取商业化运作方式，不同类型的征信公司均是按照商业化原则在市场上展开竞争，向社会提供客观、独立的资信调查报告。一些行政机关下属的征信机构,在业务运作上也基本采取了市场化的方式。我国企业征信行业市场化运作模式已经基本形成。

二、市场集中度逐步提高

虽然目前国内征信市场上有数十家各类征信公司并存,但是从业务数量和征信规模来看,经过几年来的激烈竞争,征信市场的集中度相对较高。新华信商业风险管理有限责任公司、华夏国际企业信用咨询有限公司。美国邓白氏咨询上海有限公司、台湾地区的中华征信所在中国的分公司中领公司等几家公司已占据了我国全部市场份额的80%左右,其他各种类型的公司所占市场份额不足20%。另外,部分商业银行自身开展了对贷款企业的征信,并相应成立了自己的征信部门,也占有征信市场的部分份额。

三、征信市场的开放度已比较高

在对企业征信服务行业机构准入管理方面,政府按照信息咨询企业的标准进行工商注册管理,在从业人员执业资格、执业技术准则、行业标准方面迄今为止没有出台任何管理规定,仅在业务归口管理方面指定由国家统计局民间和社会调查管理处负责。而且政府对该行业实行了比较宽的开放政策,即政府在企业征信行业的外资机构准入方面没有任何特别的控制,只是在业务管理上,国家统计局对外资企业征信公司进行规范,规定只有国家统计局授予涉外企业调查许可证的公司才可以开展企业资信调查工作。

四、机构规模普遍较小、从业人员素质不高

目前我国企业征信类公司的总体规模普遍较小,从业人员较少而且素质参差不齐。几家规模比较大的征信公司,其年营业收入也仅有1000万元左右,这和国际上大型征信公司年营业收入10亿美元左右的规模相比相差甚远。如邓白氏公司1998年实现产值21亿美元。另一方面我国企业征信机构从业人员较少,人数最多的公司也仅有上百人,通常为几十人,有的征信公司仅有几个人,而且这些从业人员素质参差不齐,具有大专以上学历的比重不高,这严重影响了我国企业征信行业的进一步发展。

五、征信机构组织体系初具规模

目前我国的征信机构大体上分为三类:

一是国家有关部门推动建立的公共征信机构。二是中资私营征信机构。一类是企业资信调查机构，如前面提到的北京新华信商业信息咨询公司，另外还有北京汇诚征咨询有限公司、北京信用管理公司、金诚国际信用管理有限公司、华夏国际企业信用咨询有限公司、上海中商征信有限公司等也在开展信用调查业务。新华信商业信息咨询公司现有600多名员工，拥有大型企业数据库，保存着近千万家中国企业的基本资料，并对其中约200万家企业的资料进行动态更新，在此基础上提供企业信息产品和相关增值服务。另一类是资信评级机构。这类机构数量比较多，全国大约有70多家，其中具有一些实力的有大公国际资信评估公司、上海远东资信评级公司、中诚信国际信用评级有限公司、联合资信评估有限公司、上海新世纪资信评估公司、深圳鹏远资信评估公司、厦门金融咨询评估公司等。目前这些评级机构开展的主要业务有企业债券评级和借款企业评级。企业债券评级包括对列入国家计划的中长期企业债券评级和短期融资券评级。中长期企业债券近年发行很少，此类业务量很小。企业短期融资券去年5月开始发行，中国人民银行总行确认大公国际、联合、中诚信、上海远东、新世纪五家公司从事短期融资券评级，从目前情况看，发展前景比较好。借款企业资信评级是从贷款证管理发展起来的，具有中国特色，目前是我国评级机构的主要业务。三是外资征信机构，如邓白氏公司在我国北京、上海都有分支机构，穆迪、标准普尔现都在我国大陆开始发展业务。

六、企业和个人信用信息基础数据库建设取得突破

企业和个人信用信息基础数据库是中国人民银行组织银行业金融机构建立的信用信息共享平台，也是我国征信体系的基础设施。其基本目标是为每一个有经济活动的企业和个人建立一套信用档案。首先从商业银行入手采集企业和个人的贷款、信用卡交易记录和结算账户开户信息，为商业银行的信贷决策提供查询服务；然后逐步扩大信息采集范围，并在法律、法规规定的范围内为社会提供服务。

1. 企业信用信息基础数据库

企业信用信息基础数据库的前身是“银行信贷登记咨询系统”，始建于1997年，2002年初步建成投入运行。该系统采用地市、省市和全国三级数据库体系。主要从商业银行等金融机构采集企业的基本信息、在金融机构的借款、担保等信贷信息，以及企业主要的财务指标，全国各商业

银行与该数据库联网查询。截至2005年年底,系统收录借款企业454万户,人民币贷款余额17.8万亿元,约占全国金融机构贷款余额的90%,基本涵盖了全部企业贷款,当年月均查询达到146万次。

银行信贷登记咨询系统开发于1997年,时间较早,受当时商业银行数据尚未集中和网络落后等条件限制,系统采用分布式数据库结构,主要依托建在地市级城市的数据库通过网络实现跨地区数据查询。在该系统多年运行基础上,2005年人民银行启动全国统一的企业信用信息基础数据库建设。企业信用信息基础数据库采取全国集中式数据库结构建设,商业银行由总行一点接入,数据采集项由原来的300多项扩展到800多项。截至2005年4月底,银行信贷登记咨询系统收录全国借款企业435万多户,人民币贷款余额近16.8万亿元,占全国金融机构人民币贷款余额的83%,系统月均查询量150多万次。近年来,该系统的功能和服务不断加强,通过提供关联企业信用信息查询、按行业分类的贷款信息查询等服务,使金融当局及时掌握信贷投向等信息,在重大案件处理中也发挥了重要作用,已经成为贷款机构防范金融风险、降低信贷成本、提高贷款效率、提高金融监管水平的重要工具,商业银行已将查询该系统作为贷前审查的重要程序。

2. 个人信用信息基础数据库

个人信用信息基础数据库也采用全国一级数据库集中模式。2004年年底实现了15家国有和股份制商业银行,8家城市商业银行在7个城市的试运行。2005年在全国范围内逐步推广,年底全部中资商业银行和12家省级农村信用联社、55家地市级农村信用联社、56家城市信用社联网接入该系统。今年1月16日,总行召开新闻通气会,宣布个人信用信息基础数据库正式运行。个人数据库主要从商业银行等金融机构采集个人的基本信息、开立结算账户信息(目前未包括存款信息)、在金融机构的借款、信用卡、担保等信贷信息,并将个人在全国所有商业银行的这些信息汇集到其身份证号下,为金融机构提供查询服务。目前,数据库收录的自然人数已达到3.4亿,其中3500万人有信贷记录。收录的个人贷款余额为2.2万亿元,约占全国个人信贷余额的97.5%,数据库的单日查询量已超过25万次。

3.3.3 目前制约我国企业征信发展的主要问题

从实践来看，我国企业征信体系的建设仍远未能满足社会需求，与西方发达国家差距相当明显，存在很多困难。目前较为迫切地体现在以下三个方面。

一、征信行业发展的模式选择问题

征信服务是由征信机构提供的，征信机构是体系建设的基础。社会对征信服务的需求是多样化的，征信市场必须保持充分的竞争性，才能满足市场需求和提高我国征信业的整体效率及服务水平。从总体上看，我国征信体系发展的趋势应该：逐步形成少数拥有全国基础信用信息资源的大型、综合性征信机构和众多提供信用信息评估等信用增值服务的各具特色的区域性、专业性征信机构[①]。最终形成在信用信息采集环节，资源整合、信息共享、适度竞争；在信用评级、评估等信用增值服务环节，各具特色、平等竞争，既充分利用各项资源，发挥规模效益，又适应不同征信需求，多层次、多方位的征信机构体系。这个目标的实现就涉及征信模式的选择问题，如征信机构的管理、市场准入等。模式选择不对，可能就会走很多弯路。目前有关此方面的研究较多，观点也较多，仍需做进一步的探讨。

二、信用数据的封锁与征信服务业发展之间的矛盾

从国外征信行业发展的经验来看，一个国家征信行业能否健康迅速发展，关键在于该国有关企业资信方面的信息和大多数数据能否比较“透明”，能否通过合法的。公开而有效的渠道被合法的征信公司所取得。这些信息和数据的来源包括政府、企业、金融机构、法律机构以及个人等。在一国范围内，征信公司能够快速、真实、完整、连续、合法、公开地获得用于完成企业资信调查报告和个人资信调查报告的数据是保障该国征信行业健康发展的基础。

为了适应经济全球化和遵守 WTO 贸易规则的需要，中国过去的封闭式企业资信信息环境已经逐步有所改善。自 20 世纪 90 年代中期以来，

---

① 《中国人民银行苏宁副行长在开幕式上的致辞》，《“征信与中国经济”国际研讨会文集》，中国金融出版社 2004 年版。

从征信信息源的角度来看，中国的征信公司能够初步取得相对完整的企业资信数据，并形成质量可以被委托企业接受的相对完整的企业资信调查报告，有60万家中国企业的资信数据达到一定质量标准并被收入到"世界数据库(WoldBase)"中，但是距中国的1000余万家工商注册企业数目还相差很远。

三、执业技术规范不统一，行业自律机制不健全

发达国家的企业征信行业均成立了行业协会，如美国的信用管理协会等。行业协会在促进从业人员教育培训、业内交流、行业技术标准制定、行业自律、维护行业利益等方面发挥着重要作用。目前我国征信行业尚没有行业协会，因此，行业内缺乏自律机制，基本处于无序竞争状态。行业内的交流。人员的教育培训以及制定行业执业技术标准(如征信报告格式标准、数据库建立标准等)和执业规范，保障整个行业的利益等都不能提上日程，难以形成信用信息的有效共享，严重制约了企业征信行业的发展。

本章小结

本章考察中国企业信用体系现状，剖析问题，结合区域经济发展趋势，试图构建生产贸易链条件下统一的企业信用评价体系，为构建生产贸易链上统一的企业征信体系奠定基础。通过对已经形成的企业信用评价方法进行梳理，以期为我们研究的生产贸易链条件下企业信用评价体系构建选择恰当的评价方法，选用科学合理的评价指标，并对评价模型中的各指标体系给予科学的赋权。通过对我国企业征信体系建设考察找出制约我国企业征信发展的主要问题。

第4章 生产贸易链条件下企业信用评价体系构想

本章主要是构想在一个区域经济合作框架下，建设一个区域性的企业资信评级体系。形成的统一的区域性信用评价体系，既要考虑生产贸易链，又要考虑各地区和接受程度及其融合性。这一体系能够考虑生产贸易链条件下的企业信用评级特点。由于区域内不同地区的企业信用环境、生产经营环境不同，建立完善、规范、有序、有效的区域性统一的企业信用评价体系，体现区域适应性的基础上，构建以地区诚信文化为核心、以区域信用制度为载体、以统一的信用记录为依托、以信用监管为手段的区域性企业信用催生、成长和维护系统。本章主要提出生产贸易链条件下企业信用评价体系中的企业信用评价的原理、原则，接着提出政府在信用体系建设中担当的责任，包括行信用法制环境、金融环境、市场交易环境的完善，监管力度的加强等。

建立企业信用体系的根本目的是为了鼓励守信、惩罚失信,保护市场经济主体的合法权益,建立良好的市场经济秩序。江泽民同志指出:“没有信用,就没有秩序,市场经济就不能健康发展。”只有将市场主体的所有行为纳入法制化、正规化的轨道,才能树立起企业信用的大旗。因此,必须进一步加大规范、引导的力度,尽快建立完备的企业信用体系。在区域经济合作大趋势下,生产贸易链的构建成为企业跨区域合作的主要形式,我们有必要考虑这一条件,在此基础上建立符合生产贸易链特点的企业信用评价体系,以适应区域经济融合需要。

4.1 生产贸易链条件下企业信用评价建设的基本思路

如前所述,如果在一个区域经济合作框架下,有一个区域性的企业资信评级体系,这一体系能够考虑生产贸易链条件下的企业融资地位差异,就可以缓解上游生产企业往往由于较低的资信评级难以获得同等金融支持的难题。

4.1.1 生产贸易链条件下企业信用评价的特殊性

建立一套基于企业价值的评价系统,着眼于企业的成长性,评价企业信用现状和未来发展潜力显得尤为重要[①]。而且,在生产贸易链条件下,尽管上游企业的生产条件相对较落后,可能还会由于所在地区的经济环境较差而应该被确定为相对较低的评定等级,但我们应该明确的是,由于其最终产品的销售环节以及最终价值实现取决于终端企业的情况,终端企业的信用等级才具有真正参考意义。因此生产贸易链条件下,构建区域企业信用评价体系要注意以下两点:

一、企业信用标准选择上要体现区域性

信用标准直接影响对客户信用申请的批准与否,是企业制订信用管理政策的重要一环。信用标准(Credit Standard)是指当采取赊销手段销

---

① 许皓、吴登生、谢阳群:《基于PCA/FCM的企业信用评价研究》,《技术经济》2007年第3期。

货的企业对客户授信时，对客户资信情况进行要求的最低标准，通常以逾期的DSO和坏账损失比率作为制定标准的依据。国际通行的“四等十级制”评级等级，具体等级分为：AAA，AA，A，BBB，BB，B，CCC，CC，C，D。从“AA”到“CCC”等级间的每一级别可以用“+”或“-”号来修正已表示在主要等级内的相对高低。如AAA级的含义就是“信用极好”，表示企业的信用程度高、债务风险小。该类企业具有优秀的信用记录，经营状况佳，盈利能力强，发展前景广阔，不确定性因素对其经营与发展的影响极小。

那么，我们有两个选择：一是按现有的企业信用评价体系，但对落后地区的地区企业应该相对降低相应标准，如对落后地区的生产贸易链企业上浮一个信用等级；二是在生产贸易链条件下，企业信用标准的设置要体现地区差别，有些指标的选择、权重等要素要有地区差异，然后按照统一的信用评级标准进行评级并管理。

二、企业信用评价体系也要体现区域性

企业信用评价是指在对企业、债券发行者、金融机构等市场参与的主体的信用记录、经营水平、财务状况，所处外部环境等诸因素进行分析研究的基础上，对就其信用能力（主要是偿债能力及其可偿债程度）所作的综合评价。由于区域内不同地区的企业信用环境、生产经营环境不同，如果按统一的信用评价指标体系，会将落后地区的成长性企业的信用等级人为降低，不利于这些企业成长。因此，在生产贸易链条件下，对企业信用状况的评价要依据生产贸易链的特点有所调整。

生产贸易链条件下企业信用评价体系建设的总体目标是：按照社会主义市场经济体制的要求，建立完善、规范、有序、有效的区域性统一的企业信用评价体系，这个区域性的企业信用评价体系应该在体现区域适应性的基础上，构建以地区诚信文化为核心、以区域信用制度为载体、以统一的信用记录为依托、以信用监管为手段的区域性企业信用催生、成长和维护系统。要在区域经济融合的大趋势下，面向市场，加强企业信用管理，以期在控制风险的情况下相对提高落后地区企业的信用等级；在此基础上运用市场机制，强化地区信用管理的内部约束机制和利益激励机制。在此基础上培育以企业为主体、区域信息共享的区域性信用评价体系，有计划有步骤地建立区域性企业信用标准体系、区域性企业信用状况评价体系、区域性企业信用风险防范体系、区域性企业信用信息披露体系和企业信用监督管理体系。

4.1.2 构建生产贸易链条件下企业信用体系的着力点

一、政企合作,共建企业信用大厦

企业信用体系是亟待建造的大厦,政府就像钢筋支撑起整个建筑的框架,而企业则是作为建筑主体的砖瓦。单由砖瓦垒起的楼注定不会高也注定是要倒的,但也从没有过只有框架的大厦,框架的搭建一定要在一定程度上先于楼体,但同时也要考虑到砖瓦的特征与需要,圆砖砌不出方墙。从经济的角度而言,没有必要先搭完所有的框架再开始填砖。框架与楼体只有同步建造大厦才会坚固,才能发挥最大的效用。生产贸易链条件下的企业信用评价仍然离不开这一共性。这一思路有助于构建具有特殊意义的生产贸易链条件下企业信用评价体系,并能在此基础上加快推进中国生产贸易链条件下企业信用评价体系的建设。也就是说中国区域性统一的企业信用评价体系的诞生是经济发展社会进步的需求,是区域经济协调发展趋势下企业经营变革管理理念提升(跨行政边界加强合作)的必然结果。所以构建生产贸易链条件下企业信用评价体系也应该随着市场的成熟、体制的完善和区域经济协调发展的大背景而一步步建立。

二、创造良好的企业信用建设外部环境

企业信用体系的建立与国有企业改革的进程、中小企业管理意识经营理念的提升具有一定的同步性,与社会的发展体制的完善有不可忽视的相关性,与市场环境有着互相影响、互为条件、互相促进的复杂关系。如果脱离了上述环境孤立的进行企业信用体系建设,只会沦落为空喊的口号。而且,因为生产贸易链条件下的企业信用评价不仅仅涉及本地区的信用制度,还要考虑其他地区的信用评价制度现状,所形成的统一的区域性信用评价体系既要考虑生产贸易链,又要考虑各地区和接受程度及其融合性。因此,结合当前的这一需求,政府应该先出台相对统一的法律法规以提供一定的帮助,建立一个相对统一的信用评价框架,企业才能依据自身与市场的切实需要实施建立生产贸易链信用管理模式,并随着经济体制改革的深入、企业间跨区域融合的深化,取得生产贸易链条件下区域性企业信用体系建设的阶段性成功。

三、积极完善企业信用数据库在区域间的共享,维护统一市场交易安全现在,尽管没有考虑生产贸易链这一新趋势,工商行政管理机关已经并将继续充分利用掌握的企业登记和监管信息,促进企业信用建设,维护市场交易安全,为我们构建新的企业信用评价体系打下了良好的基础。一是完善企业登记数据库。完整、准确记录企业设立登记、变更登记、注销登记等基础信息,依法予以公告或向社会提供查询服务。二是完善企业"经济户口"数据库。以基层工商所为依托,以各级登记机关掌握的企业登记静态信息和日常监管动态信息为内容,为辖区内每户企业建立"经济户口"档案。通过现代信息技术手段与登记机关联网,实现资源共享,为工商所和各级登记机关依法对企业实施分级管理和属地管理提供重要的基础信息。三是完善"守合同重信用"企业数据库。将"守合同重信用"创建活动中涌现出来的"守合同重信用"企业,记录在案,予以公布,宣扬其诚信守约的行为,促进全社会良好信用观念的形成。四是在整合上述三种数据库资源的基础上,建立企业信用监管数据库。全面反映企业在市场准入、经营活动和退出市场过程中的信用状况,为实施企业信用分类监管提供可靠的依据。上述四项基础工作,针对生产贸易链的实践需要,应该加强地区间在上述数据资料共享方面的建设。

4.1.3 企业信用评价的内容

生产贸易链条件下的区域企业信用评价,应该由专门从事信用评级的独立的社会中介机构,运用科学的指标体系并在指标体系设置方面依据地区不同而有所侧重,采用定量分析和定性分析相结合的方法,通过对生产贸易链上的企业的信用历史记录、企业素质、经营水平、外部环境、财务状况、发展前景以及可能出现的各种风险等进行客观、科学、公正的分析研究之后,就其信用能力所进行的综合评价。① 依据信用风险管理原

① 引见《信用管理概论》(第187页),吴晶妹,上海财经大学出版社2005年版。也有学者认为资信评估不同于信用评级,资信评估是对借款人债务到期违约可能性的预测及违约时可能给贷款人造成最大损失的估计,其伴随人们的资信行为而形成。资信评级是在资信评估定义的基础上,由资信评级机构将评估的结果按照风险程度的不同,用一系列符号所代表的等级来表示不同的资信风险程度。(参见《资信评级方法》,邬润扬,中国方正出版社2005年版。)本文认为,从广义的角度理解,两者并无区别,但通常"评估"更多地被运用于较为粗略的资信考察领域,企业征信业使用"资信评级"这一称谓较妥。

理,信用评级可以分为外部评级和内部评级。那么在生产贸易链条件下,外部评级与内部评级如何界定呢?我们认为:外部评级是指对债务人的资信评级,为了考虑在地区间的普遍认可,由社会专业评级机构进行,特别是我们的这一信用评级主要解决落后地区企业融资瓶颈,中介机构的选择应该取得金融机构的认可。内部评级是指对债务人的资信评级由债权人的内部评级部门进行,如商业银行的信贷部门或风险管理部门,以及企业的财务部门或风险管理部门。按照巴塞尔委员会的要求,无论外部评级或内部评级,评级机构(部门)都应具备独立性和专业性的要求。信用评级是企业征信体系建设的重要一环。

同样,生产贸易链条件下的企业信用评级机制也由评级主体、评级对象、评级要素、评级程序、评级指标体系和评级方法等组成。如前所述,评级主体通常指社会专业评级机构或商业银行等内部评级部门。评级要素即在评级时应考虑的企业各方面因素。不同行业、不同评级机构强调不同的评级要素。在国外,有5C要素、4F要素、5P要素、信用方程式等①。综合考虑我国企业信用评级的基本要素及生产贸易链的特殊性,所选择的要素主要包括:企业的地区经营环境差异、企业素质、经营能力、获利能力差异、偿债能力、行业或地区发展前景(特别是国家宏观经济发展战略在地区层面的布局调整,如滨海新区、综合改革试验区、北部湾新区等)几方面,不同地区企业侧重点不尽相同。评级结果与评级程序密切相关,遵循合理的程序是约束评级行为、保障评级质量的制度性安排。生产贸易链条件下的企业信用评级的一般程序可大致分为:前期准备、尽职调查、信息处理、初步评估、确定等级、公布等级、跟踪评级七个阶段,如图4-1所示。一般而言,评级指标体系与评级方法是评级机制的核心和关键。

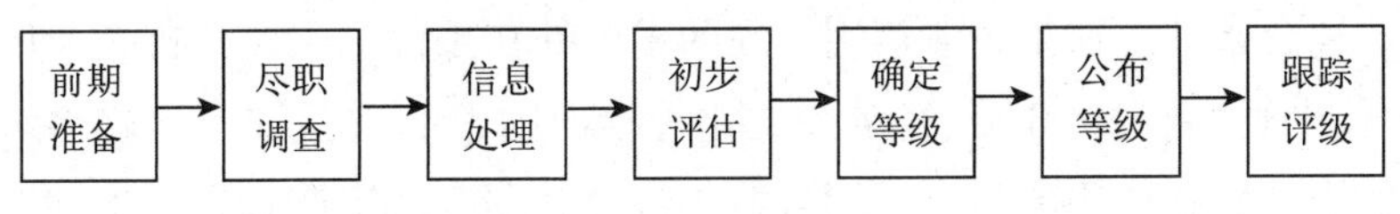

图4-1 信用评级的一般程序图

---

① 4C要素由美国银行家波士特(Williampost)在1910年率先提出,包括影响企业信用的品格、能力、资本、担保品、经营环境。4F要素由4C要素发展而来,指企业的管理、财务、经济和组织。5P即借款人、借款用途、还款财源、债权保护、前景展望等。

4.1.4 生产贸易链条件下的企业信用评价原理

一、"信用"定位

从企业信用评价的目的和功能来看,生产贸易链条件下的企业信用评级主要是使贸易链上的企业在融资上具有相同的待遇,这样的信用评价体系才更具有参考意义和实际价值。所以,所评的"信用"应该是企业未来在一定的社会交往中信用实现的可能性,生产贸易链条件下的履行承诺的可靠性,即企业未来的某种社会交往之"信用风险"或"可能的信用(实现)水平"。因而"信用评价"应该是相应预测性评价。

二、分析框架和方法定位

生产贸易链条件下,考虑企业信用实现的内外条件已经不再是一个企业或是一个地区的单纯要素,其复杂性的提高,使得社会环境和自然环境不再是传统评级体系中的辅助因素当然这并不是说未来企业的信用品质和信用能力不重要。

信用品质。作为企业信用实现的必要条件的未来信用品质可基于过去的品质信用结合现今企业负责人、管理团队的信用价值观念、伦理道德精神和处世做人原则以及可能的变化共同预测推定。(假设企业信用品质由负责人品质和管理团队品质共同决定)当然,在这里我们重点要考虑其过去信用品质(这里不是说考察过去这个企业的信用品质,而是这个管理团队的领头人或团队的信用历史)。

信用能力。作为企业信用实现的充分条件的未来信用能力可基于当前的现实信用能力和企业全面持续发展能力最终预测推定。生产贸易链条件下的企业信用能力考察,不仅仅单纯看一个企业的情况,更要考虑整个生产贸易链上所有企业甚至这个行业的基本情况。

社会条件。这是企业信用实现的主要外在条件。主要分析企业所处宏观、中观、微观之政治、经济和文化等社会因素的现状和发展趋势对企业信用品质和信用能力产生的可能影响及其程度。生产贸易链条件下的企业信用评级中,社会条件已经不是辅助因素,而成为重要的考察要素并将成为指标赋权的主要参考。

自然条件。这是企业信用实现的次要外在条件。主要分析企业所处自然环境条件,如交通、能源、气候等对企业信用能力的可能影响及其程度。这也成为评价指标赋权的主要参考。

三、目标定位

不同类别的信用评价目标（经济、守法、社交信用）对企业信用品质和信用能力的质的要求不同。由于决定生产贸易链条件下企业信用实现水平的主要决定因素不仅仅是信用品质和信用能力，还要考虑社会条件和区域差异，并且这些要素在质和量上都是有限的，所以不可能在任何经济交往中都具备相应的信用能力。即使同一类别的信用评价目标对企业信用能力的要求也不同，超过企业信用能力的度，任何企业都不能实现信用，这是生产贸易链条件下企业信用评价的难点。如：履约能力最大只有100万元的企业，如果在1000万元的履约能力水平上对其信用评价，则由于信用实现所要求的能力超过其实际信用能力而信用风险必定很大，相应的其信用等级必定很低。但如果在100万元以下的履约能力水平上对其信用评价，则信用能力方面就不存在风险了。所以企业信用评价的这种相对性要求必须根据设定的目标来评价，并在评价结果中表明该评价结果是基于什么目标。否则评价结果毫无意义。

四、时效定位

由于决定企业信用实现水平的信用品质、信用能力、社会环境和自然环境都处于动态变化之中，因而企业的未来信用实现水平也必定处于动态变化之中。理论上，企业在未来的任何一个时点上的信用实现水平都有差异。但在现实中企业信用实现水平宏观上是在动态变化，但在一定的时间阶段信用实现水平基本上是稳定的。所以任何企业信用评价的结论都具有时效性，即针对未来某个时间阶段，而并非一评定终身，或一评定数年。

五、生产贸易链条件锁定

假设一：单一企业的情况下，企业的信用品质由其负责人和管理团队品质共同决定。因为企业的信用品质从企业的决策机制和执行机制看是由企业负责人和管团队的品质决定的，但还需要理论和实证上进一步研究和证实。但是，在生产贸易链条件下，不能仅仅考虑一个企业的情况，应该把这一链条上的所有企业考虑在内。

假设二：企业发展是连续的，不存在突变，并且生产贸易链相对固定。

这是对生产贸易链条件下企业未来信用实现水平或信用风险能够预

测的前提条件。

4.1.5 生产贸易链条件下企业信用评价原则

一、静态与动态相结合

生产贸易链条件下企业信用评价必须基于贸易链上所有企业过去的品质信用和当前的能力信用水平,着力于在这一链条上的企业未来信用实现水平的预测。过去和当前的信用状况是未来信用实现的起点和基础,未来信用实现水平(信用风险)是过去和当前信用状况顺应内外条件变化趋势的合理延伸。

二、整体与局部相结合

生产贸易链条件下企业信用评价必须是在设定目标和假设条件(贸易链正常运行)下,以对所有企业信用实现水平的整体评价为基础并且该整体评价是基于对所有企业相关各方面作出科学、合理评价的综合结果,在此基础上来考察链条上的一个企业信用情况。因此,在具体的评价中不可以偏赅全、一叶障目地只见树木,不见森林。

三、共性与个性相结合

生产贸易链条件下,企业未来信用实现水平的决定因素具有共性,但贸易链上的企业同样具有个性。不同区域、不同行业和不同企业具有个性特征。所以,这时的企业信用评价既要考虑共性更要考虑个性,而非一刀切地只考虑共性而不考虑个性,也不是无原则地只考虑个性而不考虑共性。

四、定性与定量相结合

企业信用各影响因素的内涵决定了对它们的测度必须既有定性评价(信用品质、社会环境和自然环境),又有定量评价(信用能力)。所以任何只有定性或只有定量的企业信用评价都将有失偏颇和客观。

4.2 生产贸易链条件下企业信用评价体系构建的政府作为

政府职能是政府行为的依据。政府职能界定不清,或者法律赋予政府的职能过多,很容易使政府在经济活动中出现管制、服务不到位或过度行政干预,让区域信用评价体系抹上浓厚的“超经济性”色彩,有违市场经济的初衷。因此,生产贸易链条件下企业信用评价体系构建中政府作用的有效性和监管效率的提高依赖于政府职能的准确定位。当前政府在信用制度建设中应着力做好:增加制度有效供给,完善市场运行规则,规范政府行为,打破地方保护主义,强化监督管理,推动信用体系建立,加快市场化进程等工作。

4.2.1 生产贸易链条件下企业信用评价体系建设的难点和重点

企业信用评价是上世纪80年代以后才发展起来的,而在生产贸易链条件下进行企业信用评价更是没有过的,所以要建立完善的生产贸易链条件下企业信用评价体系还需要很长一段时间。

一、难点

就我国目前的现实情况来看,生产贸易链条件下企业信用评价体系建设还存在如下几个方面的难点:

1.企业普遍缺乏信用评价意识

在目前的社会大环境下,社会信誉的价值还没有充分地显现出来,因此,一些需要进行信用评价的企业对信用评价工作缺乏认识,不够重视,不愿参加信用评价。生产贸易链条件下,不仅贸易链上一些需要了解交易对方资信状况的企业,包括我们的金融机构还不懂得如何使用信用评价的有关信息,不懂得既有的评价信息是不是科学有效,更不懂得如何进行资信查询,有的即使知道交易对方的信用级别,也往往不相信,或不作为决策的主要依据。这就使得信用评价的市场需求较弱。在这方面,我们不仅要教育我们的企业建议信用管理制度,还要推进对信用评价结果的使用。只有这样,生产贸易链的构建才有更坚实的基础。

2.既有的信用评价机构体系不完善

目前我国的信用评价工作虽有一些机构在做,其中既有专门的信用评价机构,也有银行系统的信用评价部门,但各家信用评价机构的工作进行得并不普遍、深入和系统。并且它们各行其是,缺乏相互联系和信息互通,也缺乏像穆迪和标准—普尔那样权威性的资信评估机构。在这样的基础上,我们构建生产贸易链条件下的企业资信评价体系更加困难。我们能否建立起一个不仅得到金融机构认可又能得到生产贸易链条件下各地区的企业均认可的资信评价机构,还有相当的困难。特别是我国自1993年基本暂停了资信评估机构的设立审批。因为我国资信评估业不是市场推动产生的,而是在其市场规模较小的情况下,由政府部门推动开展起来的,所以,评价活动还带有相当大的行政色彩,其评价结果的市场认可度不高。而且,我们要建立的资信评级机构能否得到政府部门的支持成为关键。

3. 缺乏科学的评价指标和方法

目前在我国企业信用评价领域没有统一的业务规范和评价内容,评价标准也不统一、不全面,评价方法缺乏科学性。甚至有的评价结果的好坏不是根据被评定对象的实际情况,而是根据其支付费用的高低来决定。上市公司的虚假信息牵涉到上市发行人、会计审计机构的集体违法,没有规范的资信评估机构就不可能有良好的信用评价体系。生产贸易链条件下开展这一工作更有很多条件需要具备。现有的评价体系使得对生产贸易链上的企业的信用评价的结果缺乏客观性、公正性和准确性。

4. 没有考虑生产贸易链的外围环境

目前我国企业信用评价基本上没有考虑过企业所处的生产贸易链这一特殊外围环境,从而造成作出的信用评价和实际情况有较大偏差,使一些落后地区、生产贸易链中信用好的企业得不到较高的信用评价级别,从而得不到充足的融资,进而制约整个生产贸易链的正常运转和长远发展。

二、重点

基于以上存在的难点,我们认为,要建设好生产贸易链条件下企业信用评价体系应从以下几个重点入手。

1. 利用各种措施增强企业的信用评级意识

针对我国企业参与信用评级的意愿较弱的现实,今后国家对信用评估应有一定的强制性和硬约束,把信用评级结果与其获得信贷资金、经营信誉结合起来,成为考核、监管的一项指标,提高企业进行信用评估的积极性。社会应该树立这样的意识,所有的经济主体都应经过信用评级,金融机构必须进行信用评估,客户有权知道它们的信用情况,并有权依据它们的资信情况进行业务选择。在信用评估的基础上建立生产贸易链条件下企业信用库、银行和生产链上的企业通过付费可以便捷地查询到有关客户的信用状况。

2. 建立和健全我国的信用评级组织体系

目前我国银行系统对企业的信用评级体系的覆盖面相对较广，运行状况相对较好，再加上我国的信用缺失问题更突出地表现在银行信贷市场上，因此，今后一段时间应当把重点放在健全和完善银行系统的信用评级体系上。

与此同时，应注重培育我国专业性的信用评估机构，提高其信用评估水平和社会影响力，逐渐形成一两家全国性、权威性的信用评估机构，开展跨省区金融资信评估业务。组建中外资信评估公司，吸收国外有影响的国际评估公司入股，扩大资信评估公司的知名度。整顿原省、市金融系统的资信评估公司，通过重组、验收、调整、撤并等手段，提高资信评估公司的执业质量。加强各类信用评级机构的联系与合作，尽快实现基本信息的联网。

3. 提高企业信用评级的客观性、公正性和准确性

制定一套能指导生产贸易链条件下企业信用评价的评级框架、评级指标和评级方法，增强企业信用评级的科学性、合理性、社会规范性和国际适用性。银行要适应金融风险测定和控制的国际趋势，采用定量化的风险测试模型，来估算其信用风险、流动性风险、利率风险以及借款人风险。为了提高信用评级机构和社会审计机构的执业质量，提高信息的可信度，加强风险约束将是一种有效的现实选择。要建立社会中介机构责任追究制度，对审计、评估失真酿成恶果的中介机构要实行严格的责任追究制度。

4. 注重企业所处生产贸易链的特殊性

在指定企业信用评级指标和建设企业征信数据库的时候，要注重企业所处生产贸易链的特殊性，充分考虑生产贸易链中其他企业对某企业信用的影响，要通过有关模型进行量化各企业信用之间的相关度。

在条件容许的情况下，可以建立按生产贸易链分类的企业征信数据库，这样能更好地支持生产贸易链条件下企业信用评价的进行。

4.2.2 生产贸易链条件下企业信用体系建设中的中央层面和地方层面

从契约经济角度看，企业信用是指一个企业建立在安全、信赖基础

上，其他经营者乐于与其从事相互间的交易，并无需立即偿付即可获取资金、物资和服务的能力。企业信用体系是国家社会信用体系的重要内容，是对企业信用资源进行管理和对企业信用交易进行服务、监管的一整套机制。生产贸易链条件下企业信用体系建设，面临诸多困难，政府作为是创新信用评价体系的关键。

一、中央层面

综观各国的企业信用体系建设和运行情况，政府无不在其中发挥重要作用，维护市场公平竞争，保护消费者利益，维护国家经济安全，促进信用管理行业的发展。特别是在企业信用体系建设初始阶段，政府既是信用体系建设的倡导者、规划者、启动者，也是法律法规的制定者和权威解释者；既是企业信用信息整合的组织者，信用服务的引导者和协调者，也是市场法则的执行者和监管者。生产贸易链条件下企业信用体系建设，因为涉及多个地区、不同层级政府，中央政府的态度或是作为至关重要。

在企业信用体系的构建努力中，正确的选择可以决定企业信息体系建设的效率与质量。我国正处于计划经济向市场经济转轨的特定历史时期。由于市场经济体制初步构建，经济飞速发展，企业作为市场经济的主体，相对于政府信用，企业信用的信息量更大，对市场经济的影响更直接，社会对企业信用信息的需求更加迫切。区域经济融合的大趋势下，企业跨行政区域合作主要依赖生产贸易链的建立，以更好地发挥生产优势和贸易优势。因此，生产贸易链条件下企业信用体系建设应当成为中央政府政府目前信用体系建设的重点和当务之急。

二、地方层面

地方企业信用体系建设，是国家信用体系建设的组成部分，也应在国家的统一规划下形成体系。其作用范围是一省、一市或一县的行政区划领域。由于我国地方社会经济发展不平衡，在全国企业信用体系构建工作统一部署尚未成熟的情况下，一些地方根据自己的实际需要，启动和实施本地的信用体系建设，是积极的探索和实践。但目前的工作没有涉及生产贸易链条件下的企业信用体系建设。地方企业信用体系建设既要符合当地社会经济发展的特点，也要注意与国家“大体系”的衔接。地方政府在生产贸易链条件下企业信用体系建设中居于“条块”的结合部，本着沟通互利的原则，地方政府在地方企业信用信息系统建设中应当率先整合信息资源,发挥基础、核心作用,注重生产贸易链食用评价的特殊性,同时在企业信用体系建设中应发挥"轴承"作用,承上启下,内联外接,整体推进。

4.2.3 充分发挥政府在生产贸易链信用制度建设中的积极作用

一、增加制度有效供给,完善市场运行规则

制度作为博弈的规则,是建立和维持人们之间信任的关键。如果制度安排使得当事人履约比不履约更有利可图,则人们就有积极性为了交易带来的长远利益而抵制短期的机会主义诱惑,人们之间的信任就可以建立起来。政府作为经济秩序的稳定者,就制度供给而言,须遵循:

1. 制度应具完备性。就是使社会经济活动特别是信用管理要有法可依,尽可能避免出现法律的"真空"。对此,美国的经验值得我们借鉴。美国政府对信用活动并不作过多干预,主要是通过立法创造和维护一个良好的社会征信环境。

2. 法律制度安排应充分反映社会规范,同时要以信誉作基础。制度不仅要具有完备性,而且要具备有效性,特别是法律制度,若要保证其权威性和实施的效果,则必须充分反映社会规范。巴苏(Basu)认为,法律的最重要功能是选择社会规范而不是制定社会规范。考特(Cooter)也指出,法律是否能得到人们的尊重取决于法律是否符合、尊重社会规范。法律制度的运行离不开信誉基础,法律和信誉既有替代性的一面,又有互补性的一面,而且,主要用法律手段解决信用问题成本太高,有时甚至不可行(张维迎,2002)。

3. 市场能够提供的制度,政府不要介入太多,以免造成"规制失败"。市场运行过程中的许多制度,特别是非正式制度(如商业习惯、道德、文化等),在很大程度上可以由市场自发形成。如果这些制度没有违背法律和损害社会公共利益,那么,政府应放松对自发行动的限制,由市场主体去进行制度选择和创新。而且也可避免因政府机构介入太多使政府蒙受过多的社会和法律责任。

4. 建立有效的信用激励机制,诱导市场主体及时真实地披露其"私有信息",将信息的"私有产品"逐步转化成"准公共产品"或直接转化为"公共产品"。

5. 制度(包括政策)安排应具有连续性和稳定性。制度的重要功能之一在于降低交易中的不确定性,并提供一个社会的激励机制。如果政府在提供制度安排时,具有很大的随意性,则制度的不确定性会使人们缺乏稳定的预期,更多地追求眼前利益,而实现长远利益的信用机制将难以建立。

二、规范政府行为,打破地方保护主义

1. 应建立一个有限政府。政府的行为应限定在其职能界定和法律允许的范围内,对社会经济活动既不能越权干预,更不能违法行事,以提高社会公众对政府的公信力。据一项对 29 个国家的实证分析表明,政府行政权力的限制和司法的独立程度与国民的信任度之间表现为高度的正相关:对政府权力限制每上升 1 个百分点,信任度上升 1.5 个百分点;司法的独立程度每上升 1 个百分点,信任度上升 8 个百分点(向丽,2002)。因此,政府的权力必须受到法律的严格规制和社会的有效监督。

2. 必须割断政府行政权力与市场利益之间的联系,减少政府官员的寻租机会,并加大惩治腐败的力度。

3. 通过提高政府信用引导社会信用发展。

4. 淡化对地方政府经济增长指标的考核,强化经济发展特别是可持续发展的考核内容,逐步弱化地方保护主义的体制基础。

5. 地方政府必须充分认识到地方保护主义的危害。

6. 强化政府的监管职能。

在市场经济条件下,市场具有优胜劣汰等“自净化”功能,市场主体的信用能通过市场本身加以建立并逐步延伸,失信行为能得到较好的抑制。但是,良好的信誉并不能单纯依靠交易者自发形成,特别是在信息不对称的情况下,会造成信用市场中的逆向选择和道德风险,加之我国制度供给的不充分和对失信行为的惩戒不力,必须靠政府强有力的监管和引导来建立和维持良好的社会信用秩序。政府监管主要体现在对守信行为的激励、防止失信行为的发生和对失信行为的惩戒上。但是,政府监管要注意掌握一个“度”。政府监管超过一定临界点后,监管越多,市场主体越不讲信誉。因为监管部门的处置权越大,未来就越难预期,市场主体就会只注重短期目标,更多的监管就会创造一种租金。

三、推动社会信用体系的建立

政府在信用体系建设中担当何种角色，根据我国现阶段的实际情况，应采取“政府积极推动、市场运作为主”的基本思路。即政府推动立法，推动信用信息由“同业征集”走向“联合征集”，而信用服务主要靠信用中介机构进行市场化运作。此外还应做好以下两方面工作：(1)建立公开的社会信用信息网络，为信用市场提供信用信息交流与共享的机制创造条件，从而促进信用信息的合理使用以及信用资源的优化配置。同时政府应提高政务信用信息的透明度，将其掌握的有关企业、个人的信用信息以较低成本转交给信用企业和信用中介机构去开发、使用、增值，并防止对信用信息的垄断和寻租行为。(2)积极培育信用中介机构，从政策上支持和推动市场化信用中介机构的快速健康发展，建立起我国独立的信用服务产业。

本章小结

本章提出了生产贸易链条件下企业信用评价体系建设的基本思路：如果在一个区域经济合作框架下，有一个生产贸易链上的企业资信评级体系，这一体系能够考虑生产贸易链条件下的企业融资地位差异，就可以缓解上游生产企业往往由于较低的资信评级难以获得同等金融支持的难题。阐述了生产贸易链条件下企业信用评价体系建设的难点和重点，并提出要规范政府行为，打破地方保护主义，强化政府职能，推动信用体系建立，加快市场化进程等工作，充分发挥政府在生产贸易链信用制度建设中的积极作用。

第5章 生产贸易链条件下企业信用评价模型

生产贸易链条件下企业信用评级体系是否能发挥作用，关键取决于所选用的分析方法和模型的科学性和实用性。本章提出主要就财务指标数据，应用多元统计分析方法，以期建立生产贸易链条件下的企业信用客观评价模型，并据此得出信用综合评价值和排序表。首先是分析企业信用评价的指标因素，在区域一体化的背景下，企业信用评价的主要内容除了考虑地区信用环境外，还应该包括经营能力、竞争能力、管理能力、财务实力和信用记录等五个方面，每个方面又包括不同的分析要素，每个方面都要体现区域差别和生产贸易链的特殊性。接着评价体系指标的确定，构建了生产贸易链条件下企业信用评价指标体系框架。针对企业规模，提出了两种企业信用评价模型，大企业样本采用资信评价模型，中小企业采用综合评分法原理。

信用评级方法是指对企业资信状况如何进行分析判断并确定等级的技巧,从系统分析的观点来说,信用评级的方法就是对资信状况进行分析、综合和评价的全过程。生产贸易链条件下企业信用评级体系是否能发挥作用,关键取决于所选用的分析方法和模型的科学性和实用性。

5.1 生产贸易链条件下企业信用评价体系评价指标选择

目前国内外的企业信用评级实践和理论研究中,更多的是把企业信用评级的内容界定为财务类与非财务类两大类。生产贸易链条件下的企业信用评价如此。从现有的研究结论看,国内外一致认为①,财务因素应是评定企业等级所要考虑的主要内容。由于非财务因素如企业创新能力、经营战略、外部环境、偿债意愿等,需要极大的定性分析作为理论基础,将会用到许多主观评价方法,其得出结论的有用程度很大地取决于理论的精深和实践的丰富。与非财务数据分析相比较,真实可靠的财务信息和会计报表数据,就成为更容易获得的定量信息。在此基础上分析得到的客观评价模型,取决于统计方法的应用得当。所以对于普通统计方法应用者来说,财务因素分析更能得出较好的评价结果,再辅之以主观定性信息即可得到一个较为完整的评价模型。本部分也将主要就财务指标数据,应用多元统计分析方法,以期建立生产贸易链条件下的企业信用客观评价模型,并据此得出信用综合评价值和排序表。

5.1.1 生产贸易链条件下企业信用评价体系评价指标确定的原则

一、生产贸易链条件下区域企业信用评价应该考虑省区信用环境

信用环境是各市场主体开展信用经营活动的内部条件和外部条件的

---

① 转引自陈述云:《风险评级模型及其应用研究》,西南财经大学博士学位论文,2003 年 3 月。

总和。信用环境的好坏直接关系到经济金融运行的质量、效益和安全。地区信用环境评价应把社会经济发展、金融资源、信用和法制环境视为一个整体的大系统,使得评价指标能够客观反映社会经济与信用的内在联系。生产贸易链条件下的企业信用评价,涉及多个省区,在评价过程中首先要关注的是各个省区的区域信用环境。对于信用环境的评价结果,应该在总评级模型是占有一定权重,以期达到信用环境等级较低地区的企业将遭到金融同业(多省联合)的联合制约,其所在地区的企业将会受到很大影响。生产贸易链条件下地区信用环境等级的评定,建议由中央权威部门牵头、专业中介机构具体组织实施、评价指标由不良贷款占贷款余额的比例、企业逃废债金额占不良贷款的比例等4项定量指标和不良贷款降低幅度等动态指标构成。

二、通过对影响企业信用成长的因素分析确定评价指标

1. 经济发展水平

经济发展是信用环境建设的物质基础。经济发展水平提高,信用环境才会得到改善。经济发展水平综合得分值其计算公式为:

$$P1=\sum SetPet=Se1Pe1+Se2Pe2+Se3Pe3+Se4Pe4+Se5Pe6+Se6Pe6$$

上式中,P1 表示一个区域信用环境高度相关的经济发展水平综合的分值;6 个变量(Pet,$t=1,\cdots,6$)分别表示:经济发展水平选定的 6 个准则层的综合得分值:经济总量综合得分值 Pe1、产业结构综合得分值 Pe2、集约化水平综合得分值 Pe3、可持续发展能力综合得分值 Pe4、经济开放度综合得分值 Pe5、人民生活及保障水平综合得分值 Pe6;6 个系数(Set,$t=1,\cdots,6$)分别表示:经济总量综合得分值 Pe1、产业结构综合得分值 Pe2、集约化水平综合得分值 Pe3、可持续发展能力综合得分值 Pe4、经济开放度综合得分值 Pe5、人民生活及保障水平综合得分值 Pe6 的权重系数,且 $\sum set=1$。

2. 金融发展水平

在市场经济时代,银行信用是最主要的信用形式,银行业的发展水平是地区信用环境好坏的直接体现。生产贸易链条件下的企业信用评价尽管应该考虑这一因素,但由于金融发展水平受很多因素的制约,应该不能构成地区信用环境的主要因素,落后地区的金融发展水平相对较差,使得落后地区的企业的融资环境本来就弱,因此,在生产贸易链条件下的企业

信用评价，这一因素应该弱化。金融发展水平综合得分值其计算公式为：

$$P2=\sum UbrPbr=Ub1Pb1+Ub2Pb2+Ub3Pb+Ub4Pb4+Ub5Pb5$$

上式中，P2 表示区域金融发展水平综合得分值；5 个变量（Pbr，$r=1$，…，5）分别表示金融发展水平选定的 5 个准则层面的综合得分值：银行业发展水平综合得分值 Pb1、证券保险业发展水平综合得分值 Pb2、金融机构抵补风险水平综合得分值 Pb3、金融机构盈利能力综合得分值 Pb4、金融业开放度综合得分值 Pb5。5 个系数（Ubr，$r=1$，…，5）分别表示：银行业发展水平综合得分值 Pb1、证券保险业发展水平综合得分值 Pb2、金融机构抵补风险水平综合得分值 Pb3、金融机构盈利能力综合得分值 Pb4、金融业开放度综合得分值 Pb5 的权重系数，且 $\sum Ubr=1$。

3. 信用体系建设水平

作为交易双方信用信息收集、传播的主要渠道，征信体系在信用信息完备性和透明度、消除信息障碍方面发挥了重要作用，是信用环境建设水平的重要指标。生产贸易链条件下，对于地区信用建设水平的参考，应该着重于其在信用评价制度方面的进步或努力。至于其现有的水平，应该弱化。作为地方经济的管理者和参与者，政府的信用行为也是信用环境建设的重要影响因素。一个地区信用环境的好坏首先取决于当地政府的信用记录。要政府官员自觉建立良好的信用，从中国目前现实来看，最有效的莫过丁以行政权力建立政府官员的个人信用记录体系，将诚信记录列入公务员考核内容，作为其任免、奖惩依据，也作为地区信用环境评价的重要依据。社会信用水平在很大程度上影响着金融机构改革信贷经营的空间结构、资产质量和经济效益。社会信用水平逆向综合得分计算公式为：

$$P3=-\sum VonPzn=-(Vz1Pz2+Vz2Pz2+Vz3Pz3)$$

上式中，P3 表示一个区域金融机构与其生存和发展高度相关的社会信用水平逆向综合得分值（扣分）；3 个变量（Pzn，$n=1$，…，3）分别表示一个区域选定的准则层面的逆向综合得分值：商业与社会信用逆向综合得分值 Pz21、银行信用逆向综合得分值 Pz2、法制环境逆向综合指数 Pz3。3 个系数（Von，$n=1$，…，3）分别表示：商业与社会信用逆向综合得分值 Pz21、银行信用逆向综合得分值 Pz2、法制环境逆向综合指数 Pz3 的权重系数，且 $\sum Von=1$。

基于以上各信用环境影响因素的分析，我们设定了区域信用环境综合评价指标体系。

表 5-1 区域信用环境综合评价指标体系一览表

<table>
<tr><th colspan="2">评价项目</th><th>指标公式</th></tr>
<tr><td rowspan="8">（一）经济发展水平</td><td>1. 地区生产总值</td><td>略</td></tr>
<tr><td>2. 人均 GDP</td><td>报告期地区 GDP 总量/人口数</td></tr>
<tr><td>3. 地方财政收入总额</td><td>略</td></tr>
<tr><td>4. 固定资产投资比率</td><td>报告期地区固定资产投资额/报告期地区 GDP 总额</td></tr>
<tr><td>5. 规模以上工业利润总额</td><td>略</td></tr>
<tr><td>6. 进出口商品总额</td><td>略</td></tr>
<tr><td>7. 实际利用外资总额</td><td>略</td></tr>
<tr><td>8. 社会消费品零售总额</td><td>略</td></tr>
<tr><td rowspan="8">（二）金融发展水平</td><td>1. 金融系统年末存款余额</td><td>略</td></tr>
<tr><td>2. 金融系统年末贷款余额</td><td>略</td></tr>
<tr><td>3. 人均存款总额</td><td>金融机构各项存款总额/人口数</td></tr>
<tr><td>4. 人均贷款总额</td><td>金融机构各项贷款总额/人口数</td></tr>
<tr><td>5. 个人消费贷款余额</td><td>略</td></tr>
<tr><td>6. 商业汇票占票据贴现比率</td><td>商业汇票贴现总额/票据贴现总额</td></tr>
<tr><td>7. 信用贷款余额占比</td><td>信用贷款发放总额/各类贷款发放总额</td></tr>
<tr><td>8. 贷款不良率</td><td>报告期不良贷款总量/报告期各项贷款总量</td></tr>
<tr><td rowspan="3">（三）征信体系建设</td><td>1. 信用信息基础设施建设水平</td><td>包括管理制度、信息平台的建设、管理机构、总体技术水平等（定性指标）</td></tr>
<tr><td>2. 信用信息透明度</td><td>包括数据共享程度、系统的年查询次数、信息查得率等（定性指标）</td></tr>
<tr><td>3. 信用中介服务机构发展</td><td>包括信用中介服务机构的种类、数量、营业额等（定性指标）</td></tr>
</table>

续表

	评价项目	指标公式
（四）政府信用水平	1. 地方政府政策导向	包括对金融发展的支持程度、金融债权的维护力度（定性指标）
	2. 政府信息透明度	地方政府的政务公开程度、依法行政水平及信息公开程度（定性指标）
	3. 金融部门的独立性	当地金融机构经营活动的市场化程度、地方政府的不良干预程度（定性指标）
（五）企业信用水平	1. 企业应收账款占比	企业应收账款总额/企业流动资产总额
	2. 企业担保费用率水平	各项担保费用总额/贷款担保总额
	3. 企业三项费用占销售收入比率	企业管理费用、财务费用、销售费用之和/销售收入
	4. 企业欠税率	报告期企业欠税总量/报告期企业应纳税总量
	5. 企业逃废债比率	地区企业逃废债总额/地区企业各项贷款总额
	6. 本地区驰名商标产值数量	略
（六）信用法律环境	1. 信用立法体系健全程度	略（定性指标）
	2. 信用法律法规的执行力度	略（定性指标）
	3. 失信惩戒机制的完善程度	略（定性指标）
	4. 金融债权诉讼的审结率	审结案件总数/诉讼案件总数
	5. 金融债权诉讼的执结率	执结案件总数/诉讼案件总数
（七）信用文化环境	1. 当地信用道德文化水平	包括当地居民文化传统、诚信道德水平等（定性指标）
	2. 大众信用知识普及水平	略（定性指标）
	3. 民间金融的发展情况	包括民间金融的发展规模、资产质量、信用保障机制建设情况等（定性指标）

上述的3个层面经济发展水平、金融发展水平、社会信用和法制环境指标体系，从3个不同的角度和层面来反映有关信用环境质量方面的状态特征。如果要总括揭示和反映有关信用环境质量方面的运行状况，还

需计算出信用环境质量状态综合得分值。信用环境质量状态计算模型，即计算公式为：P=d1P1+d2P2-d3P3

上式中，P表示信用环境质量定量指标综合得分值；d1、d2、d3分别表示目标层面的经济发展水平综合得分值、金融发展水平综合得分值、社会信用和法制环境水平逆向综合得分值的权重系数，且d1+d2+d3=1。信用环境质量定量综合得分值P的数值越大，表明信用环境质量状态相对越好，对金融机构经营活动和企业融资也越有利；信用环境质量状态综合得分值P的数值越小，则信用环境质量状态相对越差，对金融机构经营活动和企业融资的益处也相对越小。

三、通过对区域信用环境评价方法的总结选定科学的指标体系评价方法

广东金融学院的宋健（2006）[①]曾采用AHP和因子分析方法构建了地区信用环境的评价指标体系和评估模型，可以将待评估地区的相应指标代入模型得出最终评价结果，还可以进一步将各地区的得分做差别比较，分析主要的差距所在。这为我们的研究打下了良好的基础。在我们的模型设计中，我们只需要借鉴这一成果的结论就可以实现目标。下面我们选择的指标，与其他评价地区信用环境的方法相比，具有共性。但在生产贸易链条件下，其侧重点应该有所不同。关于指标评判的总体思路是：

1.定量指标的标准化

与其他评价方法一样，为了方便比较和数据处理，所有的指标值都必须经过标准化处理形成指标得分以消除指标间单位、数量级差别对综合评价的影响。具体换算公式如下：

如果是正向指标，第i项指标得分$=(v_iv_{min})/(v_{max}v_{min})\times0.5+0.4$；括号内的公式$(v_iv_{min})/(v_{max}v_{min})$可以消除各指标在量纲上的差异，将其转化为0~1间的相对数；同时考虑到各省区的实际水平以及与定性指标评分口径的一致性问题，我们进一步指标的波动范围限制在0.4~0.9之间。其中v_i是某地区第i项指标的原始数据，v_{max}是参比的各地区中该指

① 宋健：《基于AHP和因子分析的地区信用环境指标体系构建的实证研究》，《中国软科学》2006年第6期。

标的最大值,v_{min}是最小值。为此,我们给各评语等级赋予一个定量的值,即确定一个评价集的等级加权向量 $W=W1,W2,W3,W4,W5$ 用此加权向量与定量得到的评价结果(已经过规范化处理)进行合成运算最终得到一个综合评价值。指标评价等级量化的意义就在于能够得出一个用数值表示的加权平均型的综合评价结果,这个结果非常直观,可以为我们的比较工作带来很大方便。对于上述量化指标,将在生产贸易链条件下考虑重要性处理,赋予不同的 W 权重,以体现生产贸易链条件下企业信用评价的特殊性(在 0.5 至 1 之间)。

2. 定性指标评价

信用环境质量的好与坏,客观地说,很难简单通过一些统计指标进行客观和公正的反映,还应结合法律环境、政策环境、信用环境和政府对金融业的支持和干预程度进行定性评判。为此,在对信用环境进行定性评价时,可以采用多因素评估法,先对各类因素的子因素作出评估,给出得分;然后,对各类因素分不同层次给予不同的权重,最后汇总,即可得出信用环境定性评判的总分。信用环境的定性评价是其在长期发展过程中社会各界留下的综合印象的一个反映,是社会各界从模糊的角度对信用环境的一个评价。这一指标的数据应从广泛的社会问卷调查中获得,并且问卷对象应包括社会各个层面与领域的人士,如知名学者、专家、银行行长(经理)、企业家和金融机构工作人员等。这类调查工作量大,难度大,复杂程度高。问卷对象之所以应包括社会各个层面与领域的人士,这样结果不但更反映实际,而且更有权威性。在具体操作程序上,为了确保各类子因素得分的公正性和代表性,可以将各类因素设计成调查问卷,组织有关专家、各金融机构、社会中介机构进行打分,然后以样本均值作为定性评判的总分。信用环境定性评判的总分 Q 可由下式求得:$Q=(Q1+Q2+\cdots+Qn)/n$,其中,Q 表示信用环境定性评判的总得分,$Q1$、$Q2$、$\cdots$、Qn,表示样本信用环境定性评判的得分,n 表示样本个数,而 Qn 可由下式得出:$Qn=p1q1+p2q2+p3q3+p4q4$,上式中 $q1$ 表示法律环境问卷得分,$p1$ 表示法律环境在信用环境定性分析总分值的比重,其取值范围为 $0\leqslant p1,p2,p3,p4<1$,且 $p1+p2+p3+p4=1$。其他 $q2$、$p2$、$q3$、$p3$、$q4$、$p4$ 依次代表政策环境、信用环境和政府对金融业的支持和干预程度的问卷调查得分及比重。需要指出的是,四项因素的权数给定是个较难解决的问题,比如说法律环境

在很大程度上与我国整体法制建设的进程密切相关,而具体到各个区域的法律环境可能差别不是很明显;信用环境也是如此,它在很大程度上也受制于我国整体信用制度建设的步伐。因此在对四项因素设置权数时不宜平均分配,而应因时、因地作相应调整。

3. 定性分析方法与定量分析方法相结合

地区信用环境评价是一项十分复杂的工作,无法对所有指标逐一量化,因此在实际操作中必须充分结合定性分析。但最终评价结果应形成一个明确的量化结果,以排除定性分析中主观因素或其他不确定因素的影响。国外通用的做法是把定性分析与定量分析的比例确定为 4 ∶ 6。综合评价区域金融生态环境,应依据前述定量指标的评价模型得出的总分值 P 和定性分析的总分值 Q 合计得出评价结论。综合得分可用公式表示为:$R=0.6P+0.4Q$。R 代表区域信用环境综合得分,P 代表定量指标得分,Q 代表定性指标得分。评价标准采用指数评价法,指数计算公式为:指数=实际总得分 R÷(定量指标+定性指标)满分合计。即:指数最高为 1。指数 0.8 ~1 的为优;指数 0.6 ~0.8 的为良;指数 0.4 ~0.6 的为中;指数 0.2 ~0.4 的为差;指数 0.2 以下的为劣。最终将区域信用环境质量状态划分为 5 级:好、较好、一般、较差、差。最后,我们将这一评价结果赋予一定权重代入生产贸易链条件下的企业信用评价模型。

4. 克服数据失真的负面影响

客观衡量地区信用环境必须是建立在各项数据真实的基础上,但是,在近几年各地的考核评比工作中,出现最大的负面影响问题就是容易诱发和助长在考核指标数字上弄虚作假,违背了党的实事求是的传统和作风,影响到党风、政风建设,“官出数字、数字出官”问题引起干部、群众的不满,偏离了考核评比的初衷。在衡量地区信用环境如何克服地方政府的短期行为和负面影响,这是一个比较复杂的问题,有其社会根源,也是与现实政府监督机制、部门管理体制不健全以及人们思想的法律意识还比较淡薄等诸多因素有一定关联的。但不能因为评价所需要的数据不够真实就全盘否定评价工作的作用,关键在于如何克服短期行为和负面影响。应从三方面入手:一是对数据的采集一定要深入基层调查研究,多看、多问,特别是对容易造成虚假的软指标,如产值、产量指标,应采取抽查的办法落实清楚,防止单凭汇报材料和上报数据论英雄的倾向。二是科学选择考核指标。指标设置的科学性原则非常重要,因为考核指标的选择有重要的导向作用,它能表明领导机关重视什么?提倡什么?引导政府各部门工作干劲往哪里使,指标选择的科学性关系到评价结果的真实性和公正性。因此,从地区信用环境评价指标体系中选择考核指标应尽量少用和不用总量指标,多用质量指标,在考核评价方法上,GDP 占比等一些软指标的分值应当确定小些,而财政、税收、基础设施投入、人民生活等一些数字相对较准确的指标分值可以确定大些。三是用指标相互牵制来克服短期行为和负面影响。如国内生产总值指标,是政府经济考核中必不可少的重要指标,但也是容易造成虚假的指标,所以,在考核这一指标的同时,可以利用财政收入占国内生产总值比重来制约虚报国内生产总值的倾向;再如固定资产投资过大,容易造成财政困难,导致职工的社会保障不能及时兑现,可以用职工社会保障覆盖率横向对比来制约不切合实际的盲目性投资。所以说指标的相互制约是克服短期行为和负面影响的一种比较有效的办法。

5.1.2 生产贸易链条件下企业信用评价的主要内容

企业信用评价的主要内容除了考虑地区信用环境外,还应该包括经营能力、竞争能力、管理能力、财务实力和信用记录五个方面,每个方面又包括不同的分析要素,每个方面都要体现区域差别和生产贸易链的特殊性。

一、经营与竞争能力

企业的经营与竞争能力是反映受评企业的信用状况的重要方面,主要通过受评企业过去1—3 年业务规模、经营效率、人力资源、技术与设备能力等因素来评价。主要分析要素包括:

业务经营规模及效率:通过分析受评企业主营业务的年度经营规模及经营效率,来反映企业实际的业务能力,分析指标包括工程结算收入、建筑业总产值、竣工产值、建筑业增加值和劳动生产率等。不同专业领域和不同区域的企业,使用的具体指标将有所不同。发达地区此指标应该有较大权重,落后地区的权重应该小些。

人力资源:企业属于劳动密集型企业,企业从业人员的规模、整体素质、从业经验、专业化水平等因素对企业的经营能力和竞争实力具有重要的影响,因此,人力资源是考察企业综合实力的重要方面。主要通过项目经理总数、工程技术人员数量及比重、有职称人员数量及比重、具有中专以上学历人员数量及比重等指标来反映。这方面的指标不应该有地区差别。

技术与设备能力:受评企业是否具有先进的技术实力、是否拥有完善的施工设备,自有机械设备的总量、总功率、先进性等因素在一定程度上反映了企业竞争实力。通过对受评企业现有技术成果、自有机械设备总功率、主要设备净值、主要设备成新率等方面的考察,一定程度上可以反映出企业的竞争实力。发达地区此指标应该有较大权重,落后地区的权重应该小些。

资质资格:企业拥有的资质资格越多、等级越高,表明企业可从事的领域越广泛,一定程度上可以反映企业具有较强的综合竞争实力。发达地区此指标应该有较大权重,落后地区的权重应该小些。

二、管理能力

企业管理能力对企业经营极为重要,管理者的基本素质、战略定位以及企业内控制度、质量、安全管理的完备性和有效性等,往往左右企业的生存和发展。主要分析要素包括:

1. 高层管理者素质和经验。管理者的管理素质和从业经验往往决定了公司对市场的敏感度和经营业绩,主要通过高管人员的从业时间、职称、学历以及信用记录等来考察。发达地区此指标应该有较小权重,落后地区的权重应该大些。

2. 公司战略和计划:合理的战略计划能够使公司在激烈市场竞争中处于有利地位,并能够不断发展壮大。通过考察公司是否存在明确的发展规划,现有的发展规划是否切实可行、经营战略能否贯彻于企业经营活动中,以及企业是否有完善合理的融资计划、资本支出计划等,可以对公司的发展前景形成初步的判断。发达地区此指标应该有较小权重,落后地区的权重应该大些。

3. 内控制度的完备与有效性。对资金、成本、人事、物流内控制度及其有效性,特别是对项目经理部或分公司的资金管理、收入核算和成本控制、现场施工的内控管理,是企业有序经营、增收节支和保证工程质量安全的关键;同时,受评企业是否建立有效的激励和约束机制,对核心竞争力的形成尤其重要。发达地区此指标应该有较小权重,落后地区的权重应该大些。

4. 质量、安全管理:工程质量与安全管理,是企业管理的重要方面,科学严谨的质量安全管理是企业增强市场竞争能力的重要因素。通过考察公司质量、安全管理机构的设置、管理制度、质量安全人员的配置等来评价企业的质量安全管理。发达地区此指标应该有较小权重,落后地区的权重应该大些。

5. 财务管理:财务管理及其绩效可以为评价受评企业资金筹措和运用能力,以及财务安全性提供重要线索,主要考察财务制度的健全性、资金管理、重大投融资管理等方面。在此方面的评价指标不应该有地区差别。

三、企业财务实力

财务实力是企业经营和管理的综合反映,但同时也会对企业市场竞争力和未来发展产生重要影响。虽然企业专业范围不同,企业综合财务实力和单项财务指标标准值存在较大的差异,但从总体来看,财务状况良好的公司通常是一些经营稳定,发展潜力较大的企业;而财务状况不佳的企业,通常会遭受一定程度的财务压力,从而影响企业的正常经营。发达地区此指标应该有较大权重,落后地区的权重应该小些。

企业财务实力的主要分析要素有:

1. 偿债能力。企业偿债能力是指企业偿还短期债务和长期债务的能力,是企业经济实力和财务安全性的重要体现,也是衡量建筑业企业是否稳健经营、信用风险大小的重要尺度。考核企业偿债能力的指标包括资产负债率、流动比率、速动比率和利息保障倍数等。

2. 盈利能力及资产运营效率。较强的盈利能力及其稳定性是企业获得足够现金以偿还到期债务的关键因素。充足而稳定的收益能够反映企业良好的管理素质和开拓市场的能力,也便于企业在资本市场上再融资,从而提高企业的财务灵活性。

3. 企业各种资产是否得到充分有效的使用。这直接关系到企业的偿债能力和获利能力。企业各项资产运用效率高,则各项周转速度就快,资产变现的速度也较快,企业就会有足够的现金来偿付流动负债,其短期偿债能力就强;同时企业获取的收入也会增加,企业因此会有足够的资金还本付息，长期偿债能力也得到提高。

4. 现金流量充足性。现金流量是企业维持或扩大再生产规模以及偿还债务能力大小的关键，分析现金流量的重点在于现金流量同资本支出和负债的关系，以对受评企业现金流量的充足性作出判断。衡量受评企业现金流量充足性的主要指标包括现金流量负债比率、经营活动产生的现金净流量与平均有息债务的比率或与总债务的比率等。

5. 发展能力。企业发展能力是指企业通过自身的生产经营活动，不断扩大积累而形成的发展潜能。发展能力的形成主要依托于企业不断增长的主营业务收入和营业利润，但是企业如果把所有的利润分配给股东或通过各种形式转化为消费，不注意企业的资本积累，那么即使企业效益指标很高，企业的发展能力也会受到限制。发展能力评价指标包括资本保值增值率、总资产增长率和净利润增长率等。

四、信用记录

遵守建筑行业的相关法律法规、恪守信用是企业正常开展经营活动的基本前提，也可为评价受评企业的履约意愿提供重要线索。企业信用记录包括不良信用记录和良好信用记录。对企业不良信用记录和良好信用记录的考察分为建筑领域不良信用记录和其他领域不良信用记录两个方面，其中不良信用记录主要以相关法律法规和相关政府部门对受评企业的处罚为主要依据。在此方面的评价指标不应该有地区差别。

5.1.3 生产贸易链条件下企业信用评价指标选择

过去对企业的信用评价，通常将商业银行对企业信用风险的测度转化为对企业财务状况的衡量问题，因为信用风险的形成——企业是否能如期还本付息，主要取决于企业财务状况。具体做法是根据历史上每个类别（如信用等级 AAA、AA、A、BBB 等）的若干样本，从已知的数据中发现规律，从而总结出分类的规则，建立判别模型，用于对新的样本的判别。当然我们不能仅根据企业某些单一指标，而应根据影响企业财务状况的多维指标来评估企业的财务状况。因此，这些方法的关键步骤和难点在于指标体系的确立和评估模型的选择，也即如何将多维指标综合起来。

一、指标定性选择

通常指标的定性选择要注意三个方面：首先，要明确综合评价的目的和目标。要弄清楚评价主题是什么、具体是评价事物的哪一个方面等。其次，是对待评价的主题进行全面的分析，找出影响评价目标的各层次因素，建立评价指标体系。可以从三个层次来看。最高层次是总目标层，是我们的综合评价最终想要得到的一个结果；中间的一个层次是对最高目标层的一个主要因素分解，同时又是对最细致指标层中具体指标的一个分类综合；最后一个层次即是最细致指标层，它是由反映所评价事物的各个方面的具体指标组成。再次，在建立指标系统的时候最好兼顾三个原则。全面性原则，为了使评价结果能够准确，在最初选择指标的时候，抓住待评价事物的若干特征，尽量多地找寻可以影响它的指标，以便后续工作中有筛选指标的余地；可比性原则，要求各指标之间的口径范围和核算方法具有可比性，同一时期的不同事物评价要横向可比，同一事物的不同时期要能够纵向可比；可操作性原则，一切统计的分析都是建立在数据的基础上的，如果没有数据的支持，即使能够建立起评价模型也没有实际的运用意义。在这三个原则中，最为重要的就是可操作性原则。特别是我们这种只能从公开的书籍、网站获取信息的作者，如果要建立一个模型，选取指标，乃至选择题目的时候，最先考虑的就该是是否能够找到准确的数据。而全面性也是非常重要的，如果指标足够多，我们可以筛选对目标事物影响较明显的指标。但是，如果模型构建效果不好，所取的指标又很有限，那么就会陷入不删除分析效果不好，删掉又会因信息丢失太多而没有反映出目标事物全貌的窘境。

二、指标的定量选择

由于前面为了使系统全面、完整，我们选取了尽量多的关于评价对象全貌的指标。但是，过多的评价指标往往会造成工作量的加大，而且指标之间信息的相互重复或是干扰，会直接影响我们的评价结果。因此，一般说来，我们会在定性选取指标之后，运用一些数理统计的方法，根据指标间的定量关系去选取有代表性的指标。

惯用的定量选取指标的方法有:极小广义方差法[①]、极大不相关法[②]、主成分分析法等。主成分分析方法的基本思想和做法是:对p个指标做主成分分析可以得到p个主成分,最后一个主成分中所包含的原来p个指标的信息量最小,因此在该主成分中系数最大,起主要作用的指标对原始信息的贡献是很小的,所以剔除这个指标对综合评价不会产生大的影响。对剩下的指标重复主成分分析和剔除指标的过程,便可达到简化最初指标体系的目的。一般来说,可以根据原始指标主成分分析后所得的结果,找出接近于零的主成分个数,来确定我们想要剔除的指标个数。

三、指标的转换

多个指标的综合是我们所需要的最后结果,然而指标的综合是以各指标的同质性为前提的。可是所选的指标体系往往是非同质的。有时是因为指标的量纲不同;有的时候指标反映、评价事物的方面不同,或是总量指标,或是平均指标,又或是相对指标,这样在实际数值的数量级上有差异。所以,我们才用无量纲的方法来解决需同质化的问题,消除量纲和数量级的影响。将指标的实际值转化为可以综合评价的评价值。这一步骤是指标综合的基础和前提。

四、指标的赋权

确定权数的方法很多,基本上可以分为两大类:主观赋权法和客观赋权法。主观赋权法主要是专家打分法;客观赋权包括:变异系数法、相关系数法、主成分打分法、熵值法、坎蒂雷赋权法等等。在赋权过程中,应该充分考虑地区差异因素,体现相对公平。主成分打分法可以只采用第一主成分作为综合评价指标。很多学者认为:第一主成分对评价对象之间

① 极小广义差分法的基本思路是:如果p个指标的总变动性由它们的协方差矩阵的行列式的值来表示,则从p个指标中去掉某个指标后剩下的p-1个指标的广义方差就反映了在提出该指标后,剩下的p-1个指标的变动程度。如果这一条件广义方差很小,就表示提出该指标后余下的p-1个指标几乎不怎么变化了,也就表示该指标具有“代表性”。即让条件广义方差最小的那个指标就最具有代表性,作为要选取的指标之一,重复这一过程就可得若干有代表性的指标。参见《多元统计分析及应用研究》,西南财经大学出版社,杜丹青、周禄君著。

② 极大不相关法的基本步骤是:逐步计算每个指标与除去该指标后余下的p-1个指标间的复相关系数,那么是这p-1个复相关系数最大的哪个指标在很大程度上可以被余下的p-1个指标提供的信息所决定,可以剔除这个指标。重复这一过程,直至留下若干个相关性较小的指标为止。参见《多元统计方法及应用研究》,西南财经大学出版社,杜丹青,周禄君著。

的差异能够最大限度地反映，是概括评价指标差异信息的最佳线性函数。可以直接用第一主成分对被评价对象进行综合排名比较。还有一种常被采用的方法是先按累积方差贡献率不低于某一阈值的原则确定主成分的个数，然后以每个主成分的贡献率除以累积贡献率的值作为权数来加权综合。

五、指标的综合确定

常见的指标综合方法有线性综合法和几何综合法。线性综合法考虑到各个指标对评价事物的影响程度不同，常常是采用加权求和来计算综合评价值。几何综合法强调单个指标间的一致性，即单个指标在综合评价中有着同等重要的作用，因此，指标权数的作用不太明显；另一方面，几何综合法对被评价对象各指标评价值间的差异反映较灵敏，有助于区分评价对象的相对高低地位。

六、企业信用评价指标体系框架——以生产型企业为例

表 5-2　生产型企业信用评价指标体系

评价内容		基本指标	指标说明
经营能力	业务规模	1. 销售收入	反映企业当年的经营规模和经营成果。
		2. 总产值	反映企业在一定时期内生产的新产品的价值总和。
	业务效率	1. 劳动生产率	劳动生产率＝总产值/从业人员总数 反映企业的每一单位人力资源所创造的价值。
		2. 销售收入/净资产	反映单位净资产产生的销售收入，可以使不同规模企业的对比更趋合理性。
竞争能力	人力资源	1. 项目经理总数	从绝对数上表现了企业有职称人员的规模，反映了从业人员职业化水平的高低。
		2. 工程技术人员数量及比重	从绝对数和相对数方面反映企业拥有的专业技术人员的规模及其占从业人员的比重。工程技术人员大多是企业的一线管理人员，也是企业实现安全生产、保证工程质量的重要因素，因此工程技术人员的规模也是反映企业经营规模和实力的重要指标之一。

续表

评价内容		基本指标	指标说明
竞争能力	人力资源	3. 有职称人员总数及比重	从绝对数和相对数上表现了企业有职称人员的规模及其占从业人员的比重，反映了从业人员职业化水平的高低。
		4. 中专以上人员学历人数及比重	从绝对数和相对数方面反映企业中有学历人员的规模及其占从业人员的比重。
	设备水平	1. 机械设备总功率	指本企业自有设备以及租赁设备年末总功率，从绝对数上反映企业机械设备拥有量。
		2. 自有机械设备成新率	自有机械设备净值/自有机械设备原值 指自有机械设备净值占自有机械设备原值的比例，反映了企业机械设备的成新程度，比例越高，反映企业设备成新度越高，先进性越强。
		3. 动力装备率	自有机械设备总功率/从业人员年平均数 指企业人均拥有的自有机械设备功率数量，从相对数上反映了企业机械设备动力拥有程度。
		4. 技术装备率	自有机械设备净值/从业人员年平均数 指企业人均拥有的自有机械设备净值，从相对数上反映企业机械设备拥有量。
		5. 技术装备先进性	技术装备是否达到国际先进水平或国内先进水平。
	技术创新	1. 企业科研机构	企业科研机构设立及人员配备。
		2. 省、部级以上主管部门认可的技术成果	科技创新与技术进步是企业在市场竞争中长久处于有利地位的基础，企业技术创新能力是提高企业竞争能力的重要方面。
		3. 获得国家、省部级技术相关奖项	
		4. 技术专利获得情况	
	资质资格	1. 主项资质及等级	企业除拥有一项主项企业资质外，若还具备其他资质，将较其他企业具有一定的相对竞争优势。
		2. 其他资质及等级	
	代表性产品	考察企业以往代表性产品的规模、类型、质量情况，一定程度上可以判断企业综合实力。	

续表

<table>
<tr><th colspan="2">评价内容</th><th>基本指标</th><th>指标说明</th></tr>
<tr><td rowspan="16">管理能力</td><td rowspan="5">高管人员素质</td><td>1. 从业年限</td><td rowspan="5">管理层的整体素质对企业的经营管理及长远发展具有较大的影响，高素质的管理者比较容易接受和采用先进的管理理念，对企业发展具有较为清晰的战略方针，各项管理措施更有可能得到贯彻和落实，企业因而具有较大的发展机会。
·从业年限主要考察高层管理者平均在本行业的工作年限；
·学历主要考察高层管理者本科以上学历人员占高管人员总数的比重；
·专业技术职称主要考察高层管理者具有高中级职称人员占高管人员总数的比重；
·主要业绩考察企业高层管理人员以往的工作成效及业绩；
·信用记录考察高层管理人员获国家、省部、市、县企业家、劳动模范等荣誉称号的情况，以及高层管理人员在从事建筑业活动中所出现的不良信用记录。</td></tr>
<tr><td>2. 学历</td></tr>
<tr><td>3. 专业技术职称</td></tr>
<tr><td>4. 主要业绩</td></tr>
<tr><td>5. 信用记录</td></tr>
<tr><td rowspan="3">项目经理及技术人员素质</td><td>1. 从业年限</td><td rowspan="3">从业年限考察项目经理（技术人员）平均在本行业的工作年限；
学历考察项目经理（技术人员）本科以上学历人员数量占项目经理（技术人员）总数的比重；
专业技术职称考察项目经理（技术人员）具有高、中级职称人员数量占项目经理（技术人员）人员总数的比重。</td></tr>
<tr><td>2. 学历</td></tr>
<tr><td>3. 专业技术职称</td></tr>
<tr><td rowspan="3">人力资源管理</td><td>1. 管理模式</td><td>考察企业人力资源管理模式的先进性及有效性。</td></tr>
<tr><td>2. 岗位职责、标准</td><td>考察企业是否建立与完善岗位职责和岗位标准制度。</td></tr>
<tr><td>3. 人员聘任、培训、考核</td><td>考察企业是否具有完善的人员引进、培训与绩效考核制度。</td></tr>
<tr><td>公司战略计划</td><td colspan="2">考察公司是否存在明确的发展规划，现有的发展规划是否切实可行、经营战略能否贯彻于企业经营活动中，以及企业是否有完善合理的融资计划、资本支出计划等，以对公司的发展前景形成初步的判断。</td></tr>
<tr><td>决策机制</td><td colspan="2">考察企业决策机制的完善性与有效性，并分析企业决策机制是否适应企业发展的要求。</td></tr>
</table>

续表

<table>
<tr><th colspan="2">评价内容</th><th>基本指标</th><th>指标说明</th></tr>
<tr><td rowspan="17">管理能力</td><td>公司治理结构</td><td colspan="2">考察企业是否建立完善现代企业制度，法人治理结构是否健全，股东会、董事会、监事会是否独立并可有效行使职权。</td></tr>
<tr><td rowspan="2">安全管理</td><td>1. 管理制度</td><td>考察企业是否建立完善的安全管理机制，是否严格遵守国家相关规定。</td></tr>
<tr><td>2. 人员配置</td><td>通过考察企业安全人员的上岗状况是否符合国家相关规定，安全管理机构的设置、质量安全人员的配置等来评价企业的安全管理。</td></tr>
<tr><td rowspan="4">质量管理</td><td>1. 管理制度</td><td>考察企业是否建立完善的质量管理制度。</td></tr>
<tr><td>2. 人员配置</td><td>通过考察企业质量管理机构的设置、质量人员的配置等来评价企业的质量管理。</td></tr>
<tr><td>3. 工程质量</td><td>通过工程合格率、工程优良率来反映企业的工程质量情况。</td></tr>
<tr><td>4. 认证状况</td><td>考察企业是否通过 QC 全面质量管理认证。</td></tr>
<tr><td rowspan="2">合同管理</td><td>1. 管理制度</td><td>考察企业是否具有完善的合同管理制度。</td></tr>
<tr><td>2. 合同履约率</td><td>通过企业合同履约率状况来反映企业合同管理与执行情况。</td></tr>
<tr><td rowspan="5">财务管理</td><td>1. 财务制度</td><td>考察企业业内部各项财务制度是否健全。</td></tr>
<tr><td>2. 应收账款管理</td><td>考察企业是否具有完善的应收账款管理制度
考察企业超过一年的应收账款占应收账款总额的比例。</td></tr>
<tr><td>3. 资金管理</td><td>考察企业内部资金管理制度是否健全有效，对下属单位资金收支管理是否严谨。</td></tr>
<tr><td>4. 投融资管理</td><td>考察企业对于投融资活动的财务管理制度是否健全有效，是否能够合理控制、特别是对下属企业的重大投融资行为的控制。</td></tr>
<tr><td>5. 或有负债管理</td><td>考察企业对对外担保等的管理制度是否健全有效。
考察企业期末或有负债余额占净资产的比率情况。</td></tr>
<tr><td>企业文化</td><td colspan="2">考察企业高层管理人员对企业文化建设的重视程度，企业文化建设方面采取的措施和成效，以及企业文化对公司经营与发展的影响等。</td></tr>
</table>

续表

评价内容		基本指标	指标说明
财务实力	偿债能力	1. 资产负债率	负债总额/总资产
		2. 速动比率	（流动资产-存货）/流动负债
		3. 流动比率	流动资产/流动负债
		4. 利息保障倍数	（利润总额+利息费用）/利息费用
	盈利能力及资产运营效率	1. 净资产收益率	2×本年净利润/（上年所有者权益+本年所有者权益）
		2. 主营业务利润率	主营业务利润/主营业务收入
		3. 总资产报酬率	2×本年净利润/（上年总资产+本年总资产）
		4. 成本费用利润率	利润总额/（主营业务成本+营业费用+管理费用+财务费用）
		5. 流动资产周转率	2×主营业务收入/（上年流动资产+本年流动资产）
		6. 总资产周转率	2×主营业务收入/（上年总资产+本年总资产）
		7. 应收账款周转率	2×主营业务收入/（上年应收账款净额+本年应收账款净额）
	现金流量充足性	1. 现金流动负债比率	经营活动现金净流量/年末流动负债
		2. 现金总负债比率	经营活动现金净流量/年末总负债
		3. 经营性现金流利息保障倍数	经营活动现金净流量/利息支出
		4. 盈利现金比例	经营活动现金净流量/净利润
	发展能力	1. 资本保值增值率	年末所有者权益/年初所有者权益
		2. 总资产增长率	本年总资产增加额/年初资产总额
		3. 三年资本平均增长率	Σ（近三年所有者权益增长率）/3
		4. 三年平均净利润增长率	Σ（近三年净利润增长率）/3

续表

评价内容		基本指标	指标说明
信用记录	不良信用记录	生产贸易链条件下不良记录	因产品质量、安全问题被投诉或被整改 发生产品质量安全事故 未履行保修义务 违反国家有关安全生产规定和安全生产技术规程 严重违反国家强制性标准 因现场管理等问题被整改 拖欠材料款或劳务费 无资质证书或采用挂靠 超级别等违规手段承接加工任务 因重大生产事故被投诉、处罚 涂改、伪造、出借、转让、骗取资质证书
		其他领域不良记录	企业在工商、司法、税务等部门的不良记录
	优良信用记录	行业领域优良记录	近三年获得的各类国家、省、市、区县级别的产品、安全、质量奖项 近三年获国家、省、市、区县表彰集体奖 近三年获国家、省、市级精神文明建设单位 近三年企业获得其他奖项
		其他领域优良记录	企业在工商、司法、税务等部门的优良记录及等级，如国家、省、市级的重合同守信用企业称号、诚信纳税户等

5.2 资信评价模型应用——大企业样本

企业资信评估指在分析企业风险（包括经营风险和财务风险）的基础上，对受评企业的未来现金流产生能力作出判断。在生产贸易链条件下，无论是企业间的商品推销，还是银行提供的银行信用，或民间提供的民间信用，均存在风险，即存在信用投资不能收回或不能获得预期收益的可能性。为了降低或避免风险，信用投资者向企业及其他客户提供信用资金时需要作出决策。在本节中,我们期待能用资信评价模型解决生产贸易链条件下企业的信用评价问题。

5.2.1 指标选择

一、影响生产贸易链企业资信状况的因素分析

企业的资信状况受多种因素的影响,既有传统资信评估的共性,在生产贸易链条件下又有相应的特殊性。我认为评估生产贸易链企业资信状况应考虑的因素包括:

1. 资金实力

一个企业的资金实力强,那么,它按期偿还债务本金和支付债务利息的可能性就大,资信状况就好。反映企业资金实力的财务指标较多,这里主要选择两项:(1)流动资产比率,即流动资产与全部资产的比率。不同行业的企业,这项指标的高低是不一样的。同一行业的不同企业或同一企业的不同时期,流动资产比率高,表明企业的资金实力强、资信状况好。(2)所有者权益比率,即所有者权益与资产总额的比率。它表明权益资金在全部资金中所占的比重,在通常情况下,所有者权益的比率高,企业的资金实力强、资信状况好。需要注意的是,生产贸易链条件下,对于资金实力的考核,还要关注其上下游企业的情况综合考虑,建议被考核企业的指标赋予70%的权重,上游企业占比10%,下游企业占比20%。

2. 营运能力

一个企业的营运能力强,表明其运用资金的效率高、资金周转快,按期偿债的可能性大,资信状况好。这里主要选择以下两项营运能力指标:

(1)应收账款周转次数,它是主营业务收入与应收账款平均占用额的比率。这项比率高,表明企业营运应收账款这项资金的工作效率高,即企业占用一定数额应收账款的条件下取得主营业务收入及其实现的利润多,或企业取得主营业务收入及实现利润一定的条件下,应收账款占用的资金少,从而增强企业的偿债能力和改善企业的资信状况。

(2)存货周转次数,它是主营业务销售成本与平均存货的比率。这项比率高,表明企业营运存货这项资金的工作效率高。要提高存货周转次数,企业可采取以下两方面的措施:一是通过增加主营业务收入,从而实现增加主营业务销售成本;二是减少存贷资金占用。以上两方面的措

施均有利于企业增加偿还债务资金的来源,从而使其资信状况得到改善。同样,生产贸易链条件下,对于营运能力的考核,还要关注其上下游企业的情况综合考虑,特别是其中的应收账款周转次数指标。建议被考核企业的指标赋予60%的权重,上游企业占比10%,下游企业占比30%。

3. 盈利与获现能力

一个企业的盈利与获现能力强,在一定时期实现的利润和获取的现金就多,按期偿债的可能性就大,资信状况就好。反映企业盈利与获现能力的财务指标较多,这里主要选择以下四项:

(1)营业净利润率,即企业净利润与主营业务收入的比率;

(2)资产净利润率,即企业净利润与平均资产总额的比率;

(3)资产获现比率,即企业经营活动和投资活动的现金流入量之和与平均资产总额的比率,经营、投资现金流出流入的比率,即企业经营活动和投资活动的现金流入量之和与其现金流出量之和的比率。

前两项指标反映了企业的盈利能力,后两项指标反映了企业的获现能力。一个企业的盈利能力强,偿还到期债务的可能性就大,但这种可能性不一定变成现实;一个企业的获现能力强,它不仅偿还到期债务的可能性大,而且这种偿债可能性变成现实的可能性也大。不难看出,一个盈利能力与获现能力都很强的企业,其资信状况应该是良好的。

4. 履约情况

一个企业近年来的履约率高,均能按时偿还到期债务,那么,它在未来的一定时期内也将会严守信用,保持良好的资信状况。这里选择以下两项财务指标衡量企业的履约情况:

(1)到期贷款偿付率,它是年度内已偿付到期贷款与年度内到期贷款总额的比率。这项比率高,表明企业的履约率高、资信状况好。

(2)到期应付账款支付率,它是年度内已支付到期应付账款与年度内到期应付账款总额的比率。这项比率高,表明企业的履约率高、资信状况好。生产贸易链条件下,对于企业间履约情况的考核,不仅要关注其上下游企业的情况,还要看这个企业与贸易链条外的企业的情况综合考虑,建议被考核企业的指标赋予贸易链内部80%的权重,外部企业的履行情况占比20%。

5. 发展前景

一个蓬勃向前发展，预期经营状况和财务状况前景好的企业，它的偿债能力强，资信状况相对好。这里选择以下内容作为衡量企业发展前景的定性指标：

(1)主要产品的产销前景。具有高科技新产品的企业，市场占有率会不断上升，产品的产销数量会不断增加，那么，该企业主要产品的产销前景看好。

(2)新技术、新产品的开发前景。具有高新技术研究队伍、新产品开发能力、新材料应用能力和高新技术装备的企业，应该说其新技术、新产品的开发前景是好的。

(3)企业形象及影响力。产品质量过硬、售后服务周到、厂区及周边环境优美、领导及职工的团队精神强且综合素质高的企业，其市场地位高、形象好、影响力大，一般来说，它的经营状况和财务状况是好的。

二、指标确定

建立评估模型时，考虑到反映经营风险状况的指标基本上属于质化指标，主观成分居多，一般对经营风险评估采用灰色评估方法①进行客观量度。模型原理是，根据曲线相似程度来分析因素的关联程度，即依据问题的实际背景，找出理想最优对象对应的效果评价向量，用待评对象的效果评价向量与理想最优对象的效果评价向量之间灰色关联度的大小，来确定待评对象的优劣排序，关联度大表示其评价结果好。而反映财务风险状况的指标基本上属于量化指标，一般采用模糊数学的方法进行评估，从而提出一种新的定性和定量相结合的资信评价模型，能较全面地反映出企业的资信状况。根据集约性、可用性、系统性、科学性等原则建立的企业资信评估指标体系如表5-3所示。

---

① 关联度作为一种技术方法，是分析系统中各因素关联程度或者说关联程度量化的方法。作为一种数学理论，该方法实质就是将无限收敛用近似收敛代替，将无限空间的问题用有限数列的问题逼近，将连续的概念用离散的数列取代的一种灰色系统的理论。企业信用子系统的结构、参数和特征具有典型的灰色特性，影响系统的各因素相互联系相互作用但又不完全清晰，而灰色关联评价方法对非线性、离散、动态的和历史数据较少的信息进行量化和评价具有独特的优越性。

表 5-3　企业资信评估系统

目标层	准则层	子准则层	指标层
企业资信评估系统	经营风险 U	行业风险 U1	行业稳定性 U11
			行业竞争状况 U12
			行业受到技术革新的影响 U13
			是否处于领导地位的行业 U14
			是否需要专业化固定设施投入的行业 U15
		竞争风险 U2	产品组合 U21
			成本效率 U22
			营销能力 U23
			战略管理 U24
		管理层 U3	反映管理层成功或失败的记录 U31
			组织因素 U32
			政策制定 U33
	财务风险 V	获利能力 V1	税前资本报酬率 V11
			营业收入占销售收入的比重 V12
			税前资产收益率 V13
			EBIT 利息保障倍数 V14
			EBITDA 利息保障倍数 V15
		资产结构 V2	资产负债率 V21
			包括表外负债的资产负债率 V22
			流动比率 V23
			速动比率 V24
			应收账款周转率 V25
		现金流量 V3	营运资金/总债务 V31
			EBITDA/利息 V32
			营运资金/资本支出需求 V33
			自有营运现金流—利息/利息 V34
			自有营运现金流—利息/利息—每年本金偿还额 V35
			资本支出/资本维持费用 V36
			总债务/资本维持费用 V37

5.2.2 对经营风险状况的评价

本部分应用灰色系统评估理论进行评估。设被评企业的序号为 $s(s=1,2,\cdots,q)$，$U^{(s)}$ 代表第 s 个被评企业的经营风险综合评价值。U 代表子准则层 U_i 所组成的集合，记为 $U=(U_1,U_2,\cdots U_m)$，$U_i(i=1,2,\cdots,m)$ 代表指标层 U_{ij} 所组成的集合，记为 $U_i=(U_{i1},U_{i2},\cdots,U)$ $(j=1,2,\cdots,n,$ i)，则多层次灰色评价法的具体步骤如下：

一是制定评价指标 U_{ij} 的评分等级标准

二是确定评价指标 U_i 和 U_{ij} 的权重

A_i 和 A_{ij} 评价指标的权重分别运用层次分析法得到单个专家确定的相对属性权重，再用组合权重法、Delphi 法综合处理多个专家的意见，得到相对于经营风险的各指标权重如下：

$A=(A_1,A_2,A_3)=(0.2,0.3,0.5)$

$A_1=(A_{11},A_{12},A_{13},A_{14},A_{15})=(0.1694,0.3422,0.0763,0.2660,0.1448)$ $A_2=(A_{21},A_{22},A_{23},A_{24})=(0.1347,0.2178,0.5371,0.1104)$

$A_3=(A_{31},A_{32},A_{33})=(0.2103,0.4327,0.3570)$ 三是求评价样本矩阵

设有 p 个评价者对第 s 个被评企业按评价指标 U_{ij} 评分等级标准打分，并给出评分 $D_{ijk}^{[s]}$（k=1,2,⋯,p)，求得第 s 个被评企业的评价样本矩阵 $D^{\lfloor s \rfloor}$

四是确定评价灰类

确定评价灰类的白化权函数 $f_e(D_{ijk}^{(s)})$，e=1,2,3,4,5，共 5 个灰类 f_1 至 f_5，见图 5-1 至图 5-5。

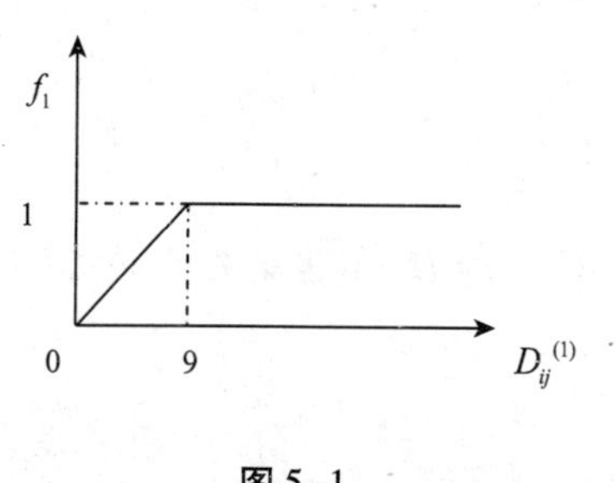

图 5-1

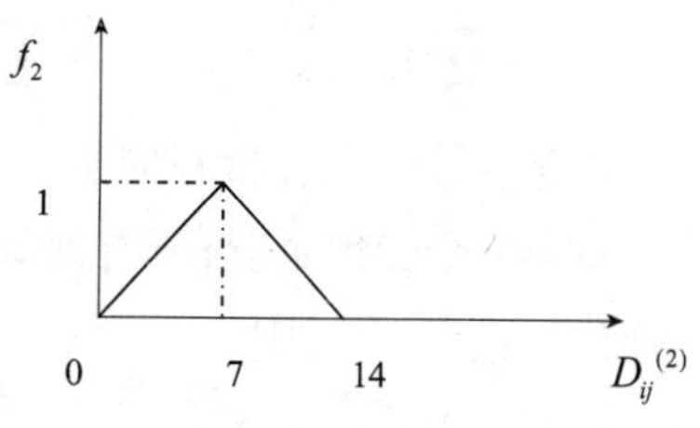

f_2
1
0
7
14
$D_{ij}^{(2)}$

图 5-2

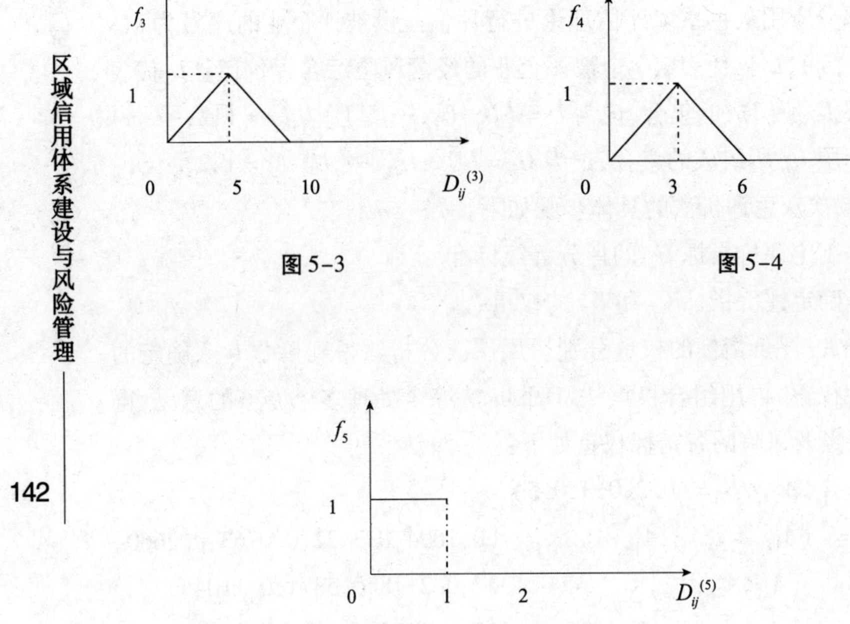

图 5-3　　图 5-4

图 5-5

五是计算灰色评价系数

对第 s 个受评企业，所有评价者就评价指标 U_{ij} 属于第 e 个评价灰类的灰色评价系数记为 $x_{ije}^{(s)}$，属于各个评价灰类的总灰色评价数记为 $x_{ij}^{(s)}$，则有：

$$x_{ije}^{(s)} = \sum_{k=1}^{p} f_e(D_{ijk}^{(s)})\ ,\ x_{ij}^{(s)} = \sum_{e=1}^{\infty} x_{ije}^{(s)}$$

六是计算灰色评价权向量

对第 s 个受评企业，所有评价者就评价指标 U_{ij} 主张第 e 个灰类的灰色评价权记为 $r_{ij}^{(s)}$，则有：

$$r_{ije}^{(s)} = \frac{x_{ije}^{(s)}}{x_{ij}^{(s)}}\ ,\ r_{ij}^{(s)} = (r_{ij1}^{(s)}, r_{ij2}^{(s)}, \cdots, r_{ij\infty}^{(s)})$$

将第 s 个受评企业的 U_i 所属指标 U_{ij} 对于各评价灰类的灰色评价权

向量综合后,得到其灰公评价权矩阵 $R_i^{(s)}$:

$$R_i^{(s)} = \begin{bmatrix} r_{i1}^{(s)} \\ r_{i2}^{(s)} \\ M \\ r_{in_i}^{(s)} \end{bmatrix} = \begin{bmatrix} r_{i11}^{(s)} r_{i12}^{(s)} \wedge r_{i1\infty}^{(s)} \\ r_{i21}^{(s)} r_{i22}^{(s)} \wedge r_{i2\infty}^{(s)} \\ \cdots\cdots \cdot M \cdot \cdots \\ r_{in_i1}^{(s)} r_{in_i2}^{(s)} \wedge r_{in_i\infty}^{(s)} \end{bmatrix}$$

七是对 U_i 作综合评价

对第 s 个受评企业的 U_i 作综合评价,其评价结果记为 $B_i^{(s)}$,则有:

$B_i^{(s)} = A_i \times R_i^{(s)} = (b_{i1}^{(s)}, b_{i2}^{(s)}, \cdots, b_{i\infty}^{(s)})$

八是对 U 作综合评价

由 U_i 的综合评价结果 $B_i^{(s)}$ 得到第 s 个受评企业的 U 所属指标 U_i 对于各评价灰类的灰色评价权矩阵 $R^{(s)}$,于是,对第 s 个受评企业的 U 作综合评价,其综合评价结果记为 $B^{(s)}$,则有:

$$B^{(s)} = A \times R_{(s)} = A \times \begin{bmatrix} A_1 \times R_1^{(s)} \\ A_2 \times R_2^{(s)} \\ \cdots M \cdots \\ A_m \times R_m^{(s)} \end{bmatrix} = (b_1^{(s)}, b_2^{(s)}, \cdots, b_\infty^{(s)})$$

最后计算经营风险综合评价值

将各灰类等级按“灰水平”赋值,我们取各灰类评价等级值化向量 C =(9,7,5,3,1),于是第 s 个受评企业的综合评价值为:

$U^{(s)} = B^{(s)} \times C^T$

根据 $U^{(s)}$ 大小确定第 s 个受评企业的经营风险评价值。

5.2.3 财务风险状况指标评价

财务指标基本上属于定量指标,应用模糊数学的理论与方法进行评估。首先对指标值进行统一处理。每一个指标的实际值变为隶属于区间[0,1]上的极大化指标。(下面各式,如未加说明,则 $1 \leqslant i \leqslant m, 1 \leqslant j \leqslant n$。)

一、极大型指标

这类指标特点是越大越好,令该指标的相对最大值为 $\varphi_{dj} = \max\limits_{1<k<m} \varphi_{kj}$,则其规范化方法为:

$$\tilde{\varphi}_{ij}=\frac{\varphi_{ij}}{\varphi_{dj}}=\frac{\varphi_{ij}}{\max\limits_{1\leq k\leq m}\varphi_{kj}}$$

二、极小型指标

这类指标特点是越小越好，令该指标的相对最小值为 $\varphi_{xj}=\max\limits_{1<k<m}\varphi_{kj}\ \varphi_{xj}=\max\limits_{1<k<m}\varphi_{kj}$，则其规范方法为：

$$\tilde{\varphi}_{ij}=\frac{\varphi_{xj}}{\varphi_{dj}}=\frac{\max\limits_{1\leq k\leq m}\varphi_{kj}}{\varphi_{ij}}$$

三、定值型指标，这类指标的特点是越接近某个值越好，则其规范方法为：

$$\tilde{\varphi}_{ij}=\begin{cases}1,\varphi_{ij}\geq\varphi_{zj}\\ 1-\dfrac{|\varphi_{ij}-\varphi_{zj}|}{\max\limits_{1\leq k\leq m}\|\varphi_{ij}-\varphi_{zj}\|},\varphi_{ij}<\varphi_{zj}\end{cases}$$

四、区间型指标

这类指标的特点是以某个区间内的值为佳，令该指标的最优取值区间为 $[\varphi_{jmin},\varphi_{jmax}]$，则其规范化方法为：

$$\tilde{\varphi}_{ij}=\begin{cases}1-\dfrac{\varphi_{jmin}-\varphi_{ij}}{\max(\varphi_{jmin}-\max\limits_{1\leq k\leq m}\varphi_{kj},\min\limits_{1\leq k\leq m}\varphi_{kj}-\varphi_{jmax})},\varphi_{ij}<\varphi_{jmin}\\ 1,\varphi_{jmin}\leq\varphi_{ij}\leq\varphi_{jmax}\\ 1-\dfrac{\varphi_{ij}-\varphi_{jmax}}{\max(\varphi_{jmin}-\max\limits_{1\leq k\leq m}\varphi_{kj},\min\limits_{1\leq k\leq m}\varphi_{kj}-\varphi_{jmax})},\varphi_{jmax}\leq\varphi_{ij}\end{cases}$$

然后，将统一处理后的指标值与指标的权重进行比。

设某个企业经营风险状况综合评价结果为 U(s)，财务风险状况综合评价结果为 V(s)，由于经营风险起主导作用，结合众多专家的意见把二者的权重分别设定为 $\alpha=0.6$ 和 $\beta=0.4$，则最终的企业资信评估值为：$Z_s=\alpha U^{(s)}+\beta V^{(s)}$。

最后根据 Zs 的值确定企业的资信等级。在具体实施过程中，生产贸易链条件下企业资信评估的具体步骤如下：

(1)确定影响企业(包括上下游企业)资信级次各项因素的“实际值”。这里，“实际值”应根据企业近 3 至 5 年的财务会计报表及有关会计资料计算确定，一般情况下采用简单算术平均法计算，必要时也可采用加权平均法计算。关于企业发展前景这项因素的“实际值”,应由有关专家、业务人员和领导参照表中“最高分数”采用定性分析的方法评定。

(2)确定影响企业(包括上下游企业)资信级次各项因素的“标准值”。从理论上说,标准值是“AAA”级资信企业各项影响因素及财务指标的最佳值,但在评估工作中应根据被评估企业所属行业或社会上同类企业35年相应数据的最佳值分析确定。“发展前景”是一项定性因素,在这里不需要确定“标准值”。

(3)确定或分配影响企业(包括上下游企业)资信级次各项因素及财务指标的最高分数。各项影响因素的最高分数均确定为100分,而各项影响因素下的具体财务指标的分值应根据重要程度分配确定,也可采用平均分配的方法确定,分配情况见企业资信评估表。

(4)确定影响企业(包括上下游企业)资信级次各项因素的权数。按照企业资信评估方法设计的要求,“AAA”级资信企业实际得分的最高值为100分,因此,影响企业资信级次各项因素的权数之和应为“1”,而各项影响因素的权数均在“0”与“1”之间。各项影响因素的权数应根据其重要程度分配确定,具体分配情况见企业资信评估表。

(5)计算影响企业资信级次各项因素的实际分数并确定企业资信级次。

5.3 综合评分法原理——中小企业样本

在前一节中,我们针对生产贸易链中的大企业信用评价做了分析,但是,中小企业是一个国家国民经济发展中不可缺少的重要组成部分。改革开放以来,我国中小企业大量涌现并迅猛发展,成为推动我国经济增长和维护社会稳定的重要支柱力量,在经济和社会发展中具有大企业无法替代的战略地位。然而中小企业在迅速发展的同时也遇到了很多问题,其中资金不足,贷款困难已成为制约中小企业发展的重要因素。生产贸易链上的很多中小企业更是遇到这一难题。由于中小企业发展的成长性特征及财务指标和财务资料的局限性,选择的评级方法至关重要。综合评分法这一种方法是用于评价指标无法用统一的量纲进行定量分析的场合,而用无量纲的分数进行综合评价。其基本过程是先分别按不同指标的评价标准对各评价指标进行评分,然后采用加权相加,求得总分。因此,在中小企业信用评价中,综合评分法是定量与定性相结合的信用评价方法,其优势是避免国外商业化信用评价过分依赖财务报表信息的做法,能比较全面地反映信用综合影响因素。

5.3.1 评价指标选择

国内众多经济学者认为,考虑到中小企业的技术落后、人员素质差、信用状况恶化和破产率高,但是在生产贸易链条件下,这一条件会有较大改善。生产贸易链条件下,企业的领导者素质、经济实力、资金结构、经营效益、信誉状况和发展前景六个方面都会发生变化,比如领导者素质还要考察他与生产贸易链其他企业领导人及领导班子的融合力,经济实力方面还要考察其对生产贸易链的依存度、资金结构特别是融资结构、经营效益、信誉状况和所在行业发展前景等。依据企业成长理论以及中小企业特点,同时考虑信用评价体系建立之后中小企业的一些履约指标(还本付息记录等)有据可依,评价指标可设置如下。(1)企业信用信息记录及管理效率:领导者个人信用记录、企业不良信息记录、企业管理效率;(2)偿债能力:资产负债率、流动比率、速动比率、短期债务现金流量比率;(3)盈利能力:资产收益率、销售毛利率;(4)营运能力:应收账款周转率、存货周转率;(5)创新能力:近3年设备更新率、技术研发成果数;(6)成长与发展能力:销售收入增长率、净利润增长率、净资产增长率;(7)行业发展前景:产业政策、行业前景。

5.3.2 评价过程

AHP确定权重的方法采取以下4个步骤。一是建立两两比较矩阵,为了使各因素便于两两比较,用1,2,3,…,9等数字为评判标准。

表5-4中的两个因素 i 与 j 分别表示两个进行比较的因素。由标度 a_{ij} 为元素构成的矩阵称为两两比较矩阵。

表 5-4 标度定义

标度 a_{ij}	定义
1	i 因素与 j 因素相同重要
3	i 因素比 j 因素略微重要
5	i 因素比 j 因素较为重要
7	i 因素比 j 因素非常重要
9	i 因素比 j 因素绝对重要
2,4,6,8	为以上前后两级之间对应的标度值
倒数	若 j 因素与 i 因素比较,得到的判断值为 a_{ji} ,$a_{ji}=1/a_{ij}$

$$A=\begin{bmatrix} a_{11} & a_{12} & \cdots & a_{1n} \\ a_{21} & a_{22} & \cdots & a_{2n} \\ \cdots & \cdots & \cdots & \cdots \\ a_{n1} & a_{n2} & \cdots & a_{nn} \end{bmatrix}$$

根据上式求出与之相应的特征向量。

(1)计算两两比较矩阵每列所有元素的总和 a_j , $a_j = a_{1j} + a_{2j} + \cdots + a_{nj}$ 。把两两比较矩阵的每一列元素除以其相应列的总和,所得商组成一个新的矩阵,称为标准两两比较矩阵。

$$B=\begin{bmatrix} b_{11} & b_{12} & \cdots & b_{1n} \\ b_{21} & b_{22} & \cdots & b_{2n} \\ \cdots & \cdots & \cdots & \cdots \\ b_{n1} & b_{n2} & \cdots & b_{nn} \end{bmatrix}$$

其中, $b_j = a_{ij}/a_j \qquad (i,j = 1,2,L,n)$ 。

计算标准两两矩阵的每一行平均值,它们是各因素在同一标准下的权重。$b_i = b_{i1} + b_{i2} + \cdots + b_{in}$ 。再对两两比较矩阵进行一致性检验。设 A

为 n 阶矩阵, a_{ij} 为 A 中元素,若 A 有以下特点: $a_{ii}=1$, $a_{ij}=\frac{1}{a_{ji}}$, $a_{ij}=\frac{a_{ik}}{a_{jk}}$ (i,j=1,2,⋯,n),则 A 为一致性矩阵。两两比较矩阵是通过两个因素两两比较得到的,在很多这样的比较中,很可能得到一些不一致的结果。例如,当因素 i,j,k 的重要性很接近时,在两两比较时可能得出 i 比 j 重要,j 比 k 重要,而 k 又比 i 重要的矛盾结论,这在因素数目多时更容易发生。因此,要对得到的两两比较矩阵进行一致性检验,具体步骤如下。(1)由被检验的两两比较矩阵乘以其特征向量,所得到的向量称为赋权向量。

$$C=\begin{bmatrix} a_{11} & a_{12} & \cdots & a_{1n} \\ a_{21} & a_{22} & \cdots & a_{2n} \\ \cdots & \cdots & \cdots & \cdots \\ a_{n1} & a_{n2} & \cdots & a_{nn} \end{bmatrix} \cdot \begin{bmatrix} b_1 \\ b_2 \\ \cdots \\ b_n \end{bmatrix} = \begin{bmatrix} c_1 \\ c_2 \\ \cdots \\ c_n \end{bmatrix}$$

(2)令 $d_i=\frac{c_i}{b_i}$,计算出平均值

$$\lambda_{\max}=\frac{d_1+d_2+\cdots+d_n}{n}$$

(3)计算一致性指标 CI

$$CI=\frac{\lambda_{\max}-n}{n-1}$$

CI 为一致性指标,n 为两两比较矩阵的阶数, $\lambda_{\max}$ 为两两比较矩阵的最大特征值。当 $\lambda_{\max}=0$,CI=0 时,为完全一致性,CI 值越大,矩阵的完全一致性越差。一般只要 CI≤0.1,认为矩阵的一致性可以接受,否则,需要重新进行两两比较。矩阵的维数越大,一致性将越差,故放宽了对高维两两比较矩阵一致性的要求。引入修正自由度指标 RI,计算出一致性率 CR(见表 5-5)。

CR=CI/RI,当 CR≤0.1 时,认为两两比较矩阵的一致性可以接受,否则需要重新进行两两比较。指标权重的计算必须经过各方专家和国家信用管理部门的论证,达到一致共识后方可普遍运用。

表 5-5 修正自由度指标

维数	1	2	3	4	5	6	7	8	9
RI	0.00	0.00	0.58	0.96	1.12	1.24	1.32	1.41	1.45

信用评级定量指标分数的计算采取“比率分析,功效记分”的方法,比率分析是指每个指标都采用比率性指标进行比较分析,功效记分是在选定的指标体系的基础上,对每个指标都确定一个满意值和不允许值,计算各指标实际值实现满意值的程度,并转化为相应的功效分数。指标的功效分数=(指标的实际值-指标的不允许值)/(指标的满意值-指标的不允许值)。满意值为根据我国企业实际情况确定的较为理想的指标水平。将指标的功效分数乘以该指标的权重,得到该指标的评价得分。比满意值好得满分,比不允许值低得零分。不同行业可根据行业状况适当调整行业不允许值。企业不良信用记录包括企业各类负面信息记录。

5.3.3 评价标准

企业信用等级以 100 分为满分,划分为 9 个等级,如表 5-6 所示。

表 5-6 企业信用等级

评级总分	信用等级	信用度
90—100	AAA	特优
85—90	AA	优
80—85	A	良
70—80	BBB	较好
60—70	BB	尚可
55—60	B	一般
50—55	CCC	较差
45—50	CC	差
45 以下	C	很差

本章小结

信用评级方法是指对企业资信状况如何进行分析判断并确定等级的技巧,从系统分析的观点来说,信用评级的方法就是对资信状况进行分析、综合和评价的全过程。区域性企业信用评级体系是否能发挥作用,关键取决于所选用的分析方法和模型的科学性和实用性。信用评级方法和模型的选择应与评级机构所采用的指标体系相对应。本部分主要以真实可靠的财务信息和会计报表数据为基础获得的定量信息,在此基础上分析得到的客观评价模型,再辅之以主观定性信息即可得到一个较为完整的评价模型。

第6章 生产贸易链条件下企业征信数据库的建设

信用信息资源的分割、封锁和透明度低严重制约了信用业的发展推动征信行业的资源整合，是加快发展我国企业征信体系的重要内容和途径。征信资源整合主要包括征信数据库的整合、征信机构的整合以及信用评价标准的整合。数据库资源是征信机构的生存命脉，构建数据仓库的目的是为数据分析者和决策者提供更好的决策支持手段，在了解数据仓库的使用范围以后才能对数据仓库进行构建，从我国征信行业的发展状况来看，数据库资源的整合是目前我国企业征信行业发展面临的关键问题。本章先分析数据仓库的基础理论，了解数据仓库的产生和作用，即其数据的获取和处理。接着介绍国外发达国家企业征信数据库的建设模式和经验，为下文我国征信数据库的建设提供经验借鉴。然后再分析我国企业征信数据库的建设现状。最后提出整合我国企业征信数据库的思路，包括数据库建设的主体、信息共享机制、法律保障、信用文化建设等。

企业征信数据库,是信用信息搜集和信用记录的一种重要形式,通常指按照一定的数据模型,在计算机系统中组织、存储和使用的互相联系的企业信用信息的数据集合。其收集和保存的企业信用信息是出于具体、明确、合法的目的,按照准确、连续、动态、及时更新的要求以可处理的形式存储。按照用途和信息内容的不同,信用信息数据库可分为企事业单位数据库和个人信息数据库。其中企事业单位数据库可包括基本信息数据库、征信数据库、企业信用(付款)记录数据库、坏账数据库(黑名单)、往来票据拒付数据库等。信用数据库的功能在于其激励机制和失信惩罚机制,建立功能完善的企业征信数据库,是社会信用体系建设必备的基础设施,也是开展企业信用管理,促进信用行业发展的先决条件。

6.1 数据仓库的基础理论

数据仓库的概念始于20世纪80年代中期,由"数据仓库之父"的WilliamH. Inmon提出的。他认为数据仓库(DataWarehouse)是一个面向主题的(Subject Oriented)、集成的(Integrated)、相对稳定的(Non-Volatile)、反映历史变化(TimeVariant)的数据集合数据仓库中的数据面向主题与传统数据库面向应用相对应。主题是一个在较高层次上将数据归类的标准,每一个主题对应一个宏观的分析领域;数据仓库的集成特性是指在数据进入数据仓库之前,必须经过数据加工和集成,这是建立数据仓库的关键步骤,除了要统一原始数据中的矛盾之外,还要将原始数据做一个从面向应用到面向主题的转变:数据仓库的稳定性是指数据仓库反映的是历史的内容,而不是日常事务处理产生的数据,数据经加工和集成进入数据仓库后是极少或根本不修改的;数据仓库是不同时间的数据集合,它要求数据仓库中的数据保存时限能满足决策分析的需要,而且数据仓库中的数据都要表明该数据的历史时期。

数据仓库是基于传统的数据库业务应用系统之上的。传统的数据库业务应用系统在企业中承担的是日常基础业务的处理任务,是数据仓库的数据来源,而数据仓库在企业中承担的是分析和决策的任务,是对传统的数据库业务应用系统数据的应用。数据库系统作为数据管理手段,主要用于事务管理,而市场竞争要求捕获和分析业务数据,对决策提供支持,传统的数据库业务应用系统无法达到这一要求,企业中现有的数据库系统主要面向日常的操作和管理,其数据一般由 DBMS 管理,可以反映一个企业当前的运营状况。而市场竞争的加剧要求企业能够及时、正确地作出决策,但直接在传统数据库上建立 DSS(决策支持系统)是不合适的。数据仓库则是把分析型数据从事务处理环境中提取出来,按照 DSS 处理的需要进行重新组织,建立的专为决策服务的数据库系统,主要功能就是可以提高分析和决策的效率和有效性。

6.1.1 数据仓库的产生与发展

一、数据仓库的产生背景

随着计算机技术的飞速发展,传统的数据库正受到新型数据仓库的挑战。在企业外部及内部环境的复杂化的同时,企业的数据量急剧增大,用户的需求也越来越多样化,不仅要能查询或操作数据,还要进行数据分析和信息综合,可以说以多维数据为核心的数据分析已经成为决策的主要内容。基于传统数据库的决策支持系统 DSS 无法较好地满足需要,出现了诸多问题。

1. 存储海量数据

在数字化、信息化的时代,企业在生产过程中产生着越来越多的数据,因而要求现代数据库的容量能以指数的方式增长,数据仓库的海量存储技术可以用经济的方式存储大量的数据。传统决策支持系统中的数据库仅仅局限于简单的查询、统计和打印报表,而在数据仓库基础上进行的数据挖掘能够为企业提供更加智能化的决策支持。

2. 数据结构不一致性

各种业务数据分散在异构的分布式环境中,关系数据库实际相互并不兼容,许多数据库没有统一标准的查询语言。

3. 数据利用效率低下

在传统业务数据库中的业务数据本身大多以原始的形式存储,未经过加工过滤,难以转化为有用的信息,效率低下。

4. 短期数据难以满足 DSS 的需要

另外,DSS 常常需要经过一段历史时期的数据来分析趋势,而数据库中一般只存储短期数据,且各个应用领域的保存期限也不一样,在分析时难以满足 DSS 的需要。

由于以上原因,人们开始尝试对数据库中的原始数据进行重新组织,再加工、利用,形成一个综合的面向分析的环境,最终提供给高层进行决策,因此数据仓库思想逐渐形成。

二、国内外数据仓库的应用与发展

目前国内企业大多是在企业内部实现了局部信息化,如何把分散在企业组织中互不相关的异质数据库连接起来,既能充分发挥决策支持的作用,又能合理降低成本是企业当前 IT 技术发展的一大方向。数据仓库技术是企业从粗放型经营向集约型经营转变的必然结果。从传统的粗放型经营转向集约型经营,要求能够对管理的各种内容进行细化,并将经营决策建立在理性分析的基础上。为了细化管理内容,就需要收集企业内部运营的各种数据,包括市场数据、生产数据、管理数据等反映企业运转真实情况的数据,通过对这些数据的分析,可以发现企业经营过程中的各种问题,并进行处理。OLAP 和数据挖掘技术的不断成熟,为数据仓库应用市场的开拓打下了良好的基础。

在欧美发达国家,以数据仓库为基础的在线分析处理和数据挖掘首先在金融、电信等数据密集型行业取得成功。近年来随着电子商务和 Internet 的发展,各大数据仓库产品提供商纷纷把目光投向电子商务市场,并且通过数据仓库技术来构造商务智能(Business Intelligence)平台。

在国内,经过多年的数据应用,金融、保险、电信等传统数据密集型企业积累了大量的数据,为数据仓库打下了基础。随着入世承诺的履行,诸多行业要逐步对外开放,国内企业将面临越来越严峻的竞争,迫使企业决策者改变原有的经营习惯,通过科学的决策手段来降低经营风险,提高生产、管理效率,创造更高的利润。同时,电子商务的迅猛发展,要求商家为用户提供更优质的服务,这必将促进数据仓库应用的发展。

目前,一些大型企业相继实施了数据仓库计划,涌现出了一些成功的应用范例。从数据仓库的概念提出至今,数据仓库技术已经相对成熟,众多公司都退出了自己的数据仓库解决方案。例如 IBM,Oracle,Sybase,

CA,NCR,微软,SAS等知名公司,此外,BO和Bri等专业软件公司也在前端在线分析处理工具市场上占有一席之地。

6.1.2 构建数据仓库的需求分析

需求分析的成败直接影响到数据仓库的成败实施。构建数据仓库的目的是为数据分析者和决策者提供更好的决策支持手段,在了解数据仓库的使用范围以后才能对数据仓库进行构建。

首先对系统业务流程以及这一过程中产生的数据和原有信息系统的数据库进行分析,对各层数据库用户及其他数据分析者进行调查,发现和确定企业对数据分析的要求,确定数据分析的各主题范围。

在确定了企业各层用户对数据的需求范围以后,由系统分析人员和用户共同对各种查询所需的信息进行分析,如果系统原有的业务关系数据库中已经存在的数据记录不能满足查询分析要求,那么就需要对该请求进行分解细化,使得所有查询分析请求所需要的信息都能落实到系统业务关系数据库中存在的数据上。

在对信息需求进行分解细化以后,根据面向主题的数据组织方式把各个数据库中的数据项组织成主题域,采取面向对象的数据组织方式对各个业务数据库中的相关数据进行抽取。抽取的数据在进入数据仓库之前要按照系统预先规定的统一规则进行数据的转换,主要是根据查询分析请求所需要的数据概括程度进行聚集和概括,得到各种详细程度的数据,然后以多维数据或关系数据的组织方式存储在数据仓库中。

6.1.3 数据仓库的数据来源

数据仓库中的数据来源非常复杂,包括来自业务系统的内部或外部不同数据库或从其他数据源录入的数据,按照其来源可划分为以下几种:

一、随机产生的业务数据

这部分数据来源于和数据仓库相连的业务数据库,绝大部分是关于瞬时发生的业务记录,如刚刚发生的这笔交易的单价、数量、交易物、买方、卖方等。

二、原系统遗留数据

它是整个企业系统在建立数据仓库以前产生的,已经脱机保存的企业系统产生的数据。

三、办公系统产生的日常管理数据

它是企业在日常的业务及办公室中随机产生的管理数据，如日常办公费用等。

四、运行产生的综合数据

它是数据仓库以原始的基本数据为材料，在运行应用程序的过程中产生的粒度较大的综合性数据，系统存储这类数据的主要目的是为了避免以后大规模检索和查询。

五、外部数据源数据

它是数据仓库系统从企业外部获得的一些数据，如近期原材料价格、股票指数等。

数据仓库作为存储数据的一种组织方式，从数据源抽取原始数据后先按辅助决策的主题要求，形成当前的基本数据层，再按综合决策的要求，形成综合数据层，综合数据层又可分为轻度和高度综合层。随着时间的推移，时间控制机制将当前的基本数据层转为历史数据层①，从基本数据层到综合数据层有许多详细的信息被过滤掉，留下的是对数据整体趋势的描述，在数据仓库中被称为数据的粒度增大。通常人们把数据仓库中数据组织方式分为两种情况②：

1. 按横向对数据分类进行存储

数据仓库存储的信息是按照面向专题来组织的，根据需要信息分为不同类、不同角度等专题，把数据整理之后存储起来，若有必要还可细分为多个子专题；

2. 按纵向对数据进行分类存储

数据仓库中要有一处专门用来存储5—10年或更久的历史数据，以满足分析预测之用的数据需求。

数据仓库中的数据不论其出自何处，都需要经过统一的设计和转换方能进入数据仓库，数据仓库的设计和转换包括：数据结构、关键字、编码等，经过处理取得一致性，一旦进入数据仓库这些数据便不能再随意改

① 舒勇、胡建华：《数据仓库对决策支持技术的支持》，《昆明理工大学学报》1999年第2期。

② 刘卫东、王诚、周立柱：《大型信息系统的组织》，《计算机研究与发展》1997年第6期。

动,只能由数据转换按一定的规则定时刷新。

6.2 发达(国家)地区企业征信数据库现状与经验借鉴

社会信用信息体系建设涉及经济社会生活的各个方面。商品的生产、交换、分配和消费是社会信用关系发展的基础,社会信用体系的发展要与生产力发展水平和市场化程度相适应。根据我国的国情和现阶段经济社会发展的需要,针对我国市场经济秩序中存在的突出矛盾和问题,有必要借鉴国外信用信息系统建设的经验,进一步完善信贷、纳税、合同履约、产品质量的信用记录,推进信用信息体系建设。

6.2.1 邓白氏——全球数据库

一、公司性质

美国邓白氏公司的"全球数据库"是全世界信息量最大的企业信用数据库,邓白氏公司的信用产品和服务就是来源于这个数据库。邓白氏数据基地在美国东部,在全球37个分支机构建有数据库分基地,有三千多人从事数据的收集和加工工作。数据库有5个子系统组成:邓白氏全球数据库联机服务系统、全球企业家谱和联系系统、全球数据库支持系统、全球市场分析系统和全球市场方案系统。

为了满足客户的需求,邓白氏数据库采取多渠道、多形式收集信息,目前收集信息的主要渠道有:当地的商事登记部门,当地的信息提供机构,当地的黄页、报纸和出版物,官方的公报,商业互联网站,银行和法庭;有的时候,还采取拜访和访谈的形式收集有关的消息。目前,邓白氏全球数据库拥有全球企业信息七千多万条,覆盖214个国家和地区,使用95种语言,181种货币。在全球拥有客户15万家,邓白氏的客户有全球最大的、最成功的企业,其中包括《财富》杂志500强中的80%和《商业周刊》全球1000强中90%的企业;有中等规模的企业;也有刚刚成立的小公司。数据库不仅累积了多年收集的信息,而且每天以150万次的频率更新。

根据世界银行的定义,私营征信机构指的是被个人或商业机构所拥有并且经营的征信系统。而第三方私营征信机构是指独立于国家和企业之外的征信机构。美国的企业征信业分为两种情况,一种是上市公司,法律严格规定了其信息披露无须一般的"信用报告",其资信等级的评定由世界著名的穆迪、标准普尔公司完成;另一种是中小企业,其征信工作由专业的企业征信公司完成,而邓白氏公司即属于此种类型的征信公司。

二、模式特征

1. 信息来源十分广泛

征信信息主要来自官方信息、公众媒体信息,消费者信用调查机构的信用信息除了来自银行和相关的金融机构外,还来自信贷协会和其他各类协会、财务公司或租赁公司、信用卡发行公司和商业零售机构等。

2. 服务对象十分广泛

由于美国企业信用数据的获取和使用要受国家相关法律的约束,只有在法律规定的原则和范围内才能使用相关的企业信用信息。因此,邓白氏是面向社会提供信用信息服务的。服务的对象主要包括:私人银行、私人信用机构、其他企业、个人、税收征管机构、法律实施机构和其他联邦机构以及本地政府机构等。

3. 提供产品种类繁多

在提供的产品方面,邓白氏可以提供企业概况、企业高级管理人员相关情况、企业关联交易情况、企业无形资产状况、企业付款记录、企业资信等级、企业财务状况等,完全可以满足企业全方位的信息需求。

三、解决的问题

邓白氏全球数据库采用高科技手段(邓白氏特有的 DUNSRight™ 流程)实行联机服务,客户可以通过计算机系统在"视窗"或网上定时检索世界各国企业的商业和资信信息;此外,客户还可以通过邓白氏的全球数据库的联机服务在网上订购邓白氏公司的各种征信产品。

四、适用的公司

中小规模的企业适合选用其提供的集成化、批量化的征信产品和服务,这样不仅能消除公司内部征信带来的成本,也可以快速获得对手的商业信用记录。大型集团企业适合于该公司进行一对一的合作,从而获得针对性的问题解决方案。

6.2.2 香港——商业信贷资料库

2004年11月,在香港银行公会、接受存款公司公会及香港金融管理局的推动下,香港设立了中小企业商业信贷资料库,负责收集中小型企业的欠款和信贷资料(初期涵盖年度营业额不超过5000万元的非上市公司的信贷资料),并向银行提供,以便银行审批、检查或续批中小企业信贷业务。

资料库涵盖由银行在香港的办事处向中小企业提供的所有形式的信贷相关资料(包括正面或负面信息)。所有向中小企业提供商业信贷的银行,都要通过资料服务机构尽量全面地共享商业信贷资料。利用资料服务机构的商业信贷资料来评估信贷申请及进行信贷检查是银行信贷管理制度的必要部分。向中小企业提供商业信贷的银行的附属公司,可以自愿形式通过资料服务机构共享商业信贷资料。这可使附属公司受益,也有助于资料服务机构建立更全面的资料库。参与共享的附属公司要像银行一样遵守规定,如果附属公司违反规定,金融管理局可要求与该附属公司有关的银行,下令其附属公司通知资料服务机构自己的违反事项,且不得再通过资料服务机构共享商业信贷资料。商业信贷资料库成立以来运作顺畅,成为香港银行业一项重要的新增基建设施,对银行加强信贷风险管理、信贷记录良好的中小型企业获得贷款起到了很好的促进作用。

6.2.3 韩国——行业框架与信息共享相结合

与欧美日不同,韩国征信业更加注重的是推动信息的共享与行业基本框架的建立。其中,相关法律制度的构建与实施发挥了很大作用。韩国征信业的特点是其两级行业架构、三种共享模式。

两级行业架构,一是根据1995年《信用信息使用及保护法》的规定而成立的非营利性的信息登记机构,包括一家中央信用信息集中登记机构(即韩国银行联合会,KFB)和四家行业信用信息集中登记机构;二是以营利为目的的私营征信局或征信公司,它们从KFB数据库中采集信息,同时通过协议从金融机构、百货公司等债权人处收集其他信用信息,再对外提供信用评级和信用报告等服务。三种共享模式,一是强制金融机构将信用信息报送KFB,再由KFB提供给私营征信公司;二是通过协会或公司集团实现行业内部信息共享；三是征信公司通过商业合同收集其他信息。

韩国征信业在信息共享方面作出了十分积极有益的探索与实践。一方面，作为行业基础构架的韩国银行联合会基于国家利益，并依据国家强制力，可以迅速及时地将全国范围的信用信息集中，另一方面，韩国银行联合会依法向其他机构提供信息，在全社会范围内实现充分的信息共享，从而既确保了征信业的发展壮大也实现了行业内的有效竞争。

6.2.4 国外经验借鉴

从企业资信数据库的开放情况来看，世界上主要有两种模式，一种是通过立法强制企业公布自己的信用数据，如英国、意大利、荷兰等国家。这些国家的法律规定，无论企业是上市公司还是非上市公司，其“资产负债表”必须能够公开索取，并明确规定相关政府部门所拥有的企业财务报表向社会开放。另一种模式是政府不强制企业公布自己的信用数据，但企业自愿将自己的信用数据提供给征信公司，这类国家以美国最为典型。在美国，没有专门针对企业资信调查服务及企业征信数据的立法，当征信公司要求一个非上市公司提供其财务报表时，被调查企业可以向征信公司提供其所要求的数据，也可以拒绝提供数据。但在现实中，在征信数据开放和扩大信用交易额的选择中，企业一定倾向于前者，因为企业希望将自己的数据提供给征信公司，希望客户了解自己，以便扩大信用交易。从国外征信数据库的建设可以看出：

1. 一个国家征信行业能否健康迅速发展，关键在于该国有关资信方面的信息和大多数数据能否比较完备和“透明”，能否通过合法的、公开而有效的渠道被合法的征信公司所取得。这些信息和数据的来源包括政府、企业、金融机构、法院、公用事业单位以及个人等。在一国范围内，征信公司能够快速、真实、完整、连续、合法、公开地获得用于完成企业资信调查报告和个人资信调查报告的数据，是保障该国征信行业健康发展的基础。

2. 企业资信数据库的信息采集渠道上，国外主要有两种模式。一种是通过立法强制企业公布自己的信用数据，如英国、意大利、韩国等国家。这些国家的法律规定，无论企业是上市公司还是非上市公司，其“资产负债表"必须能够公开索取，并明确规定相关政府部门所拥有的企业财务报表向社会开放。另一种模式是政府不强制企业公布自己的信用数据，但企业自愿将自己的信用数据提供给征信公司，这以美国最为典型。

3. 注重数据资源整合，实现信息共享。征信行业经营信用产品，因此，规模效益尤为突出。邓白氏全球数据库的发展得益于美国征信行业悠久的发展历史及其民营发展模式，同时，也得益于美国征信行业的发展水平。韩国作为征信行业的后起之国，则通过法律制度，将资源体系与行业框架结合起来，实现征信信息共享，这一经验可为我国借鉴。

6.3 生产贸易链条件下区域性企业征信数据库构建

我国企业征信行业发展较晚，征信市场无序发展、无序竞争的问题较为明显。信用信息资源的分割、封锁和透明度低严重制约了信用业的发展[①]。推动征信行业的资源整合，是加快发展我国企业征信体系的重要内容和途径。征信资源整合主要包括征信数据库的整合、征信机构的整合以及信用评价标准的整合。数据库资源是征信机构的生存命脉，从我国征信行业的发展状况来看，数据库资源的整合是目前我国企业征信行业发展面临的关键问题。我国企业征信数据库建设的目标，应该是按照"部门协调、联合征信、同意管理、分类使用"的原则，加快推进数据资源整合，建立一个统一、合理、高效的多层次的信息数据库体系。

6.3.1 企业征信数据库建设的现状

信贷数据是企业征信信息的首要内容。我国有关企业信贷数据库的建立开始于银行系统，为防止企业从不同银行进行不合法的借款、健

---

① 在全球三大征信局之一的益百利公司"2006 年亚太地区用户大会"上，该公司首席执行官唐纳德·罗伯特先生指出，目前中国征信体系的建设面临的重要问题之一就是"数据的共享"，他认为，"现在中国不缺少数据，其实中国的数据并不少，只是数据分散在各个不同的部门、政府机构。如果这些数据没有共享，那么就没有办法建立非常有效的征信体系"。

全金融系统和防止银行间坏账,从 1991 年起,贷款证管理开始在一些主要城市进行试点。1995 年中国人民银行颁布了"贷款证管理条例",并在大中城市推广贷款证管理系统,并逐步建立相应的企业信贷档案。1997 年在一些城市开始建立贷款信息的电子数据库后,中国人民银行在贷款证管理的基础上开始着手建立一个统一的电子化的信贷登记咨询系统。1998 年在 15 个地市进行试点;1999 年在每个城市范围内实现了贷款数据联网上报并提供咨询服务,并颁布了《银行信贷登记咨询管理办法》,在业务内容和管理等方面进行了规范;2001 年上半年在城市联网的基础上,信贷数据向省会城市数据库集中,实现了在全国 31 个省、自治区和直辖市辖区内的联网查询,并实现了在各省域内的查询,全部信贷数据集中到人民银行中心数据库;2002 年底实现了全国联网查询,在全国所有 334 个地级城市或地区及 31 个省、自治区和直辖市建立了数据库。

2004 年,中国人民银行开始着手集中制的企业数据库的建设。2006 年 6 月 30 日,企业信用信息基础数据库实现全国范围内所有商业银行和有条件的农村信用社联网运行,经过 1 个月的过渡期,到 2006 年 7 月底,已将过去分散的 300 多个企业数据库设计成为一个全国性集中企业数据库,采集了 1080 多万户企业的信息,银行信贷登记咨询系统全面切换到企业信用信息基础数据库。所有企业只要是有借款行为的,按规定其信息都进入系统。目前,企业信用信息基础数据库按照企业组织机构包括分支机构代码和个人身份证号码进行整合的,初步具备了一个实现了全国企业及其分支机构的信用数据进行共享的体系机构。

但在实际操作中,由于银行登记信贷咨询系统仅对银行系统开放,外界难以了解,所以,现在我国各地在进行试点工作时,地方政府往往以工商行政局掌握的企业数据为基础,构造本地企业征信数据库。

另一方面,我国企业征信行业发展较晚,征信市场无序发展、无序竞争的问题较为明显。信用信息资源的分割、封锁和透明度低严重制约了信用业的发展。近年来,由于信用体系建设工作日渐受到重视,一些政府部门或各类投资人开始花巨资建立各自独立的"信用数据中心",由于缺乏科学专业的指导及总体规划,其结果是造成重复建设、资源浪费、侵犯个人隐私、泄露国家机密、不公平市场竞争等问题。

6.3.2 区域性企业征信数据库建设面临的困难

在现行的经济环境和管理体制下，企业对征信报告产品和咨询服务的需求也在迅速上升。尽管国家信用信息系统框架已初步建立，但仍处于起步阶段，需要做大量工作。

一、很多散落于市场的信息数据库没有纳入国家信息数据库的范畴

根据我国现行的政府管理体制，符合国际惯例的完整的企业资信调查报告的信息和数据主要来自于工商、海关、法院、技术监督、财政、税务、外经贸、银行等政府和业务部门(参见错误！未找到引用源。)，当然还有相当一部分信息和数据直接来自于企业。对这些已纳入国家信息数据库的社会各部门、主体的数据资源能否保证其信息数据真实、准确、完整、高效？区域内各相关部门是否能做到统一信息共享？这需要进一步地进行研究。而且，目前国家信用信息基础数据库主要是为商业银行和监管部门提供信用查询服务，具有明显的行政推动色彩，这决定了其数据来源及信息运用仍将具有一定的局限性，为区域性企业征信数据库建设带来困难。

二、信息获得渠道狭窄

目前实践中，各类数据库建设主要通过以下三种渠道(见表6-1)获得企业信用数据：一是通过新闻媒体等公开的渠道获得；二是通过直接面向企业和调查而获得；三是通过政府部门和有关机构的渠道获得。其中，通过政府部门或有关机构应是最主要的获取渠道。这一渠道又分为以下几种情况：①向正式开放企业信用数据的政府部门获得；②各征信公司通过和相关政府部门建立信息共享机制，向合作部门获得相关数据；③通过私人关系从政府部门获得。从目前各政府部门对征信公司开放数据情况来看，实现信息数据向公众开放的部门很少。只有工商部门基本实现了部分信息数据向公众开放，但开放的数据不完整，目前只有企业注册数据的开放，企业年检数据还没有开放，而且各地区工商部门开放的程度也不一致。因此，我国企业信用信息数据基本处于封闭的状态，这对我国企业征信行业的健康发展造成了很大影响。

表6-1 征信机构的数据库信息获取渠道比较

渠道	信息特征	占比	获取成本	获得难易程度
公开媒体	未经核实,零散、可靠性低	较少	边际成本低	容易
政府部门及其他机构	未经核实,但一般具有较高可靠性;各部门及机构信息难以对接,需要深加工	较多	边际成本低	由于普遍存在信息壁垒,较难
直接调查	信息可靠性高,较全面	一般	初始成本高边际成本低	较难

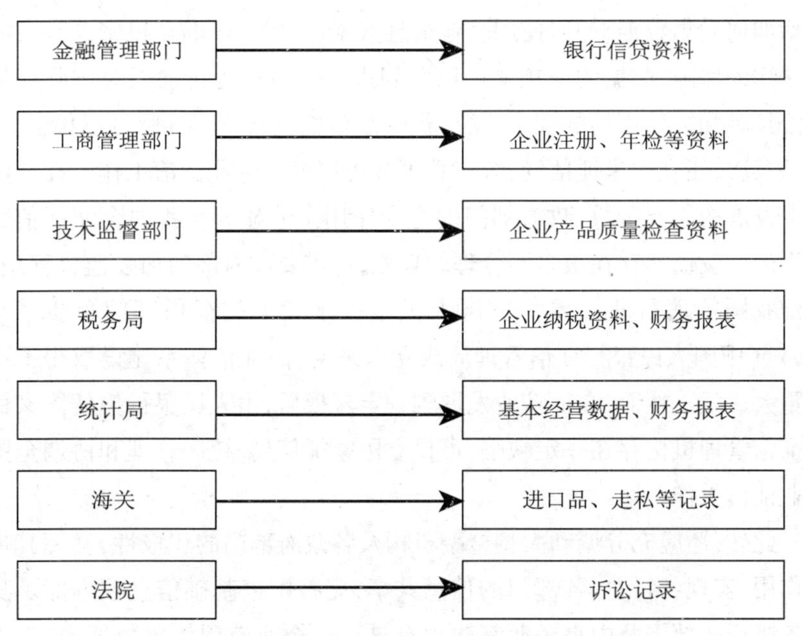

图6-1 政府部门掌握的企业信用信息资料状况

三、我国企业资信数据仍然处于相对封闭的状态

征信企业信用数据的收集比较困难,这导致企业资信调查报告难以真实、准确、完整地描述被调查企业的资信情况,征信报告难以发挥其应有的功能。数据收集成本较高,征信公司步履维艰。由于我国缺乏信用信息开放的相关法规和制度,一些政府部门和业务机构没有开放其拥有的企业资信数据,即使开放,由于没有统一的收费标准,收取的费用也较高,造成征信机构赢利微薄,制约了征信市场的发展。市场不公平竞争日

益严重，破坏了征信行业的市场秩序。有的征信公司利用自身和政府相关部门的特殊关系，可以低价、顺利地获取相关实用资料，而有的征信公司却没有这种“天然”优势，在市场竞争中处于劣势地位。

6.3.3 我国企业征信数据整合的基本思路

一、加快推进征信立法，使得数据采集、录入和数据共享有法可依；进一步完善信用信息体系框架，发挥大型金融机构的领导作用

首先，加快征信立法。建设一个有效的征信系统缺少不了立法，立法包括如何采集数据，如何使用企业信息数据，如何保护商业机密。只有有了法律的保障，数据的采集才可以顺利进行。央行还将加强对国际征信立法经验和征信市场的调查研究，积极推动《征信管理条例》尽早出台。

其次，建立国家征信局，统一管理和协调全国企业征信工作。在征信行业发展的起步阶段，政府部门的主导作用十分显著。我国企业征信数据库的建设仍然存在很多不合理的现象，这需要政府部门加强监督管理。目前我国征信行业主要由中国人民银行领导下的征信部门负责。自2003年中国人民银行征信管理局成立以来，我国征信体系建设取得了不少重大成就。然而，在征信业发展到一定规模后，由人民银行担任国家最高征信管理机构存在一定缺陷，可设立国家征信局，统一管理和协调全国企业征信工作。

此外，还应充分调动大型金融机构及各政府部门的积极性，发挥其带动作用，实现各行业、各部门的信息共享，完善国家基础信息数据库。我国各级行政部门及中央企业都建立有自己的企业信用信息数据库，出于行政管理或市场竞争的需要，这些数据基本上是封闭的，造成极大浪费。建立国家征信局的目的，在于制定规章制度，监督和推进各部门、组织的征信资源的整合，监督行业运行秩序。香港商业信贷资料库建立伊始，大型金融机构对建立商业信贷资料库、推进信息共享也不积极，认为自己内部的资料库足够自己使用，让其他机构共享等于培养自己的竞争对手，但是由于金融管理局在香港的权威或者威望，最后还是全部积极参与，因为这样的一项金融基础设施建设，有利于整个金融体系的稳定，最终获益最大的还是大型金融机构。

二、努力拓展国家基础数据库的数据来源渠道与服务对象，推动信息

资源的整合

国家信用信息基础数据库是在原银行信贷登记咨询系统的基础上建立起来的,目前主要以银行信贷资料为数据来源,以金融监管和银行信贷为主要服务对象,这大大限制了国家基础数据库的规模和意义。例如,尽管国家企业信贷信用数据库涵盖了全国金融机构贷款余额的90%以上,但并未纳入民间金融部分。据《中国地下金融调查》显示,中国地下信贷规模介于7405亿元至8164亿元之间,与正规途径融资规模的比例关系约为28∶100。如果考虑到这些游离于央行监测视野之外的信贷,央行目前的企业信用数据库所涵盖的范围或许会大打折扣。

实现征信信息数据的全面整合,应该努力推进国家基础数据库与各民间数据库的连接,逐步纳入其他非银行信贷数据资源,打破条块分割,实现更大范围、更深层次的资源共享。在具体运作上,可先从中央企业和政府部门着手,发挥其对行业或部门的影响力,由上而下。另一方面,可以考虑在一定条件下,逐步拓展基础数据库的服务对象,使数据使用带动数据录入,通过产品服务扩大基础数据库的影响力,从而丰富信息数据资源。

三、建立统一、高效的多层次信息数据库

1. 建立政府级别的信用资信数据库

国家机关和经济管理部门如银行、工商、税务、海关、商检、质检、司法、公共服务等掌握着大量的基本信用信息,这些基本信用信息是国家行使管理职能而产生的具有共同性特征。国家在推动信用体系建设中,可通过立法或行政手段将这些国家机关的基本信用信息互联互通,按照一定的标准建立一个全国统一的政府基本信用信息平台即公共(政府)信用信息数据库,供符合准入条件的机构廉价使用。这是最经济、公平、公正的办法。比如建立国家工商注册数据库及工商年检数据库,工业企业普查数据库、法院诉讼数据库、人民银行的企业还款记录数据库、企业产品质量投诉数据库等。另外,政府管理部门也应当根据企业征信需求建立一些专门的企业征信数据,为企业提供服务。例如,日本通产省专门花费巨资建立了“海外企业数据库”,记录每个与日本企业交易过的海外客户信用信息资料,专门供日本商社对外贸易合作时查询使用。当然,对于建设这样的数据库,还应当考虑其运行机制的设计问题,如建立模式、成本与收益的处置、与民营机构之间的关系等。

2. 建立行业内的信用资信数据库

由于企业的交易活动具有相对的稳定性和专业性，在同一个行业范围内，企业的信用资料较为集中，因此，以行业为主形成的企业资信数据库是征信服务的另一个重要形式，在行业内资信数据库的建立方面，各行业组织（协会）应承担起本行业内企业资信数据库的职责，如轻工、纺织、服装、家具、房地产、通讯、冶金协会等。由于行业协会一般来说不具有行政管理权力，因此，在国外行业协会的工作职能中，企业征信数据库的建立和运行是以自愿和互换的原则进行的。例如，在某个细分的行业内的企业中建立"信用交换机制"，凡是加入该组织的企业，均须将自身的信用资料及有关的信用记录提供出来，以此享有查询其他成员的信用资料的权利，行业内的资信数据库采取有偿服务的方式向非会员开放。当然，对于建设行业性数据库，也有一个考虑其运行机制的设计问题，如建立模式、成本与收益的处置、与政府和民营机构之间的关系等。

3. 建立征信机构信用资讯数据库

由专业的资信调查公司、信用评估机构建立的企业资信数据库是目前国内外企业征信数据的一个重要来源。这些机构由于要给客户提供规范的资信调查服务和信用评估服务，因此，其建立的资信数据库具有数据量大、信息齐全。信息更新较快的特点。目前国内各征信公司均建立了自己的征信数据库，但由于建立这样的数据库需要可靠的数据来源和大量的资金投入，目前国内还没有一家征信机构有能力建立一个满足资信调查和信用评估的资信数据库，因此，有条件的征信公司今后应该加强这方面的投入，扩大自己的数据库并及时更新有关数据。

综上所述，企业征信数据库的不断完善是一个复杂的过程，国家基础信用信息数据库的建立为此打下了良好的基础。

根据国外企业信用数据库建立的经验和我国的现实情况，我们认为，我国企业信用数据库应该分为三个层次来建立。

1. 政府资信数据库的建立与管理

目前，我国政府各相关部门在对企业实行行政管理的职责范围内，均获有大量企业资信信息。为促进企业征信行业的发展，以完善整个社会信用体系，这些政府部门应按照一定的标准建立自己的数据库，如工商注册数据库及工商年检数据库、工业企业普查数据库、法院诉讼数据库、人民银行的企业还款记录数据库、企业产品质量投诉数据库等。政府组建的这些数据库可采取有偿服务的方式向社会开放,但是价格必须在合理的范围内,此外,政府管理部门也应当根据企业征信需求建立一些专门的企业征信数据,为企业提供服务。例如,日本通产省专门斥巨资建立了“海外企业数据库”,记录每个与日本企业交易过的海外客户信用信息资料,专门供日本商社在对外贸易合作时查询使用。

2. 行业内资信数据库的建立与运行

由于企业的交易活动具有相对的稳定性和专业性,在同一个行业范围内,企业的信用资料较为集中,因此,以行业为主形成的企业资信数据库是征信服务的另一个重要形式。在行业内资信数据库的建立方面,各行业组织(协会)应承担起建立本行业内企业资信数据库的职责,如轻工协会、冶金协会、纺织协会等。由于行业协会一般来说不具有行政管理权力,因此,在国外行业协会的工作职能中,企业征信数据库的建立和运行是以自愿和互换的原则进行的。例如,在某个细分的行业内的企业中建立“信用交换机制”,凡是加入该组织的企业,均须将自身的信用资料及有关的信用记录提供出来,以此享有查询其他成员信用资料的权利。行业内的资信数据库采取有偿服务的方式向非会员开放。

3. 征信机构资信数据库的建立与完善

由专业的资信调查公司、信用评估机构建立的企业资信数据库是目前国内外企业征信数据的一个重要来源。这些机构由于要给客户提供规范的资信调查服务和信用评估服务,因此,其建立的资信数据库具有数据量大、信息齐全、信息更新较快的特点。目前国内各征信公司均建立了自己的征信数据库,但由于建立这样的数据库需要可靠的数据来源和大量的资金投入,目前国内还没有一家征信机构有能力建立一个满足资信调查和信用评估的资信数据库。因此,对征信公司自身而言,今后应该加强这方面的投入,扩大自己的数据库并及时更新有关数据。

6.3.4 建立商业信用信息共享机制

商业信用是企业信用的典型形式,市场经济条件下,商业信用信息是判断特定企业信用状况的重要依据,银行与企业在提供信用前迫切需要掌握授信对象的商业信用信息，因而将商业信用纳入征信范畴，建立商业信用信息共享机制十分必要。

一、建立商业信用信息共享机制的必要性

1. 商业信用信息对于信用的提供方——企业与商业银行具有重要意义

企业扩大营销规模需要商业信用信息。在对481家企业的调查中发现，企业在对经常往来客户销售时，近半数(45.92%)通常愿意采取赊销方式，这往往有利于保持客户忠诚、促进销售和获得竞争优势。而在与新客户的合作中，企业通常在是否提供信用方面十分谨慎：仅11.64%的企业表示经销售人员对交易方的信用状况和付款意愿进行判断之后可采取赊销方式，64.45%表示将采取钱货两讫的交易方式，还有23.7%甚至倾向于采取更为保守的销售方式——预收货款。可见企业在提供信用时迫切需要掌握授信对象的信用状况，当信息不对称时，往往会被迫忽略营销的需要，牺牲扩大业务规模的机会。

2. 商业银行贷前审查需要商业信用信息

对商业银行的调查显示，企业前五大客户应收账款、应付账款情况(特别是存在逾期两年以上的情形下)对商业银行判断企业的信用状况很有价值，但银行很难从企业得到相关信息。商业银行若缺乏对借款人利用商业信用情况的全面把握，就有可能在信贷决策中做出错误判断，如有关资料显示：山东山工机械有限公司在工商银行的内部评级为AA级，在农业银行的内部评级为AAA级，但该企业应付账款余额高达2.83亿元，占销售收入的29%，而且有两家企业应付账款存在恶意拖欠的情况，但商业银行内部评级均为AA级。

二、建立商业信用信息共享机制的基本思路

市场经济价值观为建立商业信用信息共享机制构筑了理论基础：市场经济强调透明度，即商业应当透明、公开并由外部人审阅，这是采集并共享商业信用信息的基本依据；市场经济条件下信用评价标准是唯一的，即强调企业及个人的支付能力、支付意愿而非家庭、社会和政治关系，这指明了商业信用信息的核心内容。据此，建立商业信用信息共享机制的基本思路是：

1. 采集商业信用信息的核心内容——信用交易的还款历史

信用交易的还款历史是指一家企业赊购后，对其供货商履行应付账款支付义务的记录，是对企业还款能力及还款意愿的客观反映。亚尔·G·卡勒伯格、乔治·F·尤戴尔通过实证分析证明，单纯使用还款表现信息在评估授信对象信用状况时的准确性要比单纯使用财务报表信息高得多。理由大致有二：首先，信用交易具有期限性、滞后性，企业当前的流动性强，并不代表其到期一定就会付款；其次，当前企业的财务信息质量往往受到诟病，不遵守一般会计准则、虚报或粉饰的财务报表泛滥等现象屡见不鲜，部分中小企业会计及财务资料不健全，财务数据的真实性、准确性得不到保障。因而企业的财务报表信息，特别是未经审计的财务信息，难以真实反映企业的还款能力及还款意愿。

2. 采集企业还款历史信息的模式——多信息来源收集单一企业信息

一般而言，征信机构采集特定企业的还款历史信息有两种途径：一是直接要求企业提供其支付应付款的情况，这是一对一的信息采集模式，主要缺点在于，信息采集的可能性及准确性完全受制于采集对象，风险较大；二是从供货商那里收集其赊销企业支付货款的信息，由于任何一个企业都会与多家供货商合作，这种方式可通过多个信息源收集到同一企业的支付信息，不同来源的信息相互印证、减少噪音，相应可靠性更高，也具有显著的规模经济效应。

3. 处理、共享商业信用信息的平台——企业信用信息基础数据库

我国企业征信体系的核心——企业信用信息基础数据库，是由人民银行从1997年开始建设的“银行信贷登记咨询系统”，经过不断完善、升级而成的全国集中建库、各类金融机构一口接入、报送并共享企业信息的平台。该库包含了全国各类金融机构报送的已贷款企事业单位的基本信息、信贷业务信息以及企业的结算账户信息，通过多家银行报送同一企业的信贷还款记录，对特定企业偿还银行贷款的情况进行客观反映，有效提高了银行的审贷效率。

企业信用信息基础数据库在企业信贷数据采集、处理、对外提供上的成功尝试为商业信用信息的接入、共享构建了现实基础。因此，建立商业信用信息共享机制，应由人民银行运用企业信用信息基础数据库对商业信用信息进行征集、处理及传播。

三、建立商业信用信息共享机制的主要困难

1. 尚未形成有利于商业信用信息共享的社会及法制环境

(1)社会信用意识水平不高,对征信的认识不足

一是社会公众缺乏良好的守信意识。如不少企业和个人认为只要主观上不是故意甚至恶意,欠债等就不应被视为信用不良行为,明显缺乏现代市场经济条件下的信用意识和信用道德观念。二是对征信的认识并不全面。经调查,社会公众能够全面认识征信概念的仅为19.23%,而在对征信作用的认识上,多数人认为其仅是为银行发放贷款服务的,却未认识到征信将令经济主体得到更公平的授信机会、有助于提高社会意识水平、改善整体诚信状况等作用。因而部分社会公众认为征信侵犯了个人隐私,在人民银行开展的信用信息征集工作中往往持不合作态度。

(2)商业信用信息共享缺乏法律保障

目前尚无关于企业征信的立法,缺乏对企业征信中各方当事人权利与义务关系的界定。一是缺乏对信用信息采集中权利与义务关系的界定。人民银行目前正在开展中小企业信用体系建设工作,由于在采集企业数据、对数据的真实性、准确性进行核实等方面缺乏法律依据,在开展此项工作中遇到了很大的困难。二是缺乏对商业秘密的界定和信息公开的规范。目前尚无法律或法规对企业商业秘密进行界定,在向企业采集信息时,企业可以侵犯商业秘密为由拒绝合作;法律或法规也未对企业信息的开放、处理和传播的合法性进行明确,《统计法》等法律法规中甚至还存在对信息公开、传播的限制性条款,政府相关部门在向征信机构提供信息时缺乏合法依据,经过征信机构处理、加工的企业数据也难以合法地进行传播、以实现信息的共享及联动监管。

2. 征集商业信用信息难以取得企业的支持与配合

首先,企业自我保护过度,无限扩大了商业秘密的范围。在中小企业信用体系建设试点工作中发现,企业将前5大客户及供应商名称、关联企业情况、采购金额、实现销售收入等信息均作为企业经营机密而拒绝提供,而这些项目对于上市公司而言都是必须披露的内容。

其次,企业对征信管理存在认识误区。有些企业认为,征信机构要求企业提供相关经营信息,却不发放贷款,增加了企业的工作量和麻烦,认为信用信息的共享有利于企业发展潜在客户、改善信用经济环境等长远

的、社会性的效益"缺乏现实意义",因而在上述试点工作中,这些企业往往采取敷衍了事、消极应对的态度。

四、加快建立商业信用信息共享机制的政策建议

1. 加快企业征信立法

一是对应予保护的商业秘密进行明确。西方大多数国家为体现市场公平竞争的原则,并不设立保护企业法人的法律,英国的公司法甚至要求不论企业是上市公司还是中小企业,均应对任何类型的需求者公开财务报表。借鉴这些做法,我国在征信立法过程中,应减少对企业的过度保护,仅对确需加以保护的商业秘密进行规定,法律没有无规定的即为必须公开的信息。

二是对企业数据采集的各方当事人的权利及义务进行明确,如明确人民银行开展企业征信系统建设、进行企业信用信息采集、对企业数据进行检查、核实的权利,企业提供真实、准确、完整信息的义务等。

三是令企业信息的开放与传播合法化。如对《统计法》等法律、法规的有关条款进行修改或重新解释,从解禁和开放企业征信数据开始,对企业数据的处理、加工和传播进行全面规范,实现企业信息在政府、银行、企业之间的合法传播、共享,形成对企业信用行为的有效约束。

2. 重视并加强对企业的宣传与教育

应通过媒体、专业讲座、培训、征信机构的执业态度(如提供有效及便捷的服务、严格遵守应有的保密义务)等宣传及教育模式将征信的意义灌输给企业。帮助企业进一步认识到获得潜在交易伙伴信息的收益,远超过提供自身信息及获取他人信息产生的成本,由对征信的抵制逐渐让位于接受。

3. 采取有效措施提高信息的准确性

一是要求报送企业纠正不正确的数据或提供缺少的数据,即要求报送企业定期评审和修正有误差的数据或者在出现数据问题时审查,并明确告知报送企业,若经常出现数据准确性问题,将暂时中止其查询数据。

二是通过职业判断验证数据质量。采取多种途径对数据进行分析以识别异常情况:如比较月与月的债务金额等形式的简单统计核查,往往有助于发现一些明显的错误,而严密的计算机建模技术则可能识别更为隐蔽的数据问题。

三是拓宽信用信息来源，通过不同来源的信息进行比较验证。如安排专人至企业现场调查或与企业管理者面谈，或从工商、税务、法院、媒体等部门采集相关信息，通过将直观的或外部来源的信息与企业自身提供的信息进行对照，以发现异常情况，及时要求报送企业进行更正。

四是允许信息提供者免费查阅与自己相关的数据记录，并鼓励他们对有问题的数据提出质疑。

4. 建立应对投诉的快速反应机制，及时修正错误信息

积极应对消费者投诉，如制订并公示纠正错误信息的规程，将评估与修改客户发现的错误数据的时间缩短至客户能够接受的范围，允许消费者在争议数据的记录上加上评论等。

6.3.5 完善生产贸易链条件下区域统一的信用信息披露制度①

建立征信体系的最终目的是通过信用信息披露，使人们了解企业和个人的信用，营造没有信用就无法生存的社会氛围。一方面，失信行为要被法律惩罚，使其失信成本大于所得；另一方面，要靠信用信息披露，增加社会监督力度，促进企业和个人自觉遵守信用。法律是事后惩罚，信用信息是事前约束。建立信用激励和惩罚机制，首先要从政府做起，推动信用信息服务体系的建立，其次则是从企业着手。

一、开放企业征信数据

征信数据的三个最显著的特征是完整性、准确性和连续性。数据种类必须齐全准确，才能反映一个企业或个人的基本情况、经营情况和信用情况，征信机构依此才能作出科学评价。所以联合征信是必要的举措。数据还必须是连续的，而不是局限于一时一地一事。另外，对信用信息的搜集和处理也必须采取“跟踪”方式，否则不能反映出事情的全貌。但是，在这些应当开放和被处理的信息中，一方面包含着个人隐私和企业的商业秘密，另外征信公司生产的报告也可能对这些信息有所歪曲。

作为信用信息的提供者，从信用消费能够给自己带来福利和建立市场交易中的良好信誉这一自身的最大利益出发，企业和个人应尽可能地

① 本部分参考陈述云、陈莹：《建立商业信用信息共享机制研究》，《金融纵横》2007 年第 1 期。

公开自己的信用信息;国家要制定信息公开与保密的标准和界限,保证信用社会建立和法律环境;政府各有关机构也应在区分信用信息公开与保密的前提下,向社会披露自己掌握的信息,并运用法律手段打击虚假和滥用信息,行使监管职能保护企业与个人的正当权益;而信用中介机构即征信企业作为信用信息商品化运营的主体,应本着对客户和信息所有者负责任的态度搜集、管理和处理信息。建立这样的制度要比常常发动的"打假"更能有效地解决市场秩序的混乱。

二、企业信息的开放与保密

企业信用信息在社会信用数据库中占有突出分量。没有完善的企业征信服务,企业间的信用交易就无法顺利进行,在信用交易手段和方式高度发达的今天,更遑论建立正常的市场秩序。但企业征信服务发展的关键同样在于企业资信方面的信息和各种数据能否透明,能否通过公开合法的渠道被征信公司所得,在法律上,如何界定企业信用数据开放与商业秘密保护的关系乃是十分重要的问题。

同个人信息中包含的个人隐私一样,企业信息中也包含着商业秘密。在欧美各国,商业秘密被视为企业竞争力的核心,具有对所有者生死攸关的意义,受到多个法律的保护。按照美国的《统一商业秘密法》,它在内容上被定义为"特定信息,包括配方、样式编辑、产品、程序、设计、方法、技术或工艺等"。关键的一点,其秘密是对侵权者的垂青而言的,那些自己不努力,未投入研究与开发资源却以非法手段窃取竞争者商业秘密的人,意在把原创者打倒从而获取自己的经济利益。如不加约束,社会经济的不正当竞争就会泛滥,企业创新就会丧失活力,社会秩序的混乱则必然发生。因此,保护商业秘密,是国家和企业的迫切要求。

在我国,现在最大的问题是,国家对企业信息的披露还没有明确的规定。企业的某些经营性指标,如资产负债表、损益表等是否是商业秘密,仍有众多分歧。按照上述所给商业秘密的定义和范围,显然这些并不在此范畴之列。因此,应向社会公开。当然,怎样监管信用中介机构和其他人,才能使企业信息公开后不受损害,确实也需要制定新的法规。总之,如何平衡企业信息的公开与商业秘密保护的矛盾,显然与个人隐私的保护与个人信用信息公开的矛盾不同。企业必须公开的或向征信公司提供的数据信息中,所包含商业秘密的信息很少也很不完整,一般不太可能组合起来并复制出商业秘密。而通过正当的反向工程可以容易得到的又不能算是商业秘密。因此保护的侧重点在于反对他人非法获取后对权利人本身不利的恶意利用,反对违背商业承诺,对非法获取商业秘密的行为严加谴责并实施救济。作为企业的特殊财产,其任何披露必须得到所有者的许可,雇员如有违背则要受到法律制裁。另外有关的法律问题主要归结在对使用不正当手段侵权和被盗之后的救济,以及善意取得商业秘密后的法律效力等问题。

上述简要说明了征信数据开放涉及的个人与企业信息公开与保护的关系。国外对信息公开与保护制定了一系列法律和措施。要使信息更好地应用于当今社会,必须在其流动、利用中解决其保护问题。总结国外的经验,首先是征信公司对信息的经营,在其运作的过程中使公开和保护达到平衡。规范征信公司的行为,保证通过独立、公正、合法的搜集和分析的手段,在规定的途径、程序和目的的前提下,促进信息的有效使用和保护。关键是把保护的责任和奖惩措施落实到中介公司头上,使之从自身利益的关心上去经营信息,实现单纯依赖道德所无法达到的自律。其次是提升信用中介机构的素质。毫无疑问,公平守信是最重要的。所谓正人必先正己就是这个道理。再次,征信公司的主要业务即它所进行的搜集信用数据并生产信用报告,其功能就是解决交易双方的信息不对称问题,使双方在了解对方的基础上确定自己的经营决策。征信公司要保证处理信息准确及时,避免虚假。由于其所做信用报告是根据联合征信而来的公开信息的整理分析,于是它自身就有一个向数据所有人核对信息的真假问题。做到这些,都需要公正独立。当然,信用中介机构必须是产权清晰,行为中立,不偏袒任意一方的机构,今后应当向民营的方向发展。为了使征信行业得到健康发展,必须以明晰的产权为基础。因为按照国外的经验看,信誉是企业尤其征信企业最宝贵的资产,而明晰的产权又是信誉的抵押,否则信誉就没有长远发展作为依托,不利于企业从自身利益出发做到征信业务的合法公正。

本章小结

企业征信数据库，是信用信息搜集和信用记录的一种重要形式，通常指按照一定的数据模型，在计算机系统中组织、存储和使用的互相联系的企业信用信息的数据集合。其收集和保存的企业信用信息是出于具体、明确、合法的目的，按照准确、连续、动态、及时更新的要求以可处理的形式存储。征信数据库的功能在于其激励机制和失信惩罚机制，建立功能完善的企业征信数据库，是社会信用体系建设必备的基础设施，也是开展企业信用管理，促进信用行业发展的先决条件。本章通过对发达国家征信数据库的分析，根据我国的国情和现阶段经济社会发展的需要，针对我国市场经济秩序中存在的突出矛盾和问题，借鉴国外信用信息系统建设的经验，进一步完善信贷、纳税、合同履约、产品质量的信用记录，推进信用信息体系建设。

第 7 章 生产贸易链条件下信用风险管理

在生产贸易链条件下，企业会因合作伙伴企业之间的信用合约越来越多，面临着越来越多的不稳定因素。而生产贸易链上企业的信用风险不仅仅会影响到某一企业，而且会给上下游企业带来损失，对整个生产贸易链系统造成破坏。在前文中区域性的生产贸易链条件下企业征信体系已构建完成的前提下，如何完善生产贸易链条件下企业信用风险管理？本章先分析企业信用风险管理的理论，再分析生产贸易链条件下企业风险的特点和其生成机理。从微观层面上探索生产贸易链企业之间的关系，分析信用风险产生的微观机制，并利用博弈论的相关知识对链条内企业间信用风险产生进行分析。最后分析我国企业信用缺失的原因，包括外部原因和内部原因，外部原因来源于政府及社会环境，包括市场经济法律和制度、企业信用评级机构不完善、政府监管惩戒力度不够等，内部原因主要是企业的内部信用风险管理观念的薄弱。

20世纪90年代消费者的需求特征发生了巨大的变化,以及随着社会化大生产的不断发展。整个世界的经济活动掀起了全球经济一体化浪潮。在这一进程中,区域经济合作已成为不可阻挡的潮流。"环渤海"、"泛北部湾"等区域合作概念提出得到相关地区的积极响应。随着产业的不断发展,有的地区形成了强大的生产优势,另一些地区则形成了巨大的贸易优势。在区域性生产贸易链形成愈加紧密的现实情况下,如何促进跨区域的合作尤其是跨区域间的企业合作成为亟待解决的问题。通过制度上和法律上的规定,使生产贸易链健康协调发展,是促进区域经济的协调发展的重要手段。

现代的市场经济是不完全信息条件下的信用经济。由于信息的不对称和不完全造成了信用风险。信用风险又可称为违约风险,它与经济活动相伴生,因为从经济活动诞生之日起便充满了种种的不确定。随着经济的一体化以及金融创新的纷纷兴起,使得经济的稳定性在下降。工商业企业面临着信用风险日趋严重。如著名的安然公司、巴林银行等事件。加强对企业信用风险的认识,已成为全球共同关注的问题。加强区域性生产贸易链条件下的信用风险管理,对于促进生产贸易链的自成一链,浑然一体,进而促进区域经济协调发展有着重要意义。

7.1 生产贸易链条件下信用风险的内涵

生产贸易链条件下信用风险与一般意义上的信用风险具有共同的一些特征,但也具有其自身的一些特点。这与生产贸易链本身的特征息息相关。

7.1.1 信用风险的内涵

信用风险(Credit Risk)又可称为违约风险,是指交易对方未能履行事先制定的合约义务而造成的经济损失的风险,即受信的一方未能履行还本付息的责任而造成授信一方的预期收益与实际收益发生偏离的可能性。信用风险可被认为是企业面临各种风险造成的结果。例如,市场风险、合作风险、文化冲突风险、政策风险、法律风险等等。

一、现代信用风险管理的四个主要特征

在过去的几十年里,信用风险变得更加突出和重要。随着整个风险管理领域的迅速发展,信用风险管理也在不断发生变化,现代信用风险管理主要有以下几个特征:

1. 信用风险管理的量化困难

信用风险管理存在难以量化分析和衡量的问题。相对于数据充分、数理统计模型运用较多的市场风险管理而言,传统信用风险管理表现出缺乏科学的定量分析的手段而更多地倚重定性分析和管理者主观经验和判断的艺术性的管理模式。信用风险定量分析和模型化管理困难的主要原因在于两个方面:一是数据匮乏,二是难以检验模型的有效性。数据匮乏的原因,主要是信息不对称、不采取IT市原则计量每日损益、持有期限长、违约事件发生少等。模型检验的困难很大程度上也是由于信用产品持有期限长、数据有限等原因。近些年,在市场风险量化模型技术和信用衍生产品市场的发展的推动下Creditmetrics、KMV、Creditrisk+为代表的信用风险量化和模型管理的研究和应用获得了相当大的发展,信用风险管理决策的科学性不断增强,这已成为现代信用风险管理的重要特征之一。

2. 信用风险管理实践中存在“信用悖论”现象

这种“信用悖论”是指,一方面,风险管理理论要求银行在管理信用风险时应遵循投资分散化和多样化原则,防止授信集中化,尤其是在传统的信用风险管理模型中缺乏有效对冲信用风险的手段的情况下,分散化更是重要的、应该遵循的原则;另一方面,实践中的银行信贷业务往往显示出该原则很难得到很好的贯彻执行,许多银行的贷款业务分散程度不高。造成这种信用悖论的主要原因在于以下几个方面:一是对于大多数没有信用评级的中小企业而言,银行对其信用状况的了解主要来源于长期发展的业务关系,这种信息获取方式使得银行比较偏向将贷款集中于有限的老客户企业;二是有些银行在其市场营销战略中将贷款对象集中于自己比较了解和擅长的某一领域或某一行业;三是贷款分散化使得贷款业务小型化,不利于银行在贷款业务上获取规模效益;四是有时市场的投资机会也会迫使银行将贷款投向有限的部门或地区。

3. 信用风险的定价困难

信用风险的定价困难主要是因为信用风险属于非系统性风险，而非系统风险理论上是可以通过充分多样化的投资完全分散，因此基于马柯威茨资产组合理论而建立的资本资产定价模型(CAPM)和基于组合套利原理而建立的套利资产定价模型都只对系统性风险因素，如利率风险、汇率风险、通货膨胀风险等进行了定价，而没有对信用风险因素进行定价。这些模型认为，非系统性风险是可以通过多样化投资分散的，理性、有效的市场不应该对这些非系统性因素给予回报，信用风险因而没有在这些资产定价模型中体现出来。对于任何风险的定价，首先都是以对风险的准确衡量为前提条件的。由于前述的一些原因，信用风险的衡量非常困难。目前国际市场上由 J. P 摩根公司等机构所开发的信用风险计量模型，如 Creditmetrics、CreditRlsk+、KMV 模型等，其有效性、可靠性仍有争议。因此，从总体上说，对信用风险仍缺乏有效的计量手段。信用衍生产品的发展还处于起步阶段，整个金融系统中纯粹信用风险交易并不多见，因而市场不能提供全面、可靠的信用风险定价依据。对不同类型不同期限的金融工具，如国债、企业债券等到期收益率的对比分析，尽管能为信用风险回报和定价提供一定参考，但主要局限于大类信用风险的分析，难以细化到具体的信用工具。

7.1.2 生产贸易链条件下信用风险的特点

前文对信用风险进行了定义，鉴于这里分析的是生产贸易链条件下的信用风险，将其定义为：生产贸易链系统运行过程中，由于生产贸易链网络的复杂性使生产贸易链易遭受内外部环境干扰面临许多不确定性导致的企业违约行为，使得生产贸易链实际收益偏离预期收益。

生产贸易链条件下信用风险有不同于一般企业信用风险的特点。由于生产贸易链具有多参与主体、跨地域、多环节等天然特征，使其容易受到来自外部环境和链上各实体内部不利因素的影响，形成生产贸易链风险。它是一种潜在威胁，会利用生产贸易链系统的脆弱性，对生产贸易链系统造成破坏。从目标控制的角度来说，生产贸易链风险我们可以理解为是生产贸易链偏离预定目标的可能性。尽管生产贸易链能带来诸多好处，但生产贸易链中的各节点企业毕竟是市场中的独立存在的经济实体，所以彼此之间必然存有潜在利益冲突和信息不对称。在这种不稳定的系统内,各节点企业需要通过不完全契约方式和无形的道德约束来实现协调顺畅,因而导致生产贸易链风险存在的必然性,且这种风险与单个企业的风险有很大不同。与一般的企业风险相比,生产贸易链风险除了客观必然性外还具有以下特征:

一、传递性

传递性是生产贸易链风险最显著的特征,也是由生产贸易链自身组织结构所决定的。由于从产品开发、原材料采购、生产加工到仓储配送整个过程,都是由多个生产贸易链节点企业共同参与完成,根据流程的顺序,各节点企业的工作形成了一个交错的混合网络结构,其中某一项工作既可能由一个企业完成也可能由多个企业共同完成;某一个企业既可能参与一个环节也可能参与多个环节。因此各节点环环相扣,彼此依赖和相互影响,任何一个节点出现问题,都可能波及其他节点,进而影响整个生产贸易链的正常运作。这种风险在生产贸易链节点企业之间进行传递,给上下游企业以及整个生产贸易链带来危害和损失。如最具代表性的"牛鞭效应"。一般来说生产贸易链越长,中间的非价值因素越多,"牛鞭效应"越严重,生产贸易链效率越低下。

二、复杂不易控制性

复杂性首先体现在生产贸易链系统不仅面临单个企业内部的风险类型;其次,生产贸易链企业布局、区域地方甚至企业经营文化等使生产贸易链核心企业与节点企业步伐不一致带来运作风险;再次,还需面对网络系统内企业间的协作风险、道德信用风险、委托——代理风险等;最后,外部环境的不确定性风险,例如政策风险、经济周期风险、法律风险甚至意外灾害风险等增加生产贸易链信用风险复杂性。不易控制性一方面体现在生产贸易链信用风险的复杂性使风险源确定难度大;另一方面即使风险源历经困难查明,其控制措施在实际运行中面临诸多困难。由于生产贸易链信用风险给节点企业带来的损失不可能完全一样,而风险控制措施需要成本,企业会权衡控制成本与风险带来的损失,若控制成本大于风险带来的损失,企业将可能选择不利于风险控制措施的策略,使生产贸易链信用风险控制措施实施难度加大。

三、强负相关性

生产贸易链信用风险的负相关性体现在三个方面:其一,生产贸易链信用风险带来的损失与生产贸易链利益呈强负相关性。很明显,整个生产贸易链网络系统面临的风险越少越小,生产贸易链越稳定,损失越小,收益无疑则越多,否则反之。其二,生产贸易链网络内不同类型风险之间可能存在负相关,即一种风险发生概率会导致另一种风险发生概率减少。例如,供应与库存之间就存在明显的负相关。生产贸易链企业联盟旨在降低库存、反应及时等,实践中,由于库存降低,虽库存风险减少,但可能导致供应中断,即供应风险增加。其三,企业间风险存在负相关。一方面由于生产贸易链网络系统内企业具有独立法人资格,节点企业在合作与竞争中共存,追求自身利益最大化使企业将自有风险转移到链中其他企业;另一方面某一企业要求实现 JIT 供应,则供应商库存风险就会增加。

7.1.3 生产贸易链信用风险的生成机理

为了寻找防范并控制生产贸易链条件下的信用风险途径,必须探寻生产贸易链条件下信用风险产生的原因,并从微观层面上探索生产贸易链企业之间的关系,分析信用风险产生的微观机制。下面将对生产贸易链条件下企业信用风险产生原因进行定性分析,并利用博弈论的相关知识对链条内企业间信用风险产生进行定量分析。

一、生产贸易链条件下信用风险产生的定性分析

前文章节提到,区域性的合作已经成为时代发展的必然,构建区域性的生产贸易链对于促进区域经济合作有着重要的意义。稳定可靠的社会信用体系是生产贸易链形成的基础条件。在生产贸易链条件下,处在链条上游的企业往往由于地理位置等因素可能导致其较低的信用评级,不利于其发展,进而影响生产贸易链的形成。

在重构生产贸易链条件下的信用评价体系,我们应注意,尽管上游企业生产条件相对较落后应该被评为相对较低的评定等级,但是由于其最终产品的销售环节以及最终价值实现取决于终端企业的情况,因此应该按照终端企业的信用级别来评定上游企业的信用等级。但是我们应注意到这种以终端企业的信用对上游企业的信用替代也有着局限性。这种融资的组织管理模式的效果会使得更多的金融资源向那些终端企业归集,

通常会将对终端企业的信用放大，以对生产贸易链的企业进行更大的授信来支持业务的创新开发。因此，随之信贷风险的聚散效应往往会扩大。因此这种信用替代如果不进行妥善的风险管理，会招致更大的信用风险，最终将会阻碍生产贸易链的发展。

生产贸易链上的企业因为业务的需要而需要彼此签订合约。生产贸易链中的信用风险是指合约的双方当事人不履行合约而可能造成的风险。如，不运送货物、不支付货款、不偿还借款等等。企业发生违约现象主要是由于外生原因和内生原因造成的(见图 7-1)。

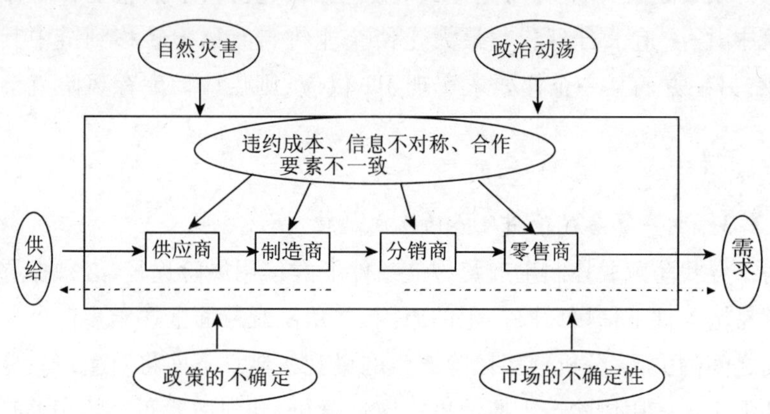

图 7-1　生产贸易链条件下信用风险产生的原因

1. 外生原因

即外在的不确定性所导致的生产贸易链的信用风险。这些因素主要存在于生产贸易链之外，且这些因素往往具有不可预测性和抗拒性。主要包括：

(1)自然灾害(包括地震、山洪、水灾、山体滑坡等)；自然灾害或者导致链上的上游企业供货中断造成违约，整条生产贸易链因缺乏原料货物等而无法正常运转。或者破坏生产，使企业生产线无法得以正常运转，或者直接摧毁产品，从而使得生产贸易链上的企业无力履约。比如，加勒比海地区供应占全球 1/4 的香蕉。1998 年 10 月，“米奇”飓风损坏了尼加拉瓜、危地马拉和洪都拉斯的4000 亩香蕉园的70% 。在飓风后的一年多时间都无法取得该地区的香蕉供应，显然生产贸易链就会因为此次自然灾害而造成链条断裂。目前我国正处在突发事件的高发时期，自然灾害爆发的频率越来越高，处在生产贸易链上的各个地区要做好应对措施。

(2)政治动荡、意外的战争和恐怖主义：政治动荡和局部的地区战争每年都会在全球范围内发生，尤其是近几年的恐怖主义活动的猖獗，给货物商品的流通造成极大的损害。这无疑会增加生产贸易链上企业的违约的可能，导致生产贸易链的中断。

(3)政策的不确定性。这一方面是因为宏观经济政策的偏差导致经济危机的发生，进而引起企业破产的违约，给生产贸易链带来致命的打击。例如，20世纪90年代，由于宏观经济政策的偏差，美国对新兴市场国家危机政策的改变和世界经济不景气等原因，阿根廷爆发了严重的经济危机，币值贬值造成阿根廷数以百计的企业破产，使得这些企业所在的全球性生产贸易链遭受重大损失。另外一方面是因为，企业对政府经济政策预期会影响生产贸易链之间企业的策略行为。

(4)市场的不确定性。影响市场贸易链的市场因素是多方面的，一旦出现不可预料的不利因素，就会导致生产贸易链企业的销售下滑，货物积压，中断企业无力履约，就会造成整个生产贸易链的崩溃。

2. 内生原因

即生产贸易链内部的各种不确定性因素。

(1)违约成本问题。生产贸易链中的企业是一个利益共同体，但是生产贸易链并未改变各企业在市场中的独立法人属性，也就没有消除其潜在的利益冲突。当违约所带来的收益大于违约成本时，企业就会有违约的冲动。

(2)生产贸易链中合作企业的合作要素的不一致性。生产贸易链中各企业之间的生产能力并不相同，各个企业在经营管理水平、人员素质、企业文化等方面也都存在着差异，这些因素都可能会导致生产贸易链中的企业违约风险的发生。

(3)信息方面的不确定。在生产贸易链建立的初期，核心企业在选择合作伙伴时，由于信息的不完全，会导致逆向选择，一些低信用和低匹配能力的企业也会加入到生产贸易链中来，加大违约风险。随着生产贸易链的扩大，企业分布各个地区，信息传递的迟延以及信息传递的不准确的可能性都会增加，也就会增长企业决策失误的可能。由于生产贸易链中的企业都是理性的经纪人,为了保证自身利益的最大化,他们会隐藏一些不利于自己的商业秘密,使信息失真,生产贸易链企业之间的信息不对称性加剧了企业违约的可能。

二、生产贸易链企业间赊销风险的博弈分析介绍

博弈论,又称对策论,是用数学方法研究经济主体在特定环境和一定规则下如何选择策略和行动方案,并取得预期效果的理论。

1. 赊销过程的简单博弈模型

在生产贸易链中,终端厂商与链上的上游企业是典型的博弈行为,下面对终端企业和上游企业之间的赊销关系建立简单的博弈模型。

(1)完全信息下的静态博弈和均衡分析

模型的假设如下:

①假定上游企业不违约;

②终端企业有两类,一类是诚信的企业,按期支付货款,另一类是不诚信的企业,不按期支付货款;

③终端企业为了获得赊销产品节约流动资金,通常会对自己进行"包装"。这种"包装"包括对企业财务报表的润色,以及美化企业信誉等。假设企业的"包装"成本为 $C_p>0$;

④生产贸易链上的上游企业为减少赊销风险,通常会对终端企业进行调查。设调查的成本为 $C_I>0$;

⑤当上游企业采取赊销时,若终端企业是遵守合约的,则上游企业收益为 $R_S>0$,若终端企业不会遵守合约,则上游企业的损失为 $L_S>(R_S,C_I)^+$;当上游企业不采取赊销时,其收益为0;

⑥当终端企业获得赊销货物时,若遵守合约,则其收益为 R_R^Z;若不遵守合约,其收益为 R_R^D,且 $R_R^D>R_R^Z>0$。当上游企业未获得赊销时,其收益为0;

⑦遵守合约的终端企业总能获得赊销。不尊重合约的终端企业,若不进行"包装"上游企业不给予赊销;若进行"包装",上游企业不进信息的搜集,则取得赊销资格,若上游企业进行调查,则终端企业不能获得赊销资格。

(2)遵守合约终端企业与上游企业的静态博弈模型和均衡分析

根据以上假设，完全信息条件下的终端企业和供应商的静态博弈收益矩阵如下：

诚信终端企业	上游企业调查	上游企业调查
包装	R_R^Z-$C_{p'}$ R_S-C_I	R_R^Z-$C_{p'}$ R_S
不包装	$R_{R'}^Z$ R_S- C_I	$R_{R'}^Z$ R_S

无论上游企业是调查还是不调查，遵守合约的终端企业不"包装"的收益总比"包装"的高，即 $R_R^Z > R_R^Z - C_P$，因此遵守合约的终端企业的最优策略就是不包装。同样，无论遵守合约的终端企业包装还是不包装，上游企业不调查的收益总比调查的收益高，$R_S > R_S - C_I$，所以上游企业的最优策略是不调查。因此遵守合约终端企业的纳什均衡解是（R_R^Z，R_S）。

（3）不遵守合约终端企业与上游企业的静态博弈均衡分析

完全信息条件下不诚信的终端企业与上游企业的静态博弈收付矩阵如下：

不诚信终端企业	上游企业调查	上游企业调查
包装	-$C_{p'}$-C_I	R_R^D-$C_{p'}$ L_S
不包装	0，-C_I	0，0

若上游企业调查，不遵守合约的终端企业是"不包装"，若上游企业不调查，则不遵守合约终端企业由于违约带来的收益大于包装成本，即 $R_R^D > C_I$，所以不遵守合约终端企业的最优策略是"包装"。若不遵守合约终端企业包装，由于上游企业不调查的损失大于调查的成本，即 $L_S > C_I$，所以上游企业的最优策略是调查；若不遵守合约的终端企业"不包装"，那上游企业的最优策略是不调查。显然，此时不存在双方收益均衡达到最优的纳什均衡解。

可见，在完全信息条件下，由于上游企业能够识别不同类型的终端企业,因此它可以通过给遵守合约的终端企业赊销而拒绝给不遵守合约的终端企业避免赊销风险,即在完全信息的情况下,上游企业赊销不会导致违约风险,违约风险是可以杜绝的。

2. 不完全信息下的静态博弈和均衡分析

事实上,上游企业在进行赊销时,并不能确定生产贸易链下游企业的类型,终端企业也不确定上游企业是否进行调查。上游企业和终端企业存在着信息不对称,它们进行的是不完全信息条件下的博弈,因此,在前述假定的基础上,需增加如下假定:

(1)上游企业不能辨别终端企业是否遵守合约,但是能知道终端企业遵守合约的概率为 P_z,不遵守的概率为 $1 - P_Z$;上游企业也不知道终端企业是否进行“包装”,但是知道终端企业“包装”的概率为 P_π ,不“包装”的概率为 $1 - P_\pi$ 。

(2)终端企业并不了解上游企业是否进行调查,但是能确定上游企业进行调查的概率为 P_I ,不调查的概率为 $1 - P_I$ 。

①遵守合约终端企业的策略分析

遵守合约终端企业包装时的期望收益为

$R_P^Z = (R_R^Z - C_P) P_I + (R_R^Z - C_P)(1 - P_I) = (R_R^Z - C_P)$

遵守合约的终端企业不“包装”时的期望收益为

$R_{NP}^Z = R_R^Z P_I + R_R^Z(1 - P_I) = R_R^Z$

因为$E_P^Z > E_{NP}^Z$,所以遵守合约的终端企业最优策略依然是不包装。

②不遵守合约的终端企业的策略分析

不遵守合约的终端企业包装时的期望收益为 $E_P^D =- C_P P_I + (R_R^D - C_P)(1 - P_I) = R_R^D(1 - P_I) - C_P$;

不遵守合约终端企业不“包装”时的期望收益为 $E_{NP}^D = 0$;

若 $E_P^D > E_{NP}^D$ 即 $R_P^D(1 - P_I) - C_P > 0$

整理得 $R_R^D > \dfrac{C_P}{1 - P_I}$ …………………………………… (7-1)

终端企业会通过包装获取赊销货物,否则不进行“包装”。通过7-1式我们知道,影响不遵守合约的终端销售商是否进行“包装”的因素有包装的成本,上游企业进行调查的概率和终端企业通过违约而带来的收益。

随着 C_P 或 P_I 的增加和 R_R^D 的减少，不遵守合约的企业为赊销所承担的风险会增大，该企业就越不会倾向于“包装”。

③上游企业的策略分析

上游企业调查时的期望收益

$E_I^S=(R_S-C_I)P_Z+(-C_I)(1-P_Z)=R_S P_Z-C_I$

上游企业不调查时的期望收益

$E_{NI}^S=R_S P_Z+[(-L_S)P_\pi+0(1-P_\pi)](1-P_Z)=R_S P_Z-L_S P_\pi+L_S P_\pi P_Z$

若 $E_I^S>E_{NI}^S$ 即

$R_S P_Z-C_I>R_S P_Z-L_S P_\pi+L_S P_\pi P_Z$

经整理后得 $L_S P_\pi(1-P_Z)>C_I$ ……………………………… (7-2)

上游企业会对终端企业进行调查，否则不予调查。

由 7-2 式可得影响上游企业是否对终端企业进行调查的因素有调查成本，终端企业遵守合约的概率，终端企业进行“包装”的概率，以及终端企业违约所带来上游企业的损失。上游企业调查的成本越小，终端企业遵守合约的概率越小，终端企业进行包装的概率越大，以及终端企业违约给上游企业带来的损失越大，上游企业就更需要进行调查。

由上述分析可知，不完全信息条件下的静态博弈纯策略贝叶斯均衡为：遵守合约终端企业选择不“包装”；当 7-1 成立时，不遵守合约的终端企业会选择“包装”，否则，选择不“包装”；当 7-2 成立时，上游企业选择调查，否则，不选择调查。

为了降低赊销带来信用风险，政府可以通过建设电子信息平台，加强生产贸易链企业间的信息交流与共享，以减少企业的调查成本，提高对企业的调查概率。另外一方面企业可以通过减少单次赊销货物的价值进而减少终端企业违约带来的损失。

7.1.4　生产贸易链信用风险的影响分析

生产贸易链信用风险不仅仅会影响到某一企业，而且会给上下游企业带来损失，对整个生产贸易链系统造成破坏。

一、下游企业面临上游企业供货违约风险

首先会扰乱生产贸易链的运行计划，中断生产贸易链。如果上游企业延期订单或中断供货，将会严重损害下游企业的利益，引起下游企业原料的匮乏，严重的时候会影响到整个生产贸易链的生产的正常生产，使整个生产贸易链瘫痪。其次会导致客户丢失，信誉度下降。缺货会使得客户对生产贸易链的满意度降低，存在着客户丢失的风险。最后会使得企业成本提高，竞争力下降。上游企业的供货违约会使得下游企业采取应急措施来应对违约，直接导致了整个生产贸易链运行成本的提高从而导致生产贸易链的竞争力下降。

二、上游企业面临下游企业拖欠货款的违约风险

根据国外信用评级公司的报告，2002 年美国有大约 240 家大型公司违约，涉及金额达 1600 亿美元以上。企业的信贷资金挽回率不到 20%，2001 年和 2002 年的违约数量超过了以往 20 年。由于信用风险引起的不良后果已经连锁反应到生产贸易链上的其他企业，严重地影响到生产贸易链的稳定。并且，近年来违约事件的发展也影响到了金融部门对企业的贷款问题。企业越来越难以从金融部门获得贷款。为了解决资金短缺等问题，生产贸易链企业只好求助于其合作企业，因此合作伙伴企业之间的信用合约越来越多，生产贸易链面临着越来越多的不稳定因素。终端企业对上游企业资金的短缺会使上游企业面临着很大的潜在风险。

1. 对链条绩效的影响

毫无疑问，若下游企业拖欠上游企业的资金，致使上游企业资金周转困难，会使得进一步拖欠其上家企业的货款，整个生产贸易链连环拖欠，也会增加银行贷款。可见一旦下游企业不能偿还资金，链条上的其他的企业都会遭受损失，同样会给银行业会带来麻烦，从而会影响到整个链条的绩效。

2. 对链条竞争力的影响

一旦下游企业拖欠货款，对于上游企业来说就是成本的大幅度上升。这些成本要计入产品成本中，显然会降低企业的竞争力。若不计入产品成本，则必然影响到企业的经营利润，影响到企业的可持续发展。因此整个生产贸易链的竞争力也会随之下降。

3. 不利于新产品的开发，开拓新市场

对于货款的拖欠常常发生在新产品的销售过程中。对于新产品，市

场需求不稳定,终端企业往往赊欠上游企业的货物。并且,如果对于终端企业没有很好的激励,企业也不会主动推销新产品。

4. 夸大了生产贸易链的绩效

若上游企业有大量没有及时收回的账款,就会造成利润的高估,使得财务报表上的利润高于实际利润,甚至会出现虚盈实亏的现象。可见,应收账款增加了企业的风险成本。在评价生产贸易链的绩效时也会夸大其绩效,会对企业的决策造成误导。

生产贸易链的违约风险会严重影响到整个链条系统的正常运作,降低了整个链条的稳定性和绩效,不利于区域经济合作。因此必须加强对信用风险的管理。

三、对生产贸易链信用风险产生影响的定量分析

生产贸易链的违约风险已给生产贸易链的正常运作带来严重影响,给链条内上下游企业及链条本身带来损害,降低了整体链条的稳定性和绩效。因此分析违约风险对生产贸易链的影响越发重要。

1. 供应商违约对生产贸易链的影响分析

建立生产贸易链以及生产贸易链的稳定和可靠日益成为企业应对激烈市场竞争的有效方式。然而,违约风险的无处不在,不仅严重影响了各企业的发展而且还给生产贸易链整体的绩效的发挥带来不利的影响。下面构建一个只有一个供应商和一个销售商的简单的二元结构模型,考虑在订货和交货的两个过程中,假设供应商违约,分析供应商潜在的违约风险对生产贸易链及交易双方的影响。

(1)建模

模型的构建需要先满足一定的条件。为了简化分析过程,现作出以下的假设:1 假设市场需求为随机变量 D,它的概率分布函数为 G(x),密度函数为 g(x)。2 假设在订货过程中,双方处于完全信息中,供应商占市场主导地位,主导时期为 1。在 0 时刻,供应商首先给出定价策略,销售商给出订单,这个过程实质上是 Stackelberg 双寡头模型。在 1 时刻,零售商根据供应商交货数量的多少进行付款,不考虑交易费用。3 由于某些原因,供应商供货不确定,存在违约可能。在 1 时刻,销售商只能收到其订货量的 η 倍,服从 $p(\eta = k_i) = \pi_i$, $i = 1,2,\cdots,n$, $\sum_i i = 1$, $k_i \geqslant 0$,假

设违约风险的发生与订货量无关。4 假设已知道销售商的市场价格为 j。5 不考虑固定成本,假设产品的可变成本是已知的,为 c。6 定价策略遵循一般的原则,$\psi(\mu,p_1;\eta,p_2)$ 即供应商要求零售商在 0 时刻,支付 μ 比例货物的货款,这一部分货物的单价为 p_1,在 1 时刻,零售商根据供应商交货数量的多少,支付剩余货物的货款,这一部分货物的价格为 p_2,供应商最终交货的数量为订货量的 η 倍,销售商的订货量为 θ。

根据以上的假设,销售商的成本函数可以表示为 $C(\theta)=[\mu p_1+e^{-r}E(\eta-\eta)^{+}p_2]\theta$,其中 e^{-r} 为折现率。销售收入可以表示为 $Y(\theta)=e^{-r}jE\min(D,\eta\theta)$,则销售商的利润函数可以表示为 $R(\theta)=Y(\theta)-C(\theta)=e^{-r}jE\min(D,\eta\theta)-[\mu p_1+e^{-r}E(\eta-\mu)^{+}p_2]\theta$。因为 $R(\theta)$ 为凸函数,$R(\theta)$ 为最大值时,订货量 θ' 满足 $e^{-r}jE(\eta\bar{G}(\eta\theta'))=F^{*}(\psi)$。其中,$F(\psi)=[\mu p_1+e^{-r}E(\eta-\mu)^{+}p_2]$,$F(\psi)$ 表示所订货物的单位均价。$F^{*}(\psi)$ 表示供应商对应与最大订货量 θ' 的货物最优单位均价,仅仅与定价策略有关,可简记为 F^{*}。

令 $L(\theta)$ 表示供应商订货量为 θ 时的利润函数。$L(\theta)=F(\psi)\theta-c\theta$,如果 $L(\theta)$ 为凸函数,则 $L(\theta)$ 为最大值且 $q(\theta)=\theta\dfrac{g(\theta)}{G(\theta)}$ 时,θ' 满足下式:$e^{-r}jE\{\eta\bar{G}(\eta\theta')[1-q(\eta\theta')]\}=c$。销售商的成本费用 $C(\theta)=c\theta$,即 $F(\psi)=c$,此时生产贸易链下的销售商订货问题就变为集中式生产贸易链下的内部订货问题。

①集中式贸易链的利润函数:$M(\theta)=e^{-r}jE\min(D,\eta\theta)-c\theta$

$M(\theta)$ 为最大值时的最优订货量 θ^{0} 满足下式:$e^{-r}jE[\eta\bar{G}(\eta\theta^{0})]=c$

②分散式贸易链的利润函数:$N(\theta)=R(\theta)+L(\theta)$

(2)供应商违约对生产贸易链的影响

对于两个随机变量 β_1 和 β_2,如果对于任意的 z,$p(\beta_1>z)\geqslant p(\beta_2>z)$ 都成立,则记 $\beta_1>_{st}\beta_2$(β_1 比 β_2 随机的大)。因此可以认为,供应商违约概率增大,等同于履约率随机地变小。设随即变量 ξ 的分布函数为 Θ,密度函数为 φ,则广义失效率函数为 $h(\xi)=\xi\dfrac{\varphi(\xi)}{\Theta(\xi)}$,若对于任意 $\xi\in\{\xi:\Theta(\xi)<1\}$,$h(\xi)$ 都是随机的递增,则 $h(\xi)$ 为广义递增失效率函数,

$\Theta(\xi)$ 就是广义递增失效率分布。

一般性,假设 η 服从于下述分布:

$$\eta=\begin{cases}0 & \pi_1 \\ \dfrac{1}{2} & \pi_2 \\ 1 & 1-\pi_1-\pi_2\end{cases}$$

则 π_1, π_2 表示供应商的违约概率,违约概率越大,供应商的违约风险越大。如果 $q(\theta)$ 表示广义递增失效率函数,则 Stackelberg 博弈中的最优订货量 θ' 关于供应商的违约概率是递减的。供应商,集中、分散式贸易链,销售商的最优利润关于供应商的违约概率都是递减的。

2. 销售商违约对生产贸易链的影响

当前市场情况,供应商面临的违约风险越来越多,其中供销交易中货款赊欠比较多是主要原因之一。因为,如果销售商发生违约,给供应商带来的直接影响是其资金周转困难,也间接影响到其他上游企业的运营,从而整个生产贸易链的绩效也受到损害。

(1)模型假设

假定生产贸易链中有一个供应商和一个销售商,其中供应商占主导地位,交货提前期是 1,产品需求为单周期。也就是在 0 时刻,供应商首先报价,销售商根据供应商的报价 p 确定订货量 δ,这个定价和订货的过程满足 Stackelberg 双寡头博弈条件,可以看做是 Stackelberg 博弈过程;在 1 时刻,供应商交货收款。供应商为了防止销售商违约不给货款,通常希望销售商在 0 时刻支付货款;而对于销售商来说,越晚交付货款就越有利。买方市场的条件下,供应商一般在 0 时刻只能收到销售商提前支付的部分货款或一定数额的抵押,可以说供应商的愿望是难以实现。为了分析的简便,现作以下假定:

①设销售商提前支付部分货款或抵押,提前支付货物的比例为 η(常数,$0 \leqslant \eta \leqslant 1$)。

②假设供应商不存在违约的可能,准时按质交货。销售商存在违约的可能,即销售商在 1 时刻收到全部货物后只支付部分货款给供应商。

设随机变量β（$\eta \leqslant \beta \leqslant 1$）为销售商的履约率，则销售商的违约率为$1-\beta$，可以看出如果销售商违约概率越大，那么$\beta$越小。通过金融市场数据和对供应商的调查能够得到违约分布。

③用随机变量 D 表示市场需求，$G(x)$ 表示概率分布函数，$g(x)$ 表示密度函数。

④已知销售商产品的市场价格，用常数 j 表示单位产品价格。假定销售商处理过量货物无成本，缺货成本忽略不计；用已知常数 c 表示供应商产品的单位可变成本，固定成本不考虑。

⑤交易双方的运输成本忽略不计，r 表示无风险利率。

⑥完全信息的市场，双方的利润函数是已知的。

⑦供销双方都属于风险中性者。

由模型假设可知，销售商的利润函数为：

$R(\delta) = e^{-r}jE(\min(D,\delta)) - e^{-r}p\delta E(\beta - \eta) - \eta\delta p$

供应商的利润函数为 $L(\delta) = e^{-r}p\delta E(\beta - \eta) + \eta\delta p - c\delta$

因为 $R(\delta)$ 为凸函数，对其求导，当导数为零时，得到满足销售商最优订货量的必要条件：

$$p = \frac{j\bar{G}(\delta)}{E(\beta) + \eta e^{r} - \eta}$$

对 $L(\delta)$ 求导，当导数为零时得到：

$\bar{G}(\delta)[1 - q(\delta)] = \frac{ce^{r}}{j}$，其中 $q(\delta) = \delta\frac{g(\delta)}{\bar{G}(\delta)}$，

则供应商和销售商在 0 时刻的 stakcelberg 博弈均衡解（p^*，δ^*）满足以上的两个式子。

假设需求分布 $G(\delta)$ 是广义递增失效率分布，存在有限均值 E(x)，取值于[A_1,A_2)，则：1 供应商的利润函数在[0, A_1)是线性严格递增函数，在[A_1,$\bar{\delta}$)上是严格凸函数，在[$\bar{\delta}$, ∝)上是严格递减的，在[0, ∝)是单峰的。

2$\bar{G}(\delta)[1 - q(\delta)] = \frac{ce^{r}}{j}$ 在[A_1, δ]上存在唯一解 δ^* 为销售商的最优订货量。假设供应商和销售商的订货过程是 Stackelberg 博弈过程，如果

销售商的履约率记 ν ,违约率为 $1-\nu$, $0 \leqslant \nu \leqslant 1$,则销售商的最优订货量 δ^* 与供应商的最优定价 p^* 满足:

$$\bar{G}(\delta^*)[1-Q(\delta^*)]=\frac{ce^r}{j}$$

$$p^*=\frac{j\bar{G}(\delta^*)}{E(\beta)+\eta e^r-\eta}$$

则 $G(\delta)[1-q(\delta)]=\frac{ce^r}{j}$ 有唯一解。

因此,供应商的最优定价 p^* 是产品的可变成本 c 和市场价格 j 的增函数,是销售商提前支付率 η 的减函数。市场需求越大,销售商违约的概率就越小。销售商与供应商交易的前提是 $p<j$。当产品市场价格和提前支付的价格保持不变时,如 $P(D>\delta)$ 很大,只有 $E(\nu)$ 更大, $G(\delta)[1-q(\delta)]=\frac{ce^r}{j}$ 才能成立,可以说市场需求越大,销售商违约的概率就越小。

(2)销售商违约对生产贸易链的影响

β 表示销售商的履约率,$1-\beta$ 表示违约率, $\eta \leqslant \beta \leqslant 1$, δ^* 表示销售商的最优订货量,在销售商可能违约条件下,假设供应商和销售商的订货是Stackelberg 博弈过程,则 δ^* 与销售商的违约概率无关,供应商的最优定价 p^* 与违约率是递增关系。在销售商存在违约风险的条件下,其订货时根本不关心自己是否违约,给出的最优订货量自然与违约率无关。但是为了防范对方违约给自己带来的损失,在其他条件不变的情况下,通过提高定价来抵消对方违约带来的风险是供应商的必然选择。供应商、销售商的最优利润与销售商的违约概率无关。分散式生产贸易链的最优利润与销售商的违约概率也无关。由此,我们可以得出供应商的利润并没有受到销售商违约的影响。这说明合理定价是供应商防范销售商违约风险地有效途径之一。尽管,我们认为销售商违约对分散式生产贸易链的利润没有产生直接影响,但却给整个贸易链的稳定性带来严重的损害。销售商违约的存在,使得供应商的满意度低于销售商的满意度。如果销售商能够采取各种积极措施增加供应商的满意度,则从长期来说双方间的合作会更加稳定。如果供应商的不满没有得到销售商足够的重视,则供应商就会采取一些行为来抵触销售商的违约,这样将不利于生产贸易链的稳定,甚至带来无法合作的局面。

7.2 生产贸易链条件下信用风险管理框架

生产贸易链管理能够消除企业之间各种形态的信息化孤岛,建立跨企业跨行政区域的信息共享与业务集成,使企业能够更好地整合和优化利用各方的社会资源,分享和占有更多的市场机会,为企业和社会创造更大的价值,这些都是 ERP 等企业内部管理无法满足的。当今企业间的竞争乃至国家之间的竞争,归根结底是科技创新、管理创新等核心能力的竞争,而生产贸易链管理能力正是科技创新和管理创新在新世纪的重要表现,是提高企业核心竞争力和国家综合国力的重要途径。对生产贸易链进行信用风险管理将有助于提高整个链条的效率对于促进区域协调发展意义重大。

为了提高生产贸易链运作的绩效,建立一个具有柔性,弹性的生产贸易链极其重要。这对于有效管理信用风险具有重要意义。就生产贸易链结构而言,一般是由一个主导企业充当核心企业,吸引其他企业构成一个具有水平结构和垂直结构的网络化结构(如图 7-2 所示)。由于生产贸

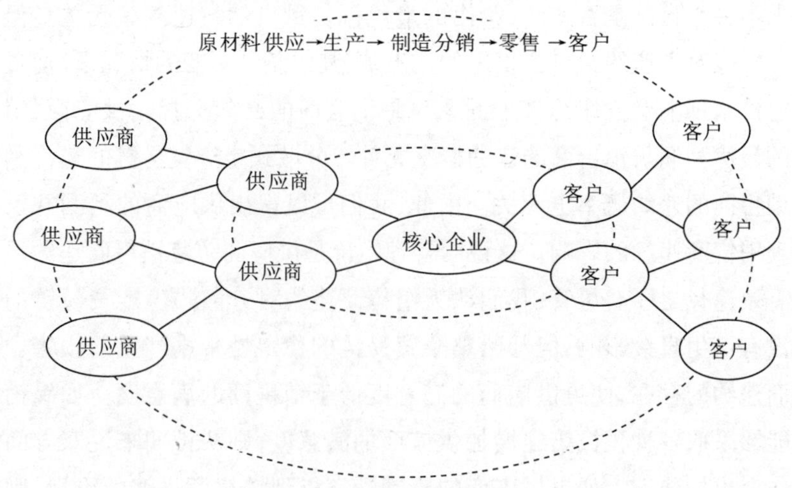

图 7-2　核心企业在网络结构中地位概念模型

易链核心企业处于重要地位。因此对生产贸易链进行信用风险管理主要从核心企业的角度展开。

7.2.1 生产贸易链信用风险管理流程

生产贸易链条件下信用风险管理主要由以下几个步骤组成。风险识别、风险评估、风险决策、风险控制、风险处理实施及反馈（见图7-3）。可将风险管理的流程具体地细化为以下几个方面：

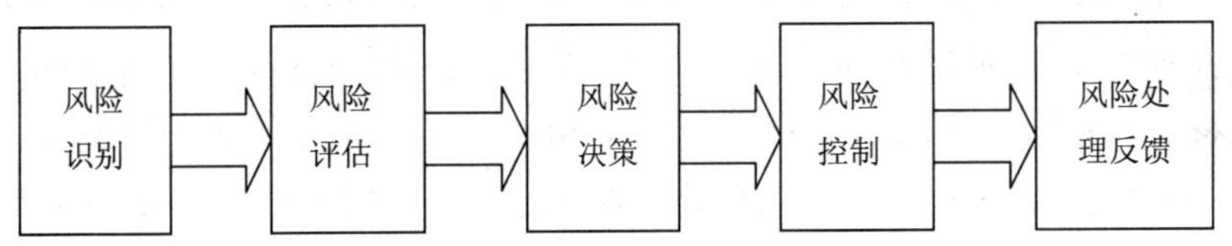

图7-3 生产贸易链条件下信用风险管理流程图

一、目标设定

目标设定是风险识别、风险评估和风险应对的前提。在决策者识别和评估实现目标的风险并采取行动来管理风险之前，首先必须有目标。企业只有确立了既定的目标，才能实施有效的控制，而风险控制就是要为企业的战略目标、经营目标等达成提供可靠保障。

二、风险识别

风险识别要求企业能够识别哪些风险事项会对战略、经营、报告、合规目标实现产生影响，并对企业面临的潜在风险进行判断归类，明确风险的存在条件和发生的可能性。风险识别主要包括感知风险和分析风险两方面。决策者在进行风险识别时必须将主观判断（包括感知风险、经验判断）与客观评价（包括数据的预警与分析）相结合进行具体操作。此外，企业必须设立必要的风险识别系统，分析造成风险的因素及成因，确定风险因素的评价尺度，确定风险程度的划分标准。

三、风险评估

风险评估要求决策者分析、评价和估计对战略、经营、报告、合规目标有影响的企业内部风险以及生产贸易链内部风险以及链条外部的风险，涉及估计风险的重大程度、评价风险发生的可能性、考虑如何管理风险等内容。主要通过会计核算与估算等风险评估技术,对企业面临的、潜在的风险可能造成的损失进行量化,合理评估企业对风险的承担能力与限度;而对于风险评估的步骤则可概括为:确定企业承担风险能力变化的因素,分析企业风险发生的可能性,清晰标识风险需要控制的优先程度。

四、风险应对

风险应对是指企业管理层防范、控制、转移、补偿风险的各种策略和措施,包括风险回避、避免损失、减低损失程度、风险转移以及风险保留等。规范的风险应对处理模式要依据企业自身能够承受的风险系数确定相应风险对策,根据管理层确立的风险对策,制定符合风险对策要求的财务及组织协调方案,根据具体的财务及组织方案对企业的相关资源及战略作出部署,保证风险对策效果的实现。此外,企业需要建立风险应对督导与反馈机制,并明确企业董事会、管理层和内部审计部门的职责。同时,企业应建立各部门相应的信息沟通反馈机制,对风险对策实施进程中出现的问题及时与管理层和其他部门沟通协调,保证风险对策效果发挥。

五、控制活动

控制活动是确保管理层的指令得以执行的政策及程序,包括授权和批准、职责分工、恰当的凭证和记录、对资产和记录的实物控制、独立的检查和分工等。通常采用的控制活动包括业绩评价、信息处理、实物控制、职责分离四部分。业绩评价要求将实际业绩与其他标准,如前期业绩、预算和外部基准尺度进行比较,将不同系列的数据相联系,对功能或运行业绩进行评价。信息处理要求保证业务在信息系统中正确、安全和经过授权处理。实物控制要求对资产和记录接近控制,包括实物安全控制、对计算机以及数据资料的接触与已授权、定期盘点以及将控制数据予以对比。职责分离要求分离不同人员的职能,降低错误或舞弊的风险。

7.2.2 生产贸易链信用风险管理系统总体设计

生产贸易链管理中的信用风险识别和控制要涉及链条中各企业的大量的信息,信息的综合和沟通量相当大,这就需要有一种方便各个企业沟通与交流的信息平台。虽然,各个企业中已经存在相关系统来支持其管理过程,但这些系统基本上是独立运行的,企业间各独立的系统缺乏相互交流和沟通,从而使得它们在协调风险的控制方面存在严重的不足。在

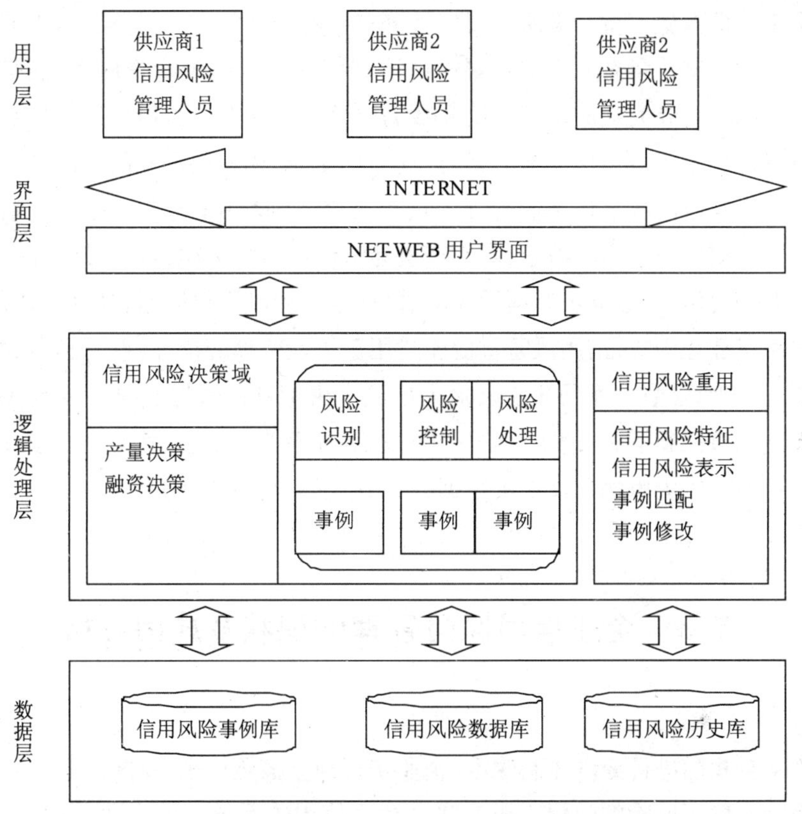

图7-4 生产贸易链条件下信用风险管理系统框架模型

生产贸易链信用风险管理中，风险识别和判断的基础是历史数据、经验和洞察力。传统方法在这些方面靠的是主观经验来判断和解决的。当生产贸易链规模越来越大，企业间协作越来越多，传输的信息也就越来越频繁，单靠管理人员的主观推断已经无法在时间、空间和效果上满足生产贸易链的要求。由此上述分析可看出，生产贸易链中必须有跨企业信息平台的风险管理系统，而且生产贸易链信用风险管理高效运营还必须要有知识系统的支持。第一代基于规则的推理技术难以把生产贸易链信用风险管理人员的经验形式化成规则，给系统的设计、开发和系统运行带来了很大的困难。第二代基于事例的推理技术，由于对经验方法的包容性和符合人们习惯的特点，应用在生产贸易链信用风险管理中有其独特的优点。因此，可以将基于事例的推理技术应用于生产贸易链信用风险管理中来。根据生产贸易链跨行政区域分布,各企业独立性的特点,本小节提出一种能够跨各企业间信息平台的生产贸易链信用风险管理系统框架,允许将用户界面从应用逻辑层和数据层分开。此框架由用户层、界面层、逻辑处理层和数据层四部分组成。(见图 7-4)用户层和界面层是系统和生产贸易链内各合作企业管理人员人机交互的场所;逻辑处理层是系统内部根据用户提出的请求,对生产贸易链信用风险过程进行处理,并把结果返回给用户;数据层有信用风险事例库、信用风险数据库和信用风险历史库三部分构成,信用风险事例库是用于风险管理的推理、重用和存放事例;信用风险数据库是存放风险决策域中决策基础数据和风险控制域中具体风险控制措施;信用风险历史库是在生产贸易链信用风险处理过程中得到的历史事例及其相关数据,以此用于事例的学习。

7.3 企业信用风险管理的现状及成因分析

自我国进行经济体制改革,企业实行独立核算以来,我国企业一直都面临着信用风险的问题。作为整个社会信用体系核心的企业信用,也是社会信用管理体系中最重要和最复杂的部分,其得失影响了社会管理体系构建的成败。随着经济体制改革的不断深化、开放程度的不断加深、国家内部清偿制度的取消,企业面临的信用风险形势日益严峻。企业信用的缺失严重阻碍了我国市场经济的正常运转,引起了全社会的共同关注。因此为完善社会信用管理体系,必须对我国目前企业信用缺失现状和原因进行深入的研究和分析。

7.3.1 我国企业失信主要表现

企业是市场经济的主体,企业失信行为不仅危害企业本身及其他企业的健康发展,使国家和社会利益受损,而且会造成人与人之间信用危机,增加社会的交易成本,是社会主义市场经济健康、有序发展的毒瘤。在加强社会诚信建设的今天,探索企业失信失德行为,对进一步整顿和规范市场经济秩序有十分重要的意义。

一、生产者与消费者之间的信用缺失

生产者与消费者之间的信用缺失主要表现在利益的驱使下，生产者对消费者的各种欺诈和欺骗行为。生产者为了赚取更多的利润，不惜牺牲消费者的利益，偷工减料，使用质次价廉的原材料，浪费较多的社会资源生产假冒伪劣产品。

二、企业间相互拖欠，“三角债”现象严重

经济体制的改革，国家内部清偿制度的取消使得企业之间的往来账款不能及时清偿，势必影响企业来年的生产经营活动。企业必属于某一生产贸易链的某一环节，因此，出现债务问题的企业也必定影响中下游企业的债务问题，可见企业在下一年的债务更不易处理，企业信用风险逐年增加，最终形成严重的“三角债”现象。上世纪 90 年代初期，三角债的规模占银行信贷总额的 1/3。1996 年，全国企业之间相互拖欠的三角债为 1000 亿元，三年后，到 1999 年，三角债的规模达到了 2000 亿元。之后，三角债的规模上升的速度加快，2002 年上升为 7000 亿元，2006 年达到 16000 亿元。近来，根据有关部门进行的一次企业信用危机调查的结果表明，在 57469 户国有及国有控股企业中，拖欠应收账款的金额达到了 5500 亿元，占应收账款的 70%。有专家把债务人大量逃废债务的现象称为“信用坍塌后的多米诺骨牌效应”。甚至存在道德风险的企业把拖欠账款行为作为一种经营手段，成为所谓的“赖账经济”。

三、合同违约和欺诈

目前，我国企业信用缺失引起的经济纠纷和各种诈骗案件大量增加。据有关资料表明，签订的经济合同中 50% 左右带有欺骗性。根据国家工商总局统计的数据，在每年签订的合同中，履行的才有 50% 左右，有些地区甚至有 70% 的合同出现了违约的现象。可见，合同违约已经成为制约我国经济发展的一大顽症。造成这一现象的主要原因是合同中途停止或者是签订合同一方随意更改已经签订的合同，并且这种原因所占比重大幅增加。在某种意义上说，市场经济本质上是信用经济，企业间的交易行为主要建立在以契约为前提的信用关系基础上，然而，我国在信用风险管理上的空白使得我国企业的商业信用危机严重阻碍了正常的经济活动往来。

四、金融信用缺失

金融信用缺失主要表现在企业故意拖欠银行贷款，上市公司做假账，虚报利润,欺骗股民。根据中国人民银行对在四大国有商业银行开户52656家改制企业的统计,截至2006年11月底,存在逃废债务行为的企业占到一半以上,逃废的银行本息有1660亿元,约占贷款本息总额的40%。甚至有的地方政府考虑某些集团的利益会纵容一些企业寻找各种借口逃废银行债务。根据有关部门对国有商业银行不良贷款增加原因进行的研究的结果显示,企业信用下降、银行贷款因素和国家政策影响是造成国有商业银行不良贷款增加的三大原因。这三个原因所占的比例分别为56%、30%和21%,其中企业信用下降是新增不良贷款问题的主要原因。

五、社会信用缺失

社会信用是指社会成员基于契约精神构建的社会整体信用。社会信用的构建要求每一个社会成员在社会活动中都应该自觉遵守法律、履行义务。社会信用缺失的企业作为社会成员之一,没有按照合理的自觉程序履行义务,而是作出了偷税、漏税、走私、骗取出口退税等违法行为。令人担忧的是,目前企业拖欠国家税收的现象有扩大之势:违纪面越来越广,涉税违纪案也在不断增多,违纪金额不断增大,甚至有些企业采取各种投机手段骗取国家出口退税。因此我国的有关部门应采取针对措施及时制止这类行为的蔓延。

7.3.2 我国信用风险历程

我国企业面临的严峻信用风险形势是改革开放三十年来日积月累的结果。它主要经历了三个阶段:第一次爆发阶段、蔓延阶段、集中爆发阶段。

一、第一次爆发阶段

20世纪80年代到90年代是我国信用风险逐渐积累,第一次爆发的阶段。自我国企业开始实行独立核算,自负盈亏制度开始,我国信用风险问题就开始凸显。市场化改革以来,原有企业的统一财政拨款、统一计划、统一生产、统一销售的模式逐渐被打破。各企业逐渐成为独立的经济实体。在原有体制下相互之间的往来欠款很难得到迅速清理,这就会影响到下一年的企业生产经营,又使得下一年的相互欠款难以清理,如此反复,信用风险就逐渐积累。此时我国第一次信用风险爆发,出现了影响深远的"三角债"问题。

到了1991—1992年,"三角债"的规模曾占银行信贷总额达到三分之一。此时，国家为解决此问题采取了主要三种办法：银行注资清债；债务各方、多方自行轧清；不溯及既往，不还旧债、不付货款、不发新货，以此减少债务。

二、蔓延阶段

20世纪90年代中后期是我国信用风险蔓延、相关法律建设、相关中介机构成长的阶段。由于第一阶段信用风险问题并没有从根本上得以解决，并且加之信用风险的传染性特点，若其没有得到有效遏制，它便会逐渐积累和蔓延，伺机爆发。我国在20世纪90年代中后期就属于信用风险的累积和蔓延阶段。此时，企业之间欠债的信用风险在总量、拖欠时间、最终的坏账比例等方面都有所增加。

此外，由于我国国有商业银行和国有企业之间资金上的高度依存关系，起源于企业间的信用风险问题，不仅影响到本部门的发展，同时还向其他部门蔓延。最直接的受害者就是国有商业银行。因此，20世纪90年代后我国信用风险的问题焦点转向商业银行的不良贷款问题上。据相关专家估计，20世纪90年代末我国商业银行的不良债权占全部贷款余额的比例高达20%—25%左右。

三、集中爆发阶段

从20世纪90年代末到21世纪初，我国开始了信用风险全面爆发的时期。国有商业银行的不良资产处置举步维艰，债权转股权效果较差；证券市场信用风险的问题此起彼伏；在日常的生活中也出现了诸多的信用风险问题。

7.3.3 企业信用缺失的原因

现代市场经济事实上就是信用经济，企业失信行为将不利于社会经济的发展，给企业、政府、个人都会带来严重影响。探寻企业失信的行为的原因对于规范企业行为，市场经济持续有着重要意义。

一、企业信用缺失的外部原因

导致企业信用缺失的外部因素主要与政府及社会环境息息相关。主要有以下三个方面的原因：

1. 市场经济法制不健全

在市场经济条件下，法律和制度的完善是社会信用和企业信用得以存在的保障。然而，从总体上看，由于我国现在缺乏构建完善的社会信用体系的法律机制，法律对社会经济强有力的保障作用还没有发挥出来。目前，“法律失信”现象的存在与我国“有法必依、执法必严、违法必究”的法律规范背道相持，使得我国依法执行的原则不能取信于民。“无法可依”与“有法不依”给公民带来的影响是一样的，就是公民个人权益的保障需借助其他手段而不是法律。之所以出现这种现象：首先，在不完善的法律制度下存在的“无法可依”的空白为企业的失信行为埋下了隐患。有些企业钻法律的空当谋其利润，损害他人的利益，且因失信行为得不到惩戒，因此失信行为就变得“理所当然”。法律制度的不完善是导致企业失信行为得不到惩治的一个重要原因。我国现行的《民法通则》、《票据法》、《公司法》、《担保法》、《合同法》等法律条文及法规中一方面对债务人履行偿还债务的义务不够强硬，缺乏强制性，另一方面不完善的法律制度对某些债务人行为约束的缺乏造成了法律约束的真空地带；其次，有法不依、执法不严体现不了法律的尊严，公民对法律法规的不屑是失信现象得以蔓延的重要原因。地方保护主义、部门保护主义的盛行干扰了法律法规的执行力度和深度，使得司法上存在随意性和不公正性。出于对某一集团利益的考虑存在牺牲债权人利益来维护债务人利益不受损失的现象。在执法上，债权人“赢了官司赔了钱”的现象不在少数。这是因为，一方面债权人通过法律诉讼要支付较高的诉讼成本，另一方面法律执行起来“雷声大雨点小”，即便法律作出了公正的裁决，但是真正执行的很少。法律不能保证维护债权人的利益，实际上等于纵容更多的违法失信行为。

目前，法律对失信行为的惩罚大多是些“象征性”行政处罚和经济处罚，惩戒力度不大。企业承担的失信成本或法律处罚的风险成本过低，这是信用恶化的根本原因之一。企业违约行为带来的损失远比失信的收益少得多，这种情况下法律对企业行为的约束不足以起到惩前毖后的作用。

2. 企业信用中介服务的市场化程度低

目前，我国存在一些征信公司、资信评级机构、信用调查机构等为企业提供信用服务的市场运作机构。但是这些机构规模较小，经营业务是比较分散的。不管是从信用中介机构还是从信用调查报告、资信评级报告等信用产品上来看，我们国家信用社会中介服务行业发展滞后。这表现在行业整体水平不高、市场混乱、竞争无序、中介机构没有建立起一套完整而科学的信用调查和评价体系上。更为重要的是在我国信用中介服务市场还存在严重的供需双重不足的局面。造成这两个局面共存的原因:一方面社会中普遍存在企业缺乏使用信用产品的意识。社会其他主体也没有利用信用产品维护自身的合法权益。经济主体对信用产品需求十分有限,我国信用服务行业的社会需求不足;另一方面,从信用服务的供给来看,国内缺少使得整个信用中介服务健康发展的市场环境,缺乏能够提供高质量信用产品的机构或企业。我国目前对社会信用有关数据的开放程度很低,涉及到企业信用问题的很多数据和资料都被政府掌控,其他企业和个人是无从得知。因此,在市场经济高速发展、法律体系不断完善、各种信息全民共享的形势下,对信用数据和资料的封锁无疑不利于进行客观公正、独立的信用调查、资信评估和信用专业服务。提高社会信用信息的对称程度,构建商业化、社会化的中介服务市场更无从谈起。失信现象愈演愈烈。

3. 信用监管惩罚制度缺位

在计划经济下,公有制的道德、制度、法律的规范约束着企业的行为。在市场主体的利益分散化、多元化、独立化的市场经济条件下,主体间的相互行为受多种因素的影响,其中市场利益驱动是造成主体行为变化的主要原因。社会主体间利益关系的正常化取决于双方的相互信任、信守合约等信用行为及信用关系的建立。目前,我国与市场经济体制相适应的信用制度与信用体系还没有构建,原有的计划经济体制时期对企业的约束制约着企业发挥主体能动性,已经不能满足现代社会发展的需要。因此进入市场经济社会后,我国出现了信用约束的空白地带。缺乏有效的失信约束和惩罚机制,使得企业违约行为不能得到应有的惩罚是造成企业失信行为上升的一个重要原因。令人担忧的是失信违约成为企业获取利润的手段之一,甚至会演变成一种普遍的企业行为。体制转轨和信用制度缺位带来了信用层面的很多问题。我国相关部门应予以重视,及时构建和完善社会主义市场经济体制下的信用体系是当务之急。

4. 我国生产贸易链条件下信用评价体系构建不足影响企业的信用风险管理

我国目前不存在统一的信用评价标准。现存的对企业信用状况的评价大都是各地区根据自身发展需要制定的，是各具地方特色的企业信用评价标准。各地区信用风险标准不一不利于企业进行信用管理和企业跨行政区域的市场交易活动。这是我国相关信用风险管理制度不健全造成的。它的存在也是我国构建和完善生产贸易链下的信用评价标准的主要障碍。

另外，区域性信用评价体系的不统一，相关的规则不明晰，给一些地方政府为达到某一目的以各种方式和手段为企业融资活动提供变相的信用担保提供了条件。一旦企业经营活动出现问题导致资金链断裂，企业不能及时偿债时，地方政府和企业又表现出相互推诿不愿承担责任的姿态。同时，地方政府对信息生产环节的管理不严格，是造成虚假信息盛行的重要原因。比如地方政府对从事包括会计、审计、法律服务等企业信息服务的中介机构缺乏监管，对某些负责企业有关方面认证、评定等的政府部门缺乏有效的约束，致使虚假信息在生产环节就已经存在。这都是我国目前企业进行企业信用风险管理亟待解决的现实性问题。

二、企业信用缺失的内部原因

目前，我国大多数企业都忍受高额应收账款的压力。大量的调查研究表明，不良的市场环境和客户信用状况是造成企业应收账款得不到有效控制的原因之一，但究其主要原因却是我国企业普遍缺乏对应收账款进行系统化的管理，这是企业内部管理的缺陷。长期以来，我国企业内部管理机制不合理，其主要原因是：

1. 企业经营管理目标发生偏离

在买方市场和赊销方式下，迫于市场竞争的压力，我国许多企业近几年在其发展上过分追求市场占有率。具体在业务经营中，企业简单地采取以赊销为导向的经营管理模式，通过赊销刺激销售，追求销售业绩的快速增长，但对其背后的应收账款上升、销售费用上升、负债增加、呆账坏账增加等财务状况却常常不予重视，把信用管理看成不利于销售额增加的因素。企业一味迁就客户，盲目追求销售业绩的行为是一种急功近利，不顾企业长远发展的市场短视行为。企业的这种行为将会导致企业偏离合理的盈利和净现金流量这些企业最主要的财务目标，最终使得企业无法实现价值不断增大的这一根本目标。企业经营管理的目标就是在业绩增长和风险控制之间需找一个制衡点，使得企业价值不断增大的目标得以实现。这一目标的实现离不开企业对信用风险管理的重视。

2. 缺乏经过专门训练的信用管理人员

信用管理作为现代企业管理的核心内容之一,要求企业必须拥有具备专业的信用风险管理人才。胜任信用风险管理工作的人员必须具备信息、财务、管理、法律、统计、营销、公关等多方面的综合知识,同时其要有出色的实践能力和工作经历。因为,在企业内部管理机制中,信用管理与市场营销、财务管理、信息、管理相互交叉,缺一不可。然而,目前,企业的高层领导对信用管理的理解不全面。甚至有的企业领导认为信用管理只是收收账,不需具备专业素养,只要员工能说会道就可以胜任信用管理这一工作。因此,企业在招聘员工时没有按照科学、严格的标准,造成了信用管理工作岗位上聚集了大量缺乏专业知识的人员。另外,目前,我国的教育系统中极少院校开设信用管理专业,专业研究人员也很少,供需缺口极大。从事信用管理工作的人员大都不是专业人员,所以,我国信用管理人员的素质偏低。

3. 缺乏专门的信用管理职能部门

在我国的现代企业治理结构中不管是中小企业还是大企业都存在着这样一种状况就是销售部门和财务部门两个部门共同承担者了应收账款的管理工作。然而,由于这两个部门在职能、利益、管理目标和对市场反应上的不一致,这两个部门都不可能较好地承担起管理应收账款的职能,更不用说要承担企业信用管理的职能了。因此,在实践中,这两个部门出现职责分工不清、相互扯皮、效率低下,甚至出现管理真空等种种问题也就不足为奇了。信用管理工作是一项涉及企业销售和财务管理的综合性的工作,单独由销售部门或者是财务部门来完成势必只强调财务或者是销售一方面,难以做到两者的兼顾。国内外成功企业的管理经验表明,增加独立的信用管理职能,由信用部门或信用经理承担和协调整个企业的信用管理工作是一个有效的管理方式。

4. 信用管理方法和技术落后

目前,我国大多数企业忽视对交易之前和交易过程中的客户信用过程管理和控制,他们把更多的精力放在了事后“追账”上。在目前销售业务管理和财务管理上,我国大多数企业还没有很好地掌握或运用现代先进的信用管理技术和方法。比如缺乏客户信用资料的调查;对客户的信用风险缺少评估和预测，交易中往往是凭主观判断作决策，缺少科学的决策依据；在销售业务管理中缺少信用额度控制；在账款回收上缺少专业化的方法。例如，有的企业单纯用销售提成的方法激励业务人员拉到大量订单，而后寄希望于一些缺少专业技能的人员去收账，结果是应收账款居高不下，累积越来越多，呆坏账比例逐步增加。

5. 信用管理重点严重滞后

目前许多企业采取“事后”控制的方法解决账务拖欠问题。很多企业都只有在账款被拖欠了相当长的一段时间后才开始催收，没能抓住采取补救措施的机会，等到了拖欠账款成为事实再去补救，为时已晚，并且追讨拖欠账务耗时、耗力还不能保证是否账款能全额追回。据有关权威机构统计，70%的拖欠风险可以通过实施事前控制得以防范；35%的拖欠风险可以通过实施事中控制管理得以避免；实施事后控制管理挽回的拖欠损失仅有41%；而实施全过程控制管理则可以为企业减少80%的呆坏账损失。还有一些企业，谨小慎微，在一切交易中都只使用现金，完全不信任信用工具。这类企业犯了关门主义错误，在激烈的市场竞争之中，必定处于不利地位，严重阻碍企业的健康发展。

本章小结

本章主要介绍生产贸易链条件下信用风险的内涵以及生产贸易链条件下信用风险管理框架，分析我国企业信用风险管理的现状及成因。通过解析生产贸易链条件信用风险的特点，从定性的角度对生产贸易链条件下信用风险的产生原因进行分析，同时利用博弈论的相关知识对生产贸易链条件下信用风险进行了定量分析，进而分析信用风险对生产贸易链的影响效应。根据信用风险的管理流程，构建一个生产贸易链条件下信用风险管理的系统框架。最后分析我国企业信用风险的发展阶段企业信用风险管理缺失现象及其成因。

第8章 企业信用风险评价体系分析

运用各种方法系统地、连续地发现在生产贸易链条件下企业现存的和潜在的信用风险，通过考察和分析外部经营环境、企业自身素质和生产贸易链的风险状况，识别出可能导致企业违约或信用质量发生变化的风险因素，进而系统的分析和归纳其信用风险的种类和生成原因，这是生产贸易链条件下企业的信用风险管理的第一步。本章通过分析生产贸易链条件下企业信用风险因素，主要从信用风险的形成原因，企业信用风险的来源等来寻找和分类影响企业信用风险的各种风险因素，分析这些风险因素的性质以及影响企业信用风险的方式等。通过识别整理的影响生产贸易链条件下企业信用风险因素，确定生产贸易链条件下的企业信用风险评估的主要分析因素，主要有宏观风险因素、行业风险因素、企业自身风险因素、生产那贸易链风险因素、区域信用环境因素五个方面进行分析。接着介绍现代信用风险管理模型，结合区域一体化和生产贸易链条件下企业的信用风险特点，按层次分析法分析各层信用风险因素，构建生产贸易链条件下的企业信用风险评估体系。

企业信用风险管理可以概括为通过对信用风险的识别、度量和控制，最小成本化使信用风险导致的各种损失降低到最低程度的管理方法。信用风险识别和评估的程序可如图 8-1 所示。

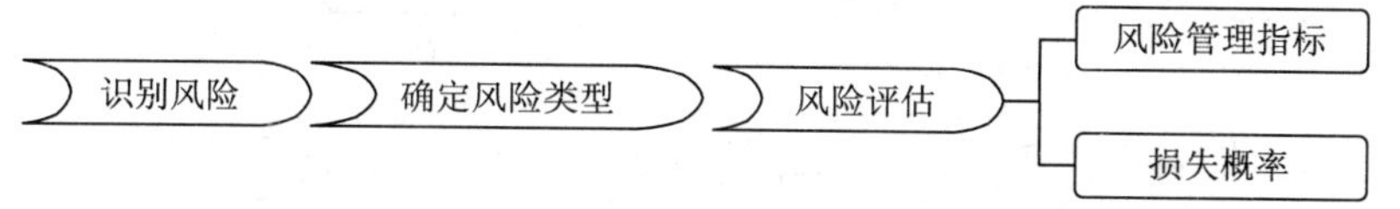

图 8-1　企业信用风险识别和评估程序示意图

8.1　生产贸易链条件下企业信用风险识别

在区域经济条件下，基于生产贸易链形成，信用风险识别是整个信用风险管理过程的基本环节，运用各种方法系统地、连续地发现在生产贸易链条件下企业现存的和潜在的信用风险，通过考察和分析外部经营环境、企业自身素质和生产贸易链的风险状况，识别出可能导致企业违约或信用质量发生变化的风险因素，进而系统的分析和归纳其信用风险的种类和生成原因，这是生产贸易链条件下企业的信用风险管理的第一步。要尽可能全面地收集有关生产贸易链条件下的企业信用风险因素的相关信息，将信息进行分析、判断、整理和归类。

8.1.1　生产贸易链条件下企业信用风险识别的原则

企业的信用风险识别是企业进行信用风险管理的第一步，它是企业运用各种方法系统地、全面地、连续地认识企业所面临或即将面临的各类潜在信用风险。企业信用风险的识别主要是寻找出导致企业信用风险的原因和影响因素，其主要解决的核心问题，是企业要判断自身所承受的风险在性质上归属于何种具体形态。企业面临的风险复杂多样的、相互交织的，只有认真地加以识别，才能对其进行有的准确地估计和处理。

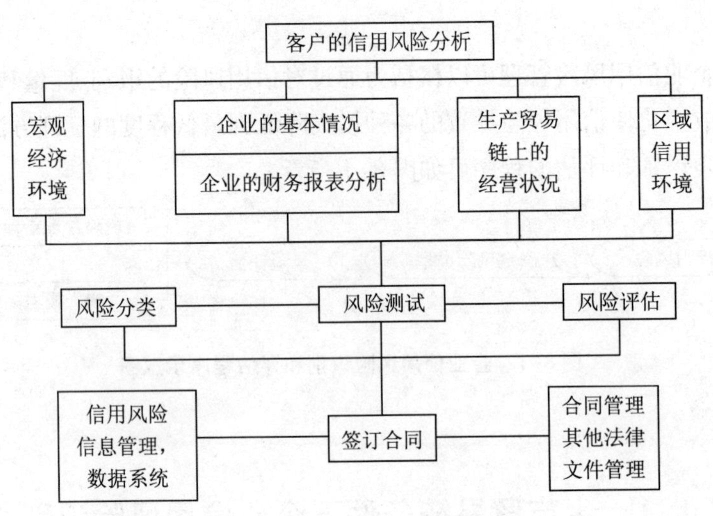

图 8-2　信用风险分析过程的流程图

一、全面识别风险

生产贸易链条件下企业面临的信用风险是多种多样、错综复杂的。在生产贸易链条件下,企业的信用风险不仅仅包括企业自身问题造成的信用风险问题,还包括企业在生产贸易链整体存在的风险。生产贸易链运营过程中出现任何问题,都将会影响到整个生产贸易链的信用,从而影响企业的信用。主要从两方面表现出来,一方面,生产贸易链上的核心企业信用水平和真实贸易变化,会改变整个生产贸易链上信用风险环境,使生产贸易链上的企业面临的信用风险发生变化,可能产生新的信用风险、增加原有信用风险的程度,也有可能降低信用风险;另一方面,生产贸易链上的风险因素使企业所面临的环境更加的复杂多变,这样的风险因素有宏观的产业政策、市场变化等,有微观的企业之间的合作问题等。因此,在生产贸易链条件下,信用风险识别结合企业自身的风险因素和企业所处整个生产贸易链的整体运营进行综合评价,全面考察企业的综合信用状况。

只有全面、详尽地了解信用风险存在和发生的可能性及其将引起的后果的详细情况,才能及时、准确地为制定决策者提供相对完备的信息,才能对信用风险进行准确的判断和识别。

二、系统地识别风险

生产贸易链条件下信用风险识别是其信用风险管理的前提和基础,

全面地识别在很大程度上决定着企业信用风险管理的效果。生产贸易链条件下的企业信用风险是一个极其复杂的系统,其中在生产贸易链上的不同的环节企业的信用风险性质、类型和程度不同,各种风险间又存在一定的相关性。进一步科学系统地对生产贸易链条件下信用风险进行识别和衡量,能对全面综合地认识信用风险。全面系统的调查分析生产贸易链条件下企业的信用风险,揭示各自的性质类型和后果,将风险综合归类,在系统中确定何种风险即将发生,发生的可能性,进而可以采取较合理的控制和处置方法。

三、连续地识别风险

信用风险无时不在、无处不有,只要企业发生业务往来,信用风险就一定存在。因此生产贸易链条件下信用风险识别应该是一个连续地、经常地、不断地进行。生产贸易链上的企业面对的是不断变化的经营环境,宏观经济的变化,例如政府产业政策的变动;行业的变动,如新兴技术企业的技术能力、生命周期等变动;生产贸易链系统比较复杂,信用风险涉及的主体和因素众多,生产贸易链上企业合作动态变化,不同企业在不同环节随时都有发生信用风险的可能性。因此,信用风险的识别要连续的进行,及时的识别风险因素,是保持生产贸易链上的信用风险管理有效性的必要过程。

8.1.2 生产贸易链条件下企业信用风险识别技术

生产贸易链上企业信用风险识别技术是指企业信用风险管理组织在搜索企业信用风险来源、分析企业信用风险性质和特征时,所采取的专门识别手段和识别方法。对于风险管理组织来说,凭借其经验和一般知识便可识别企业面临的常见信用风险。但有些信用风险的复杂性使得风险识别难度增大,需要运用相应的识别技术,在必要时还要借助外部力量来进行识别,这样才能达到预期效果。

一、德尔菲法

德尔菲法又称专家调查法,它主要依靠专家的直观能力对信用风险进行识别,即通过调查意见逐步集中,直至在某种程度上达到一致,故又叫专家意见集中法。由于需要多次反复收集与反馈调查意见,采用德尔菲法识别企业信用风险会持续一段时间。因此,这种方法更适合于允许有较长的准备期限，对现有企业信用风险的综合识别。其基本步骤如图8-3所示。

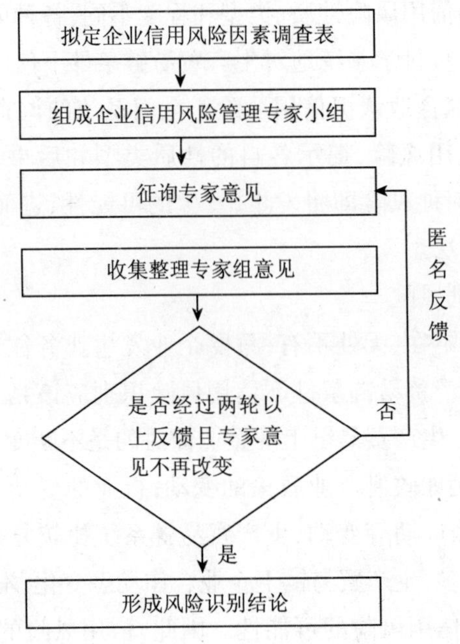

图8-3　运用德尔菲法识别企业信用风险的基本步骤

企业信用风险管理组织利用理论知识、实际经验和信息资料确定要调查的风险事项，并据此提出调查方案，拟定信用风险因素调查表。调查表的格式如表8-1所示。

信用风险管理组织通过组织专家对企业的每个信用风险因素给出意见，综合处理专家意见，形成信用风险识别结论，提交风险识别结果，作为下一步信用风险评估的基础。

专家系统有效运转高度依赖于专家的个人素质和经验，其可靠性难以得到保证。但专家系统成长于实践过程，基于长期经验与教训积累的专家意见对信用风险评价认识很宝贵的。因为现实面临的情况是复杂的，专家基于经验的判断是无法替代的，同时专家在分析行业趋势、评判企业的财务状况及发展方向上具有关键的作用，特别是有些信用风险因素不能定量，只能定性判断时，专家法对信用风险评估尤为重要。在对生产贸易链条件下的企业信用风险评估时，行业的发展情况、宏观风险因素和生产贸易链的风险因素大部分都需要进行定性的分析,有赖于专家的专业性判断。

表 8-1 企业信用风险识别调查表

识别对象	识别内容	风险状态			备注
		高	中	低	
系统风险因素					
宏观经济环境	经济发展状况如何				
	产业政策是否有利企业发展				
	法律环境是否完善				
	行业所处什么发展阶段				
行业状况	行业竞争强度如何				
	行业发展前景如何				
	企业间关系强度如何				
生产贸易链状况	企业关系质量如何				
	企业关系是否长久				
	企业在链上处什么地位				
	经济发展水平如何				
区域信用状况	金融发展水平如何				
	征信体系建设是否完善				
	政府信用水平如何				
	企业信用水平如何				
	信用法律环境是否完善				
	信用文化环境怎样				
非系统风险因素	企业管理状况如何				
企业基本素质	员工素质高不高				
	领导素质高不高				
	企业规模多大				
	人员是否稳定				
	法人注册信息				
	组织制度是否完善				
	财务杠杆状况运作如何				
企业财务状况	营运管理如何				
	盈利能力如何				
	商业信用记录				
	社会信用记录				
信用记录	税务信用记录				
	金融信用记录				

二、财务分析法

财务分析法是根据财务报表与其他财务资料识别可能的信用风险。

财务报表可以说是企业的经营活动的缩影，分析财务报表有助于认识企业的经营风险可能来源。

根据资产负债表可以了解企业信用资产的变动情况，从而判断企业的信用能力的变动对其信用风险的影响；根据利润表，了解企业的盈亏风险的来源和企业的发展能力，为其未来的信用提供的支撑力度，进而判断企业的信用风险状况未来变动的可能性；根据现金流量表，识别现金流量的变动造成企业违约的可能性的大小。

8.2 生产贸易链条件下企业信用风险因素分析

分析生产贸易链条件下企业信用风险因素主要从信用风险的形成原因，企业信用风险的来源等来寻找影响企业信用风险的各种风险因素，对其进行分类，并分析这些风险因素的性质以及影响企业信用风险的方式等。

8.2.1 生产贸易链条件下企业信用风险的形成原因分析

信用风险的本质是因一项债权不能收回、不能全部收回或者不能及时收回而带来的可能损失。企业经营过程中面临的信用风险来源于预付款、应收账款，它们实质上都是对其他企业或者个人的一种“贷款”。企业的信用风险，具体表现为企业在与其他组织、个人交易，以及为维持或扩大经营而从银行贷款、向其他组织或个人借债和发行证券融资过程中交易对手存在的拖欠账款、债务和圈钱等失信行为。生产贸易链条件下企业信用风险形成的一般原因有：

一、无能力履约

即企业有偿还意愿，但是由于其经营出现危机，致使该企业已经丧失了偿还信用的能力，无法偿还交易对手对等价值，这种信用风险占企业总信用风险损失 23% 左右。产权、市场风险等可能是导致企业无力履约的重要原因。企业必须明确界定对自身资本金的独立拥有权和对经营交易的内控配置权，企业的信用才有保障。当市场状况不利于某一行业时，这一行业的企业就容易出现财务危机，进而无力履约。

二、不愿履约

由于目前中国法律制度还不是很完善，市场环境也存在较多问题，在这种情况下，诈骗案件在企业信用活动中时有发生。这种信用风险占企业总信用风险损失11%左右。信息不对称是“不愿意履约”发生的必要条件，企业与客户签订合同时，客户隐瞒自身经营能力、资金实力、信用状况，而企业对此调查不全面，企业缺乏对客户资金流动信息资料的了解，造成客户占用企业资金，使企业现金流不足，进而形成企业间“三角债”，以致信用风险蔓延。有些企业为了短期的业绩，缺乏稳定的、长期的预期是主观性信用风险发生的充分条件。部分客户确实存在着蓄意欺骗、欺诈等不良行为。一些信用恶劣的客户往往利用合同、票据以及预付定金等方式进行长期拖欠，最终达到部分或全部占有对方货物或货款的目的。

三、延期履约

客户有意占压企业的资金。客户并非要诈骗货款或融资，但又不愿意按合约按时偿还，使企业产生大量财务利息成本，这种风险是中国企业面临的最主要信用风险，占企业所有信用风险损失的46%。企业和客户对合同中的某些条款，如货物质量、数量、价格等方面的分歧产生纠纷，导致货款迟付或拒付。

四、违约成本较低

如果在客户违约成本较低，信用信息不是很透明的情况下，客户则选择与其他企业合作，造成主动性违约，占企业所有信用风险损失的20%。法制不健全，违约成本极低也会使企业信用风险增加。

8.2.2 生产贸易链条件下企业信用风险的来源分析

生产贸易链条件下企业信用风险有可能来源于外部因素和生产贸易链的本身因素，也有可能来源于企业内部因素。因此，在生产贸易链条件下企业的信用风险有可能来源于外部经济形势变动或是受到行业发展阶段和发展水平的限制，生产贸易链内部发展状况改变，造成企业客户业务萎缩、现金流不足、甚至是破产倒闭，导致客户违约，这种风险是系统风险，不可控的；也可能来源于企业客户自身的发展状况导致企业的管理出现问题、财务危机、企业的现金流不足等，导致企业无力偿债，或客户自身的信用缺失无还款意愿等，这类信用风险是可控的，属于非系统风险。因而，生产贸易链条件下企业的信用风险可以分解成系统风险和非系统风险。

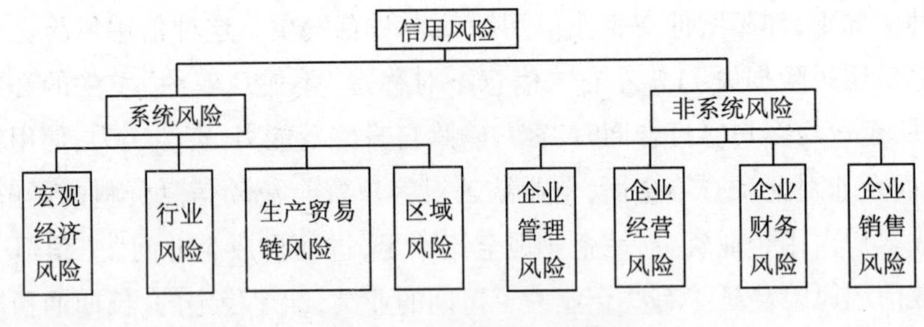

图 8-4　信用风险分解图

系统风险是指由于宏观经济周期或行业发展要素发生变化造成行业内部企业损失的情况。因而，基于生产贸易链，系统风险是必须要重视的。考察企业信用风险可以从宏观影响因素和行业的发展状况两个层面来分析。对于生产贸易链而言，系统风险更直接来源于生产贸易链本身以及核心企业。

影响企业的主要宏观因素有：政治法律因素、经济因素、社会和文化因素、技术因素。政治方面，如政府产业政策、政权更迭、战争冲突等非预期变化；在经济方面，国家经济状况和经济实力会影响企业的盈利能力；宏观经济发展的环境，例如，经济发展情况、宏观经济政策与货币政策、金融环境、能源危机、经济周期循环和通货膨胀等非预期变化会影响企业发展；社会方面的如体制变革、所有制改造等非预期变化，会在一定程度上影响企业的经营环境，最终使得企业的经营成本和利润受到影响。这种非预期变化会对市场中所有企业产生影响，是不可避免的风险；另外技术科技政策、知识产权保护等影响因素也会推动企业的发展速度。这些都是影响企业信用风险的宏观因素，这些因素中有些因素是很难度量的，而其在特定的时期不易改变企业经营决策；有些因素可以较容易地度量，对企业的信用风险影响程度较大。企业须识别影响企业信用风险的这些宏观因素，随时关心这些宏观因素的变化，以采取战略管理措施，避免宏观风险带来的损失。

在生产贸易链条件下企业所面临的环境更加复杂多变，生产贸易链中企业之间或部门之间合作衔接不确定，链上系统运行不确定。生产贸易链是由许多业务相互关联的企业组成的，生产贸易链环节中的成员企业仍是市场中的独立经济实体，彼此之间仍存有潜在利益冲突和信息不对称。例如，在生产环节点上，货物的供应不确定性，有可能是生产商的生产系统发生故障延迟生产，造成供货延迟；在贸易节点上，货物需求不确定，有可能是由于消费者的购买力的波动、消费偏好等变化会造成市场需求下降，需求在这种不稳定的系统内，各节点企业是通过不完全契约方式来实现企业之间协调的，这就必然会导致生产贸易链风险的存在。企业所处生产贸易链的整体运营绩效、上下游企业的合作状况、供应链的竞争力及信息化共享程度等因素的变动会对影响该企业面临的信用风险。

生产贸易链上企业的非系统风险，是企业加入生产贸易链特有的风险，这类风险只对企业自身产生影响主要包括企业的管理风险、经营风险、财务风险和销售风险等。对任何企业，利润波动首先反映在销量的变动上。企业的成本结构和资本结构对由销量引起的利润变化有放大的作用。

8.2.3 生产贸易链条件下企业信用风险因素

生产贸易链条件下的企业信用风险因素主要从宏观风险因素、行业风险因素、企业自身风险因素、生产贸易链风险因素、区域信用环境因素五个方面进行分析。

一、宏观经济因素

在宏观经济的周期性变化，繁荣和衰退交替，使企业经营风险加大。当市场状况不利于某一行业时，这一行业的企业就容易出现财务危机，进而无力履约。在经济繁荣时期，市场需求扩大，企业会增加固定资产投资，进行扩大再生产，增加存货、补充人力，增加市场供给，现金流入量将增加，将使企业付账和还款意愿较高。而在经济衰退时期，市场需求迅速下降，企业销售量下降，现金流入量减少，将使企业付账和还款意愿降低。另外，由于国家宏观调控、金融市场波动等原因引起利率变动、汇率变动，将可能给企业带来融资、筹资成本增加，给进一步的融资带来困难。

当国家经济政策发生变化时，往往会对企业的资金筹集、投资及其他经营管理活动产生极大影响,使企业的经营风险增加。例如,当产业结构调整时,国家往往会出台一系列的产业结构调整政策和措施,如果国家产业政策对一些产业进行鼓励,社会对此类产业的投资积极性较强,企业获得的资金支持也较多,资金流量较充分,就有主动履约的意愿;如果国家产业政策倾向于抑制该行业的发展时,该行业的企业就会受到极大的打击,进而陷入财务危机,无力履约,信用状况恶化。因此政策环境的变化也必然会对企业产生重大影响,给其运营带来风险。

二、行业发展

任何行业都有其自身所独有的结构和发展轨迹,随着行业的发展,企业取得竞争优势的方式也在改变。行业的竞争激烈程度将影响企业的信用风险,可以将行业按竞争情况分为寡头垄断行业、垄断竞争行业、完全竞争行业。垄断性行业利润丰厚,只要还款意愿好,信用风险是不大的;垄断竞争行业的企业的信用风险是普遍很大的,这些企业为了争夺市场,赊销力度很大,因此信用风险很大;完全竞争行业的企业利润微薄,不得不加大赊销力度,信用风险是较大的。

在行业的不同成长阶段,企业的信用行为也是不同的。因为在行业不同成长阶段的产品、产品变化以及顾客行为、竞争与竞争战略、风险及盈利的状况是不同的。由于行业变化、商业循环周期、产品过时、消费者偏好变化、技术进步、进入壁垒降低或者竞争加剧而引起企业收入减少,市场份额丢失或财务绩效全面下降,企业的还款履约的能力和意愿都下降,企业信用也将会下降。

如何判断企业在本行业的竞争优势、未来盈利和发展空间,就要看企业所属行业的发展前景。不同行业对行业内的不同企业会形成不同的风险和机会,如何识别企业所属行业的风险,我们从以下几个方面进行分析:销售和收入前景、商业周期和季节性模式、行业进入障碍和壁垒等。

1. 销售和收入前景

行业的收入状况是衡量一个行业的成长性、规模和总体健康状态的标准。信用质量良好的行业不仅规模在成长,而且保持稳定的增长速度。健康的行业能够连续不断地创造市场现在和将来所需要的产品和服务,不断增长的产品需求前景进一步保证了行业的维持不断增长的需求,维持价格的稳步上升。

2. 行业所处的时期

一个行业所处的时期直接影响销售的成长。根据行业内主要产品的成长阶段、产品市场的变化、企业竞争的变化、风险及盈利状况的不同，可将行业分为成长期、成熟期、成熟后期和衰退期四个阶段。行业处在每一个发展阶段，行业中企业的盈利水平、风险水平及其信用行为都将有所不同。判断该行业处于什么时期，成长期、成熟期、成熟后期，还是衰退期，有助于预测企业的未来的业绩，进而判断其信用风险的大小。

(1)成长期新产品投入市场，便进入了导入期。此阶段产品生产质量不是很稳定，还在研发阶段，因而研发投入、广告投入费用较多，造成产品的成本很高，最终反映在销售价格也很高，销售量极为有限，该行业内企业通常获利不稳定，投资风险较大。而同时，企业为推广产品，通常采用开放型的信用政策，提高信用额度和赊销比例，延长信用期限，使其信用风险放大。因此，客户企业处于行业成长时期，发生坏账的可能性较大。

(2)行业成长期。该时期是需求增长阶段，产品需求量快速增长，由于批量生产，使得生产成本大幅度下降，利润增长较快。由于市场需求量在增长，行业内的企业通常采取略微保守的信用政策，加强应收账款的管理。因此，如果客户企业处于该期，由于利润丰厚，现金流稳定，其还款的能力和意愿均会比较好。

(3)行业成熟期随着市场需求趋于饱和，行业便进入成熟期阶段。此时，销售增长速度缓慢直至转而下降，由于竞争的加剧，导致广告费用再度提高，利润下降。同时，业内企业亦因竞争激烈而逐渐放开赊销政策，甚至有时为了销售而盲目赊销，但信用风险水平取决于公司的管理和营销，会出现两端分化的现象。因此，如果客户企业处于该行业时期，其信用行为会因其盈利状况和风险水平分化而出现差异。

(4)行业衰退期随着科技的发展、新产品和替代品的出现以及消费习惯的改变等原因，产品的价格、销售量和利润持续下降，行业进入了衰退期，成本较高的企业就会因无利可图而陆续停产。如果客户企业处于该行业时期，尽管其信用政策可能趋向保守，但由于利润大幅下降，其还款能力受到很大影响，因此发生坏账的可能性很大。

表 8-2　行业所处时期的特点分析

行业所处时期	行业所处时期的特点	信用风险水平
成长期	技术工艺、市场前景、企业经营管理以及国家政策法律等因素的不确定。	信用风险暴露大,产品试用不满意率大,但结果不严重。
成熟期	技术工艺成熟,市场前景明朗,国家政策法律明确,经济效益好。	行业竞争不太激烈,回款概率大,信用风险小。
成熟后期	竞争加剧,经营环境出现困难,企业发展速度放缓,经济效益一般。	竞争激烈,为争夺市场赊销严重,风险比成长期高。
衰退期	经营环境十分恶劣,盈利空间十分狭小,经济效益差。	信用风险最高,损失额度大。

3. 行业的竞争性

主要是考察行业的垄断程度和行业的进出难易。行业内占有垄断地位的企业,一般对国民经济或地区经济有较大的影响,政府政策上会给予企业较多的支持。同时企业往往能够获得可观的垄断利润,其现金流量状况相对充足和稳定,企业的信用风险相对较低。

行业进入壁垒越高,企业可以追逐的利润越高。行业的进入风险来源于以下因素:规模经济、资金需求、转换成本、技术要求、销售渠道和产品差异优势等。行业特点和发展状态不同,竞争的焦点或特点也可能不同,通过对企业行业的规模、技术水平、新产品开发等方面的了解,能较为准确地评估企业在行业竞争中的信用风险。

三、企业自身因素

企业自身的风险因素要从企业基本情况、企业的财务状况和企业的信用记录展开考察。

1. 企业的素质

企业基本情况是影响企业信用状况的内部条件,企业基本情况可以反映企业不断开发新产品、新业务、提高市场占有率,获得较大经济效益的能力。对企业来讲,企业的基本情况包括企业的组织制度、企业的管理状况、企业的规模、人员素质、人员稳定程度、研发能力、技术装备水平、在同行中的竞争力等方面。

企业的管理质量对企业的经营结果和信用质量有很大的影响,在信用风险识别中,需要了解企业组织机构设置是否完备、管理责任是否明确、规章制度是否健全、内部制约是否得力、人事管理是否有效,激励措施是否得当等,进而判定企业信用风险的特点。

表 8-3　企业的基本情况分析

分析的项目		识别的内容
企业的组织制度		是否国有企业、集体企业、私营企业、外资企业、合资企业,与其他企业的子母公司关系等。
企业管理状况		管理责任是否明确、规章制度是否健全、内部制约是否得力、人事管理是否有效,激励措施是否得当等。
企业的规模		资产额、净资产额、销售收入、税前利润、固定资产规模、生产性建筑面积或营业面积,企业员工人数、分支机构数量等。
人员的素质	高层人员	学历、技术职称、年龄;经历与经验、开拓能力、决策能力、领导能力,在本行业从事的年限。
	普通员工	年龄结构、学历分布、专业技术、职称结构、职业道德、职工的凝聚力、对企业的认同感、自豪感等。
人员稳定程度		人员的流动是否频繁,在职员工期限等。
研发能力		研发的投入、研发人员、产品研发的速度。
技术装备水平		根据不同行业进行评价技术装备的先进性,例如制造业的生产工艺水平的先进性、设备自动化程度的高低,人员的熟练程度等。
在同行中的竞争力		行业、产品、质量在同行中的地位,企业是否落后或领先于相关的竞争者。如果交易方式发生变化,会给企业带来什么影响。企业在同行中主要的成功要素是什么;企业在同行中的核心优势是什么。

2. 企业的财务状况

企业的财务能力是其成功经营的基本保障。财务能力主要表现为企业盈利能力、运营能力、成长能力、偿债能力。

(1)盈利能力

企业盈利能力是企业信用的基础,是指企业在经营过程中获取利益的能力,是企业管理水平和经营业绩的集中体现。如果企业想要在这竞争激烈的市场中生存下来,那么就要保证它在较长的一段时期内是盈利的。企业只有盈利,才有可能按期偿还债务。向亏损的企业提供信用的风险会大于向盈利企业提供信用。主要从以下几个方面考察企业的盈利能力:销售净利率、销售毛利率、资产报酬率和净资产收益率、产权收益率等。

(2)运营能力

企业要生存和发展,要不断巩固和提高自己的信用与清偿能力,就必须提高其经营管理水平。企业的存货、债权、负债总在不断变化之中。企业会以赊购或赊销的方式买进或卖出存货;向债务人支付所欠款项;向供应商支付货款;购买新存货,制造出新产品等会使得企业的运营资本在不断地变化。因而,企业营运能力高低可以反映企业资金使用效率的高低,它表明企业管理人员经营管理、运用资金的能力。营运管理关键的是对存货、应收账款、应付账款的管理。反映企业营运能力主要有:存货周转率、应收账款周转率、流动资产周转率、总资产周转率等。

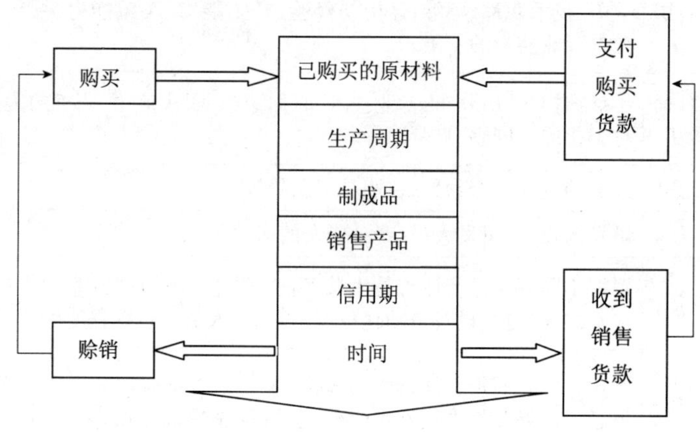

图 8-5　营运管理的环节

(3)成长能力

企业的成长能力反映了企业未来的发展前景。从企业成长能力可以判断企业未来经营活动现金流量的变动趋势,预测未来现金流量的大小。企业面临一个新的投资机会或寻求新的获利机会或发展机遇时,会增加其长期资产,其投资活动中现金净流出量就会大幅度提高。企业成长能力是企业资产规模、盈利能力、市场占有率持续增长的能力,反映了企业未来的发展前景。

(4)偿债能力

企业偿债能力是企业信用状况的最主要表现,也是企业信用评价的首要指标。包括短期偿债和长期偿债能力。反映企业偿债能力的财务比率主要有:资产负债率、流动比率、速动比率、现金比率、利息保障倍数等。

3. 信用记录

企业的信用记录是反映企业违约情况的最直观的表示。考察企业以往的履约状况,工商信用等级、交易违约记录、银行信用等级等可以很清楚地了解企业的信用历史,从而辨析客户企业的履约意愿,是判断信用风险程度很重要的指标。

四、生产贸易链风险因素

生产贸易链上各环节是环环相扣的,彼此依赖,相互影响,任何一个环节出现问题,都可能波及其他环节,影响整个生产贸易链的正常运作。而生产贸易链中各个成员企业的经营状况与整个生产贸易链的发展状况紧密相关,各个企业的管理水平、人员素质、运营方式、职业技能水平等方面都存在着差异,企业加入到生产贸易链上来,这些差异就会影响着生产贸易链的整体竞争能力和获利能力,并决定着生产贸易链的整体稳定性。识别生产贸易链的风险因素主要从以下几个方面进行:核心企业资质、信息化程度、合作的密切程度、以往交易履约情况。

生产贸易链中上下游企业之间没有信息的交换和合作,他们对各自的需求预测和存储策略将是互相独立的,将会引起预测的波动和存储的增加。如果生产贸易链中各成员有信息交换和协作,将会减少预测的波动。但是,生产贸易链上的各节点企业本质上还是独立的个体,归根结底还是会追求自身利益的最大化,当自身利益与整体利益冲突时,难免在合作中,会利用自己的信息优势,去隐瞒一些信息或发生一些隐蔽行动,为自己获取更多的利益而不惜损害其他成员企业的利益,从而引发一系列信息不对称问题。

1. 核心企业资质

核心企业的还款能力和还款意愿直接决定了整个生产贸易链上的风险。核心企业的信用状况也变得十分重要。分析核心企业的情况主要从企业规模、信用级别、行业地位、盈利能力、偿债能力和信用记录等进行。

2. 信息化程度

信息的共享程度反映了生产贸易链中信息传递的时效性、有效性和准确性，它影响生产贸易链对市场需求的反应力和生产贸易链运作的效率。

3. 合作密切程度

生产贸易链上的上下游企业是关系密切的交易伙伴关系，上下游企业的合作密切程度、上下游企业的综合实力和上下游企业的信息沟通水平等对生产贸易链上的各个企业信用状况产生的影响，具体可从交易年限，交易频度等进行判断。如果生产贸易链上的企业之间有较长的合作时间，可以认为，企业双方对彼此各个方面都较为了解，且在合作上达成了某种默契，对双方的合作关系比较满意，这就为未来双方在生产贸易链上的进一步合作奠定较牢固的基础。

生产贸易链上企业之间交易的频率以及交易量的多少反映在生产贸易链上众多合作企业现在和将来所处的地位，间接反映企业间合作的稳定性。可以由订货量比重和订货量增长率两个指标体现，如果在生产贸易链上企业与核心企业有较大份额的订货量且订货量处于增长状态，那么可以较合理地认为该企业不会在短时间内破产，这样企业的经营风险及不确定性会较小。

五、地区信用环境因素

由于不同地区经济发展水平、法律环境、社会诚信文化、分行管理水平等存在较大差异，因此，公司所处的地区对违约损失率也具有明显的影响。

经济发展是信用环境建设的物质基础。经济发展水平提高，信用环境才会得到改善。在市场经济时代，银行信用是最主要的信用形式，银行业的发展水平是地区信用环境好坏的直接体现。

政府信用水平考察政府行政行为所产生的信誉和形象。作为某一地区的组织者与管理者的政府，它的信用贯穿于政府与公众的整个互动过程中，其自身的信用建设对地区信用建设有着导向和示范作用，因此，政府信用在地区的合作中处于非常重要地位。企业信用水平考察企业作为经济主体，为达到经营目的而在经营活动过程中是否违约。

地区的市场经济秩序规范程度、法律制度的健全程度和媒体发达性等有助于对地区信用有一定的影响。如媒体越发达的地区信息流动越充分，这就给政府信用行为提供了一个有利的环境。法律制度越健全，制假卖假、财务欺诈的案件会越少，因为在这样的法制环境下，企业才有生存和发展的保障空间。一切社会活动都是由单个人的参与来完成的，只有地区内的每个公民都具备了守信的良好品质，才能形成诚信为本、杜绝欺诈的良好地区信用氛围。

8.3 生产贸易链条件下企业信用风险评价体系分析

建立企业的信用风险评估体系是企业信用风险管理的重要组成部分。要准确地估测和评价客户信用风险，必须以能够全面、准确地分析客户信用风险的影响要素，进而选取合适的评价指标为前提。因此，建立企业的信用风险评估体系应确定客户企业信用风险的量化分析模型，确定客户信用风险的评价指标。

8.3.1 生产贸易链条件下企业信用风险评估的方法

企业信用风险评估方法经历了从定性分析到定量评估信用评价方法的发展过程。而信用风险的各种评估方法之间有着或多或少的联系，有些新方法是对传统方法或思想的集成和发展。

一、定性因素和定量因素分析

影响企业信用风险的因素包括定性和定量两方面，其中定性因素包括企业外部风险因素和部分内部风险因素，定性的内部风险因素主要包括企业经营情况、企业技术先进性、企业管理水平等；定量因素包括企业的盈利能力、营运能力、成长能力、偿债能力等。对企业信用风险进行评估是一项复杂的系统工程，仅从定量指标角度构建信用风险评估模型不能全面地反映企业的信用风险状况，构建的信用风险评估模型损失了很多有用的信息。因而，信用风险的综合评价要能够综合地考虑风险的定性和定量因素，以达到综合和合理评价企业信用风险的结果。

二、企业信用风险评估的定性评估方法

传统评估方法有专家方法、评级法、信用评分法。这些方法的重要特征是以定性分析为主，对风险的计量结果往往难以做到精确。而对传统评估方法进行改良，又成为新的信用风险评估的方法。

1. 传统评估方法

(1)专家方法

专家法是传统的信用风险分析方法，它是商业银行在长期的信贷活动中所形成的一种行之有效的信用风险分析和管理制度。是指专家依据自身长期积累的丰富经验对企业相关的信用风险定性和定量信息加以主观判断，最终获得一个等级评定。专家分析方法通常采用5C法，即品质(Character)，还款能力(Capacity)，资本实力(Capital)，抵押品(Collateral)和经营环境条件(Condition)。专家方法的突出优点是具有灵活性并且较好地考虑了定性信息，例如，对于管理层素质、公司的行业竞争力这样一些定性信息是很难进行定量分析的。而这一方法的缺点是：首先，实施的效果很不稳定，因为专家的素质高低及经验多少将直接影响评估的效果；其次，信用风险分析标准不统一，造成信用评估的主观性、随意性和不一致性。

(2)评级法

评级模型是金融机构在美国货币管理办公室(OCC)最早开发的评级系统的基础上拓展而来。OCC 最早将贷款分为5级：正常贷款、关注贷款、次级贷款、可疑贷款和损失贷款。评级分级模型实际上是对资产组合的信用状况进行评价，并针对不同级别的贷款提取不同的损失准备。目前，我国大多数商业银行正在实行的就是贷款5级分类办法。

(3)信用评分法

信用评分法是指根据历史数据，借助计算机技术通过对个人信用记录的量化分析来预测未来违约事件发生可能性的一种方法。采用该方法的信用评分模型本质上属于一种统计模型，是根据历史数据来预测未来违约的概率。信用评分模型具有量化、精确、快速、客观和动态的特点。

典型的评分模型是 Altman1968 年提出的著名的 Z 评分模型和 1977 年修正建立的第二代模型 ZETA 模型。Z 评分值模型和 ZETA 模型的基本思路是将企业的一些关键财务变量组合起来，用加权的方式获得一个Z分值，Z分值评估企业的信用风险的大小或违约的可能性。这两个模型所计算出的 Z 值可以较明确地反映企业在一定时期的信用状况，而且这两种模型具有较强的可操作性和适应性，在许多国家和地区对评估小企业得到推广应用，成为小企业信用风险评估的核心方法之一。

Z 评分值模型和 ZETA 模型的缺点是：(1)依赖于财务报表的账面数据而忽视各项资本市场目标，在一定程度上削弱预测结果的可靠性和及时性；(2)模型缺乏对违约和违约风险的系统认识；(3)假设在解释变量中存在着线性关系，而现实的经济现象是非线性的，不能精确地描述经济现实；(4)无法计量表外信用风险，对某些特定行业、企业不适用，使它们的使用范围受到限制。

2. 现代信用风险管理模型方法

(1)Credit Portfolio View 模型

Credit Portfolio View 模型基本观点是违约概率和信用级别变动概率与宏观经济相关联。当经济条件恶化时，降级和违约增加；当经济条件好转时恰恰相反。该模型是一个离散型多阶段模型，其中违约概率被看成一系列宏观经济变量如失业率、利率、经济增长率、政府支出和汇率的函数。这种方法实质上是通过对宏观经济周期波动的态势来分析判断和评价信用周期进而评价信用风险。该模型通过模拟和构造在不同的宏观经济形势下，一个国家不同产业不同信用级别的金融工具违约的联合条件概率分布和位移概率，分析宏观经济形势变化与信用违约概率及位移概率的关系，进而分析不同行业或部门不同信用级别的借款人的信用风险程度。Credit Portfolio View 模型将各种影响违约概率以及相关联的信用等级转换概率的宏观因素纳入了自己的体系中。

(2)KMV 模型

KMV 公司是一家专业信用风险分析公司，该公司推出了一个信用风险模型和一个可扩展数据库，用来估计违约概率和损失分布。1993 年 KMV 公司通过研究提出的期望违约频率模型基于信用风险的期权定价模型，包含两种理论联系：其一是企业股权价值与企业资产价值之间的关系，将股票价值看成是建立在公司资产价值上的一个看涨期权；其二是公司股票价值波动率与公司资产价值变化之间的关系。

在 KMV 模型中，分三个步骤来确定客户违约概率：第一步，从公司股票的市场价值、股价波动性及负债账面价值估计出公司的市场价值及其波动性；第二步，根据公司的负债计算出公司的违约点，还要根据公司的现有价值确定公司的预期价值,用这两个价值以及公司价值的波动性即可构建出一个度量指标,它表示从公司的预期价值到违约点之间的距离,称违约距离;第三步,确定违约距离与违约率之间的映射,这一步要根据具有不同违约值的公司的违约历史数据来确定。

KMV 模型的缺陷:首先,数据来源决定了其使用范围方面的限制,该模型适用于对上市公司的信用风险评估。其次,该模型假定企业的资产价值呈正态分布,正是基于这个假设,模型计算出理论的预期违约频率值。但是在现实中,借款企业的资产价值的分布未必符合正态分布。

3. AHP 层次分析法

美国运筹家 T. L. SAATY 于 20 世纪 70 年代初提出的层次分析法。层次分析法可以有效地处理复杂的社会经济和技术问题,它将人类的思维数量化、层次化,如此可以简化系统的分析和计算,同时保持决策者思维的一致性。层次分析法以数学方法为工具,为系统分析决策与控制提供定量的依据。

运用层次分析法,首先把信用风险评估问题层次化,把它分解成不同的组成因素,并按各因素之间的隶属关系和相互关联程度分组,形成一个不相交的层次。上一层次的因素对相邻的下一层次因素起着支配作用,从而形成一个自上而下的逐层支配关系,即信用风险评估的递阶层次结构模型。构建模型要以信用风险评价为总目标,通过若干有经济意义的中间层,到最低层为止,最低层是反映企业各方面财务活动的具体数量指标。

采用 AHP 建立的层次分析模型,就是要将复杂的企业信用风险评估问题进行层次分析,明确信用风险评价管理内部的层次结构关系及其各组成因素之间的相互关系,通过两个因素之间相对重要性的比较和计算分析得出定量化的结论,从而实现对信用风险评估问题的定性和定量综合评估。层次分析模型可以把专家团的定性判断量化处理,运用必要的数学方法和电脑软件,对判断的量化数据进行定量运算分析得出同一层次不同指标间的相对重要性权重,然后对不同判断目标的指标权重进行总排序,得出不同风险因素的重要性判断。这也是本文采取层次分析法的主要因素。

8.3.2 生产贸易链条件下企业信用风险评估体系

信用风险评价是一个非常复杂的过程,它受到多种因素的影响。单单用一个或几个指标并不能全面地反映一个企业的信用风险,生产贸易链条件下的企业信用风险的综合评价不仅包括定量的因素还包括许多定性的因素,所以要求评价模型要能够综合考虑定性和定量因素,以达到评价结果的综合性和合理性。由于影响中小企业信用风险的因素太多且具有复杂的多层次性,而评估结果又容易受到评估者的知识经验、认识能力、个人偏好等的影响,难以消除有人为因素造成的误差,使得评价结果不够准确和很完整。评价时只能选取有限的主要指标来分析,且选取的有些数据是已知的,有些是未知的。

为综合评价企业信用风险状况,不仅仅要考虑企业自身状况,还要考虑行业状况、生产贸易链发展状况和企业所在区域的经济发展状况。具体信用风险评估体系如图 8-6 所示。

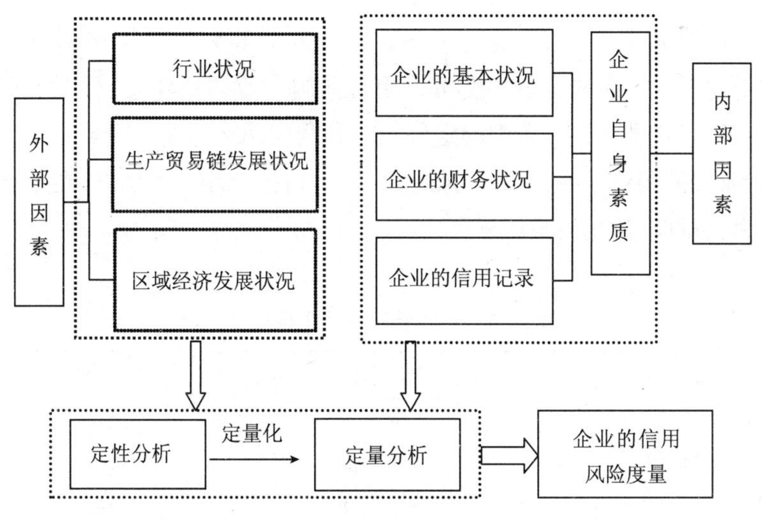

图 8-6 信用风险评估体系

一、行业状况

行业环境是企业发展的外生动力。企业所在行业状况对企业信用风险的影响主要是指宏观经济环境、行业的成长性等因素对企业偿债能力的综合影响。宏观经济指标包括经济发展状况、产业政策、法律环境，行业成长性包括行业所处的发展阶段、行业竞争强度、行业发展前景。

1. 宏观经济状况

宏观环境的变化对企业产品市场、原料供给、盈利能力和资产质量等方面产生影响，从而影响企业的信用水平。经济发展状况良好，市场就较为繁荣，市场需求增加，企业实现利润的机会就会增加。产业政策评估的是政府对产业的支持力度，政府支持的产业，投入该产业中的企业的资金就较多，企业获得的资金支持较多。法律环境主要评估企业违约的惩罚和对规范企业的经营法律、法规实施的情况。法律、法规严格实施，对企业的经营起到一定的约束作用，企业违约的概率就会减少。

2. 行业成长性

行业所处的发展阶段如果一个行业处于不景气的时期，那么该行业供应链上的所有企业的发展都会停滞。一般来说，在经济萧条时，整个行业都将延长应收账款偿还的时间，因此企业所在行业的发展状况，可以影响企业财务状况和运营周期的变化，从而影响订单变现为现金的时间。

行业竞争强度是指行业的完全竞争程度，分寡头垄断竞争、垄断竞争和完全竞争。行业的竞争程度可以用行业内企业数量体现，行业的竞争程度直接反映企业在市场中的定价能力和利润率。越接近完全竞争的行业，企业规模相对越小，产品同质性越高，价格控制能力也越低，企业的偿债能力也越低，信用风险就越大。

表 8-4　行业状况评估指标体系

风险项目	评估指标	指标类型
宏观环境	经济发展状况	定性
	产业政策	定性
	法律环境	定性
行业成长性	行业所处发展阶段	定性
	行业竞争强度	定性
	行业发展前景	定性

行业发展前景会影响对行业内企业获得的资源支持的力度，还会影

响到企业的经营决策和未来发展方向。

二、企业自身状况

评估生产贸易链条件下的企业自身状况包含企业的基本素质、企业的财务状况、企业的信用记录。

1. 企业基本素质

企业基本素质是影响企业信用状况的内部条件，主要是考察企业的管理状况、员工素质领导者素质、企业规模、企业人员稳定程度、法人注册信息、组织制度等。其中，企业的管理水平决定了企业未来可能的经营状况，因此在对企业信用进行评估时，应该考虑管理水平的影响，员工素质是保证企业长足发展的人力资本，领导者的素质影响企业的管理水平，企业员工的整体素质越高，企业的发展潜力越大，企业信用风险越低。企业规模越大，在同行中的竞争力越强，偿债能力也就越强，企业的信用状况也就越好。

表 8-5　生产贸易链条件下企业素质评估指标体系

风险项目	评估指标	指标类型
企业基本素质	企业管理状况	定性
	员工素质	定性
	领导者素质	定性
	企业规模	定性
	人员稳定程度	定性
	法人注册信息	定性
	组织制度	定性

2. 财务状况

盈利能力是指企业经营获取利润的能力，是企业管理水平和经营业绩的最终体现。企业的盈利能力是企业信用的基础，企业盈利越多，按期偿还债务的可能性越大，企业的信用风险就越低。企业的盈利能力可以由各种利润率指标进行衡量，例如净资产收益率、总资产报酬率、净利润率、成本费用利润率、盈余现金保障倍数、产权收益率等。

表 8-6　生产贸易链条件下盈利能力评估指标体系

风险项目	评估指标	指标类型
盈利能力	净资产收益率	定量
	总资产报酬率	定量
	净利润率	定量
	成本费用利润率	定量
	盈余现金保障倍数	定量
	产权收益率	定量

营运能力是指企业在生产经营过程中,由资金周转达到有效利用资金的能力,它表明企业管理和运用资金的能力。企业资金周转状况好,说明企业的资金利用效率高,企业的经营能力越强。反映企业营运能力的指标主要有应收账款周转率、流动资产周转率、存货周转率、总资产周转率、存款周转率、赊销周期等。

表 8-7　生产贸易链条件下营运能力评估指标体系

风险项目	评估指标	指标类型
营运能力	应收账款周转率	定量
	流动资产周转率	定量
	存货周转率	定量
	总资产周转率	定量
	存款周转率	定量

表 8-8　生产贸易链条件下成长能力评估指标体系

风险项目	评估指标	指标类型
成长能力	利润增长率	定量
	销售收入增长率	定量
	资本积累率	定量
	净资产增长率	定量

成长能力是决定企业未来发展能力，只有成长能力强的企业才能保证持续的盈利能力，而持续的盈利又保证企业违约的概率降低，提高其信用水平。评价企业自身的成长能力的指标主要有利润增长率、销售收入增长率、资本积累率、净资产增长率等。

企业偿债能力是企业信用状况的最主要表现。企业偿债能力既反映企业经营风险的高低，又反映企业利用负债从事经营活动能力的强弱。偿债能力又包括短期偿债和长期偿债能力。反映企业短期偿债能力的指标主要有：速动比率、流动比率、利息保障倍数、固定费用偿付比率、资产负债率、产权比率、现金流动负债比率等。

表 8-9　生产贸易链条件下偿债能力评估指标体系

风险项目	评估指标	指标类型
偿债能力	速动比率	定量
	流动比率	定量
	利息保障倍数	定量
	固定费用偿付比率	定量
	资产负债率	定量
	产权比率	定量
	现金流动负债比率	定量

3. 企业信用记录

主要看客户企业以往的信用记录，看看以前与该企业合作时，是否有延期付款、违约的经历；企业偷税、逃税、漏税记录；企业伪造信息、欺骗行为记录等。如果该企业信用记录良好，那么该企业违约的概率也要低一些。

三、生产贸易链状况

生产贸易链条件下的企业信用风险评估体系不仅包括对中小企业基本素质、偿债能力、营运能力、盈利能力、创新能力、成长能力、信用记录以及行业状况等影响因素的考察，还包括对企业所处生产链的核心企业状况、整体运营绩效、上下游企业的合作状况、生产链的竞争力及信息化共享程度等因素的综合评价，同时还对核心企业的状况进行考察,从而更加全面、系统、客观地反映处在供应链中的中小企业的综合信用状况。

1. 核心企业状况

核心企业状况是整条生产链稳定的保证,如果核心企业的经营出现问题,资金链断裂,无法给其供应商支付货款,那么供应商的还款来源也就无法保证,将会造成整条生产链的连锁信用风险产生。核心企业是生产贸易链的信息中心、物流中心和协调中心。核心企业的基本素质高,运营效率稳定,只要盈利有保障,同时又具有短期偿债能力和还款意愿,就能保障中小供应商的还款来源,中小融资企业的信用风险也就降低了。在评估核心企业的综合实力时,选取其企业规模、盈利能力、短期偿债和信用记录四个方面。考察信用记录时,要考察核心企业的对外担保情况,核心企业的对外担保可以放大其信用,但是过度对生产链上的企业担保,会使其信用过度放大,企业的信用风险加大。由于核心企业具备很强的实力,其信用较稳定,因此,可以直接引用外部征信体系评估机构的专业评估结果。

2. 生产贸易链整体状况

生产贸易链运营状况良好、合作稳定,会使中小企业的有稳定的发展前景,弱化企业的综合信用风险;生产贸易链运营状况不好、生产贸易链容易断裂,增加中小企业的信用风险,使其信用状况恶化。

在复杂多变的环境下,持久的交往关系有助于促进合作双方的沟通,从而减少双方的合作风险。因此,如果双方有较长的合作时间,可以认为,双方对各个方面都彼此了解,且配合默契,对合作结果比较满意,这就为未来的合作奠定了良好的基础。

(1)上下游企业关系强度

关系强度主要是考察合作伙伴间的关系契约强度和互动频率。关系契约强度可以通过生产链中的合作企业双方是否具有长期的供销合同来衡量的。互动频率考察在一个给定时间内合作企业双方发生的、与合作相关的活动的次数。组织之间的互动频率越高,双方关系强度越高,供应链合作关系就越稳固,则企业的信用风险就越低。

表 8-10 企业生产贸易链整体状况评估指标体系

风险项目	评估指标	指标类型
上下游企业关系强度	关系契约强度	定性
	互动频率	定性
上下游企业关系质量	信任度	定性
	满意度	定性
	承诺	定性
	管理者私人关系	定性
	员工私人关系	定性
	完成订单准确率	定量
	信息共享程度	定量
上下游企业关系久度	合作时间	定量
	订货量比重	定量
	订货量增长率	定量
企业的地位	产品价格优势	定性
	产品替代性	定性

(2)上下游企业关系质量

在复杂多变的环境下,持久的合作交易关系有助于合作企业双方的信息交流和沟通。因此,如果合作企业双方有较长的合作时间,双方对对方信息资料了解较全面,且配合默契,双方对合作结果比较满意,这就为未来的再次合作奠定了良好的基础,降低合作企业的信用风险。

(3)上下游企业关系久度

上下游企业关系质量是指生产链合作伙伴之间信赖程度、合作意愿的程度、合作满意程度、默契的程度、信息共享程度等。信息共享程度表现为企业的信息化程度和企业间信息系统的兼容。信息的共享程度反映了生产链中企业信息传递的及时性、有效性和准确性,它影响生产链对市场需求的反应速度和运作的效率。

(4)企业的地位

企业地位也是影响供应链内合作伙伴关系状况的一个重要因素。企业产品的价格优势越明显,竞争力越大,与核心企业的合作就越稳固,作为还款来源的销售收入就越稳定，融资企业的信用风险就越小。产品替代性越大，核心企业越容易更换合作伙伴，从而导致融资企业订单来源不稳定，信用风险加大。

四、地区信用状况

表 8-11　地区信用状况评估指标体系

风险项目	评价指标	风险类型
(一)经济发展水平	1. 地区生产总值	定量
	2. 人均 GDP	定量
	3. 规模以上工业产值总额	定量
	4. 社会消费品零售总额	定量
(二)金融发展水平	1. 金融系统年末存款余额	定量
	2. 金融系统年末贷款余额	定量
	3. 贷款不良率	定量
(三)征信体系建设	1. 信用信息基础设施建设水平	定性
	2. 信用信息透明度	定性
	3. 信用中介服务机构发展	定性
(四)政府信用水平	1. 地方政府政策导向	定性
	2. 政府信息透明度	定性
	3. 金融部门的独立性	定性
(五)企业信用水平	1. 企业应收账款占比	定量
	2. 企业担保费用率水平	定量
	3. 企业欠税率	定量
	4. 企业逃废债比率	定量
(六)信用法律环境	1. 信用法律法规的执行力度	定性
	2. 失信惩戒机制的完善程度	定性
	3. 金融债权诉讼的审结率	定量
	4. 金融债权诉讼的执结率	定量
(七)信用文化环境	1. 当地信用道德文化水平	定性
	2. 大众信用知识普及水平	定性
	3. 民间金融的发展情况	定性

客户企业的盈利状况很大程度上受到客户所在地区经济状况和经济实力的影响。地区经济发展水平较高,会吸引外部资金进入该地区,如此该地区的企业发展就会有较多资金支持,企业的信用风险相对就较低。地区金融发展水平较高,企业将会有较好的融资环境,企业的融资效率和质量。

征信体系是信用信息收集、传播的主要渠道,是信用环境建设水平的重要指标。生产贸易链条件下,地区信用建设将促进到产业链的信息流动和共享,在信息透明的环境下,会督促企业信用改善,在该地区的客户企业的信用风险将会较低。

政府信用是区域合作的生产贸易链稳定发展外在因素保证。政府在地区合作中严格守信,将营造一个企业的长期合作的环境,使得企业能在地区间长期稳定地合作。如果政府不守信,企业将面临客户因政府不守信行为而致使合作中断,在生产贸易链条件下,造成生产链的断裂,形成的信用风险危害将扩大到整条链上的企业。以政府政策稳定性、政府信息透明度、金融部门的独立程度为考察指标。

一个地区拥有良好信用法律环境,能有效地约束企业违约行为,对失信者有效的惩罚的力度,对企业的信用风险都有很大的影响。在严格执行信用法律规定的环境里,企业违约的概率将会降价,企业的信用风险相应的比较低。

一个地区信用文化环境良好,会使得整个社会形成诚实守信的氛围,相对的企业的违约趋势就会低些,企业的信用风险就会较低。评估地区的信用文化环境,主要考察该地区信用道德文化水平、信用文化的普及和民间金融的发展情况。

本章小结

本章主要对生产贸易链条件下企业信用风险识别和评估体系进行分析,信用风险因素按外部因素和内部因素进行分析,从行业状况、企业自身状况、生产贸易链状况、区域信用环境方面四个方面对企业信用风险因素进行分析。通过识别信用风险因素，按层次分析法分析各层信用风险因素，探索生产贸易链条件下的企业信用风险评估体系。按照定性和定量结合的综合评价的方法，把评估体系的信用风险按定量和定性进行归类，系统、全面的识别和评估企业信用风险。为信用风险的度量奠定良好的基础。

第9章 生产贸易链条件下企业信用评价模型

在生产贸易链条件下，企业信用标准的设置要体现地区差别，有些指标的选择、权重等要素要有地区差异，构建统一的生产贸易链条件下企业信用风险评价标准，对企业进行信用风险管理。本章主要介绍了生产贸易链条件下企业信用评价的确定原则，主要内容及模型，并通过实例来进一步说明评价模型的具体应用。

9.1 生产贸易链条件下企业信用评价体系评价指标选择

目前国内外的企业信用评级实践和理论研究中,更多的是把企业信用评级的内容界定为财务类与非财务类两大类。生产贸易链条件下的企业信用评价如此。从现有的研究结论看,国内外一致认为①,财务因素应是评定企业等级所要考虑的主要内容。由于非财务因素如企业创新能力、经营战略、外部环境、偿债意愿等,需要极大的定性分析作为理论基础,将会用到许多主观评价方法,其得出结论的有用程度很大地取决于理论的精深和实践的丰富。尽管财务数据具有真实、可靠、易于获取等优点,然而由于企业经营环境和自身发展状况的不断变化,单凭财务类指标无法全面、准确对企业的信用水平进行客观的测度。所以,生产贸易链条件下的企业信用评价应在考虑各种影响企业信用因素的基础上,选择合适的评价指标体系和评价模型。

9.1.1 生产贸易链条件下企业信用评价体系评价指标确定的原则

一、企业信用评价应将定性分析方法和定量分析方法相结合

定量分析是运用企业的经济统计数据来对企业信用进行客观、科学的评价,而定性分析则主要是分析者根据现有的信息资料,凭借自己的直觉、经验对企业信用进行评价的一种方法。定性分析与定量分析是相辅相成的。定性分析是定量分析的基本前提,它有助于对定量分析结果的理解;定量分析则可以使定性分析更加科学、准确,从而使定性分析的结论更加可靠、令人信服。企业由于其统计数据、财务资料和管理水平的局限性,无法对所有指标逐一量化,因此在实际操作中必须充分运用定性分析方法。但最终评价结果应形成一个明确的量化结果,以排除定性分析

① 转引自陈述云:《风险评级模型及其应用研究》,《西南财经大学博士学位论文》(2003年3月)。

中主观因素或其他不确定因素的影响。

二、企业信用评价需考虑省区信用环境

信用环境是各市场主体开展信用经营活动的内部条件和外部条件的总和。信用环境的好坏直接关系到经济金融运行的质量、效益和安全。地区信用环境评价应把社会经济发展、金融资源、信用和法制环境视为一个整体的大系统,使得评价指标能够客观反映社会经济与信用的内在联系。生产贸易链条件下的企业信用评价,涉及多个省区,在评价过程中首先要关注的是各个省区的区域信用环境。对于信用环境的评价结果,应该在总评级模型中占有一定权重,以期达到信用环境等级较低地区的企业将遭到金融同业(多省联合)的联合制约,其所在地区的企业将会受到很大影响。

三、企业信用评价需要考虑评价指标选择的全面性

在生产贸易链下,企业的信用风险不仅受经济发展水平、金融发展水平、信用法律环境等因素的影响,还受到行业状况、产业链上其他企业的信用水平以及企业间合作关系等因素的影响。经济发展是信用环境建设的物质基础。经济发展水平提高,信用环境才会得到改善。同时较高的金融发展水平、良好的信用法律环境能对企业信用水平的提高起到推动和促进作用。在贸易产业链条件下,行业状况以及上下游企业的信用状况对企业的信用水平也产生重大的影响。如果由于行业状况恶化或者其他原因导致下游企业违约,那么这必然会降低上游企业自身的信用水平,当上游企业是中小企业时,影响效果更加明显。而如果下游企业的信誉比较高、实力雄厚,这也将对上游企业的信用水平产生积极的影响。因而,为使生产贸易链条件下企业信用评价更加的科学、客观、全面,在选择评价指标时应考虑对企业信用成长产生影响的各方面的因素。

四、企业信用评价应考虑指标的可操作性

可操作性指的是,所选取的指标数据应该便于采集,计算公式要科学合理,评价过程要简单实用、便于实施和操作,评价结果要易于理解和分析。因而,评价指标体系不宜太庞大和复杂,无法获取数据的指标不能被引入评价指标体系之中,从而保证评价方法在实践中的实用性和可操作性。

9.1.2 生产贸易链条件下中小企业信用评价的主要内容

传统的企业信用评价主要考察的是融资企业的信用状况，主要从其自身的历史记录、企业素质、经营水平、外部环境、财务状况、发展前景等方面进行分析研究之后，就其信用能力进行综合评价。而在生产贸易链条件下，企业的信用水平还会受到生产贸易链上其他企业信用状况、行业状况、生产贸易链上企业间的关系状况、区域信用风险状况等因素的影响。

一、行业风险

行业状况分析指的主要是对宏观经济环境、行业发展现状及前景、法律政策环境等方面进行分析，判断企业所处的发展阶段，进而揭示行业因素对企业经营的影响程度。行业状况风险属于系统性风险，其影响面比较广，因而在对企业进行信用水平评价时应对行业状况因素给予足够的重视。

二、融资企业自身风险

融资企业自身状况风险指的是在不考虑生产贸易链上其他企业信用水平的影响时，由于其信用品质不高或信用能力不足而违约的风险。融资企业自身状况包括企业的素质、经营管理水平、财务状况以及信用记录等。通过对这些内容的考察，可以评估融资企业的还款意愿、营运能力、盈利能力、偿债能力、成长能力等。融资企业的资信水平越低，违约的可能就越大。

三、生产贸易链风险

企业所处的生产贸易链的状况对中小企业的信用水平会产生直接的影响。当生产贸易链运营状况良好、成员间的合作关系密切、信息共享程度高时，整个贸易链上的交易风险就比较小，从而可以降低企业的信用风险。生产贸易链的风险可以从处于下游的核心企业状况、生产贸易链上成员间的合作程度、生产贸易链终端产品的竞争力、融资企业在生产贸易链中的地位等方面进行考察。

这里的核心企业指的是，在生产贸易链上整体实力比较强，处于生产贸易链的下游、能对上游企业的经营产生重大影响的企业。企业在进行融资时，虽然核心企业不直接参与融资活动，没有与银行发生授信业务关系，然而银行对融资企业的直接授信可以看作是对核心企业的间接授信，因为融资企业从银行获得的资金可以作为融资企业对核心企业的提前收款,从而可以推迟核心企业对融资企业的付款日期。这样,通过借助核心企业的商业实力,银行将易于为其上游企业提供融资,从而导致了生产贸易链上的成员更加容易地从银行取得贷款来满足自身的资金需求。由此可以看出,核心企业较高的信用水平,可以提高生产贸易链上其他企业的信用水平。然而,如果核心企业出现信用风险,它将会对中小企业的信用风险产生消极的影响。所以,在生产贸易链条件下,在中小企业信用评价的过程中考虑核心企业的信用状况是非常必要和有意义的。生产贸易链中的上下游企业是与被评价企业关系最为密切的交易伙伴,它们的信用状况对融资企业的信用水平产生直接的影响。生产贸易链上企业间的关系越密切、合作程度越高,生产贸易链整体的实力就越强,融资企业的信用水平也会因此而提高。产品的竞争力指的是生产贸易链上终端产品在市场上的竞争力,竞争力越强,生产贸易链上企业的利润越高,财务状况越好,从而信用水平也会增强。融资企业地位是指融资企业在生产贸易链中所提供的产品是否具有价格、质量等优势以及产品的替代性等方面的具体情况。如果融资企业为其下游企业所提供的产品的价格比较低、质量高,或者其产品的替代程度比较低,那么融资企业在生产贸易链中的地位就比较坚实,否则融资企业的地位就不稳定,融资企业在生产贸易链中的地位就有可能被其他企业所取代。

四、区域信用风险

区域信用环境是企业所处地区的社会经济、信用文化和法律环境等方面的总和,对生产贸易链条件下的企业的信用水平有很大的影响。在信用法律、文化比较好的地区,企业的整体信用水平比较高,而在信用法律、文化比较差的地区,企业的整体信用水平就比较低。因而,生产贸易链条件下企业的信用水平评价需要考虑区域信用风险这一影响因素。区域信用风险是一个系统性风险,影响区域信用风险的因素也比较多,一般可以经济发展水平、金融发展水平、社会信用和法制环境等方面的状况进行考察,然后将各方面的环境质量得分进行综合即可得到总的区域信用水平。

9.1.3 生产贸易链条件下中小企业信用评价指标选择

一、行业状况指标

行业状况可以从宏观环境和行业成长性两个方面进行评价。宏观环境可以用宏观经济状况、法律环境、产业政策三个指标进行测量。行业发展现状、行业竞争强度和行业发展前景三个指标可以用来反映行业的成长性。这些指标涵盖了总体的经济发展状况、国家的法律、政策环境、行业的发展等基本情况,全面反映了融资企业所处行业的状况。

二、融资企业自身状况指标

融资企业状况指标可以分为财务指标和非财务指标,财务指标都是量化指标,而非财务指标一般是定性指标。非财务指标主要是企业素质,财务指标一般由盈利能力、营运能力、成长能力、偿债能力构成。

企业素质所考察的主要是企业的管理水平、领导素质、员工素质以及企业的信用素质等,从定性的角度来对企业的自身状况进行分析。盈利能力也称为企业的资金或资本增值能力,一般表现为特定时期内企业的收益水平。盈利能力指标主要包括总资产利润率、总资产报酬率、净资产报酬率、销售净利率、盈余现金保障倍数五项指标。营运能力是通过企业生产经营资金周转速度的相关指标来反映企业资金的利用效率,常用的指标有应收账款周转率、存货周转率、营业周期、流动资产周转率和总资产周转率等。成长能力指的是企业的发展能力,常用指标有净利润增长率、总资产增长率、主营业务收入增长率、净资产增长率。偿债能力是指企业偿还长期债务与短期债务的能力,衡量偿债能力的指标有速动比率、流动比率、利息保障倍数、流动资产率、资产负债率等。

三、生产贸易链运营状况指标

生产贸易链运营状况是从核心企业状况、生产贸易链上企业间的合作程度、竞争力、融资企业地位四个方面评价。核心企业的信用水平等级可以从外部评级机构获取,因而无需在这里进行评价。生产贸易链上企业间的合作程度可以用上下游企业产品依赖程度、上下游企业合作密切程度、上下游企业彼此信赖程度、信息共享程度四个指标进行评价。生产贸易链的竞争力指标包括产品质量竞争力、品牌竞争力、客户满意度。对融资企业地位进行评价的指标包括产品价格优势、产品替代性。

四、区域信用状况指标

区域信用状况指标包括经济发展水平、金融发展水平、征信体系建设、政府信用水平、企业信用水平、信用法律环境、信用文化环境七个指标。在对各指标进行评分时,需要专家根据相关的数据、资料以及评分标准对该项指标进行评分,如对经济发展水平这一指标进行打分需要根据地区生产总值、人均GDP、地方财政收入总额、固定资产投资比率、规模以上工业利润总额、进出口商品总额、实际利用外资总额、社会消费品零售总额等方面的信息并结合经营和专业知识进行评分。其他指标的评分方法与经济发展水平这一指标的评分方法相同。

9.1.4 生产贸易链条件下中小企业信用评价指标筛选

通过前面的分析,可以得到生产贸易链条件下中小企业信用评价预选指标。一般而言,这些指标的数量比较多,而且有些指标的鉴别力不强,对评价结果的影响不大。另外,有些经济指标之间存在很高的相关性,即它们所反映的信息有重叠的部分,因而有必要对预选的指标进行筛选,得到比较科学的指标体系。相关性分析是一种经常被用来识别指标之间相关性程度的方法,鉴别力分析则可以被用来识别指标的鉴别力。通过上述方法删除相关性较高和鉴别力较低的指标,并结合实际情况通过适当的调整来对预选的评价指标进行筛选。

一、相关性分析

为了消除高度相关的指标,增强评价结果的客观性,通常可以运用相关系数对指标间的相关性进行分析。相关系数是衡量两个变量线性相关密切程度的统计量。

$$\text{相关系数}\ \rho = \frac{\mathrm{cov}(x,y)}{\sqrt{D(x)}\ \sqrt{D(y)}}$$

其中 $cov(x,y)$ 为指标 x、y 之间的协方差, $D(x)$ 、$D(y)$ 分别为指标 x、y 的标准差。相关系数越大,说明指标间的相关性越高,反之亦然。当两个指标的相关系数超过某个临界值时,则可以认为这两个指标存在高度的相关性,为了消除相关性对评价结果造成的影响,需要删除其中的一个指标。

二、鉴别力分析

鉴别力,就是评价指标区分不同评价对象特征差异的能力。在企业信用评价中,鉴别力指的是评价指标区分和衡量不同企业信用风险大小的能力。若企业在某个指标上的评价得分都一致的很高或很低,即没有存在较大的差距,那么可以认为该指标的鉴别力很小,因而就不能根据该指标来识别和诊断不同企业的信用风险。在实践中,常采用变异系数来衡量评价指标的鉴别力。

$$变异系数\ CV = \frac{\sigma}{\mu}$$

其中μ为指标的均值,σ为指标的标准差。变异系数越大,表明该指标的鉴别力越大。反之,变异系数越小,表明该指标的鉴别力越小,因而可以删除变异系数值小于某个临界值的评价指标。这样,就能够得到鉴别力比较高的评价指标。

9.2 基于综合评分法原理的企业信用评价

综合评估方法产生于20世纪80年代,此前的单纯以财务数据预测信用风险的方法已越来越不能适应市场变化的无常性,迫切要求加强对企业经营风险的定性经验判断。综合评估方法以定性分析为主、定量分析为辅,要求对评估对象作出全局性、整体性的评价。综合评估法的评估步骤是:首先确定评估对象系统,明确评估内容和方式,其次是建立合适的评价指标体系和评估模型,最后根据对评估内容所作的系统分析,并在信用评价数学模型的基础上对企业的未来经营业绩变化做出趋势的推测和量的判断,这种预期能够更好地反映企业的未来信用风险大小,因此,该方法现已为世界各大评价机构所采用,它代表了当今信用风险评估方法发展的主流方向。尽管在实际操作中财务风险评估强烈地影响着企业资信评级,但是一个企业的经营风险在一定程度上决定着企业可以承担的财务风险,因此一般而言,经营风险在企业信用评估中起着主导作用。

综合评分法这一种方法是用于评价指标无法用统一的量纲进行定量分析的场合,而用无量纲的分数进行综合评价。其基本过程是先分别按不同指标的评价标准对各评价指标进行评分,然后采用加权相加,求得总分。因此,在企业信用评价中,综合评分法是定量与定性相结合的信用评价方法,其优势是避免国内外商业化信用评价过分依赖财务报表信息的做法,能比较全面地反映信用综合影响因素。本节将在综合评分法原理下，运用 AHP 法对生产贸易链条件下企业的信用水平进行评价。

9.2.1 定性指标评价

在企业信用评价指标中，有一些指标属于定性指标，客观地说，很难简单通过一些统计指标来客观和公正地反映这些指标的得分。例如，对于宏观环境的分析，可从经济发展状况、产业政策、法律环境等因素进行考察，然而若要想通过一些统计值来反映这些因素的得分是很困难的。对于这些定性指标的评价，可以通过问卷调查法或专家打分法等方法进行评价。例如，在对信用环境进行定性评价时，可以采用多因素评估法，先对各类因素的子因素作出评估，给出得分；然后，对各类因素分不同层次给予不同的权重，最后汇总，即可得出信用环境定性评判的总分。信用环境的定性评价是其在长期发展过程中社会各界留下的综合印象的一个反映，是社会各界从模糊的角度对信用环境的一个评价。这一指标的数据应从广泛的社会问卷调查中获得，并且问卷对象应包括社会各个层面与领域的人士，如知名学者、专家、银行行长（经理）、企业家和金融机构工作人员等。这类调查工作量大，难度大，复杂程度高。问卷对象之所以应包括社会各个层面与领域的人士，是因为结果不但更反映实际，而且更有权威性。在具体操作程序上，为了确保各类子因素得分的公正性和代表性，可以将各类因素设计成调查问卷，组织有关专家、各金融机构、社会中介机构进行打分，然后以样本均值作为定性评判的总分。信用环境定性评判的总分 Q 可由下式求得：$Q=(Q_1+Q_2+\cdots+Q_n)/n$，其中，Q 表示信用环境定性评判的总得分，Q_1、Q_2、$\cdots$、Q_n，表示样本信用环境定性评判的得分，n 表示样本个数，而第 i 个样本对信用环境评判的得分 Q_i 可由下式得出：

$Q_i=p_1q_1+p_2q_2+p_3q_3+p_4q_4+p_5q_5+p_6q_6+p_7q_7$，上式中 q_1、q_2、q_3、q_4、q_5、q_6、q_7 分别表示第 i 个样本对经济发展水平、金融发展水平、征信体系建设、政府信用水平、企业信用水平、信用法律环境、信用文化环境的评分，p_1、p_2、p_3、p_4、p_5、p_6、p_7 分别对应各指标的权重，其取值范围为 $0 \leqslant p_1, p_2, p_3, p_4, p_5, p_6, p_7 < 1$，且 $p_1+p_2+p_3+p_4+p_5+p_6+p_7=1$。通过这种方法便可对定性指标进行比较客观、全面地评价。

9.2.2 定量指标评价

与其他评价方法一样,为了方便比较和数据处理,所有的指标值都必须经过标准化处理形成指标得分以消除指标间单位、数量级差别对综合评价的影响。常用的有以下几种指标标准化的方法。以下的所有的 x_{ij} $(i=1,2,3,\cdots,m,j=1,2,3,\cdots,n)$ 表示评价对象 i 在指标 j 上的取值。

一、线性比例变换法

如果是正向指标,第 j 项指标的标准化取值 $y_{ij}=a\times\frac{x_{ij}}{\max\limits_{1\leq k\leq m}x_{kj}}+b$。如果是逆向指标,则第 j 项指标的标准化取值 $y_{ij}=a\times\frac{\min\limits_{1\leq k\leq m}x_{kj}}{x_{ij}}+b$。通过这种变换,可以消除各指标在量纲上的差异,将其转化为 b ~ a+b 间的相对数,从而使各指标间具有可比性。

二、极差变换法

如果是正向指标,第 j 项指标得分 $y_{ij}=a\times\frac{x_{ij}-\min\limits_{1\leq k\leq m}x_{kj}}{\max\limits_{1\leq k\leq m}x_{kj}-\min\limits_{1\leq k\leq m}x_{kj}}+b$。如果是逆向指标,则第 j 项指标得分 $y_{ij}=a\times\frac{\max\limits_{1\leq k\leq m}x_{kj}-x_{ij}}{\max\limits_{1\leq k\leq m}x_{kj}-\min\limits_{1\leq k\leq m}x_{kj}}+b$。通过这种变换,同样可以消除各指标在量纲上的差异,将其转化为 b ~ a+b 间的相对数。

三、定值型指标的标准化方法

定值型指标的特点是越接近某个值越好,其规范方法为:

$$y_{ij}=\begin{cases}a+b & x_{ij}=z_j^*\\ b+a\times\left(1-\frac{|x_{ij}-z_j^*|}{\max\limits_{1\leq k\leq m}}\right) & x_{ij}\neq z_j^*\end{cases}$$

其中 z_j^* 为第 j 项指标的最佳值。

四、区间型指标的标准化方法

这类指标的特点是以某个区间内的值为佳,令该指标的最优取值区

间为 $[z_j^0, z_j^*]$，则其规范化方法为：

$$y_{ij} = \begin{cases} b + a \times \left[1 - \dfrac{z_j^0 - x_{ij}}{\max(\max\limits_{1 \leqslant k \leqslant m} x_{kj} - z_j^0, z_j^* - \min\limits_{1 \leqslant k \leqslant m} x_{kj})}\right] & x_{ij} < z_j^0 \\ 1 & z_j^0 \leqslant x_{ij} \leqslant z_j^* \\ b + a \times \left[1 - \dfrac{x_{ij} - z_j^*}{\max(\max\limits_{1 \leqslant k \leqslant m} x_{kj} - z_j^0, z_j^* - \min\limits_{1 \leqslant k \leqslant m} x_{kj})}\right] & z_j^* < x_{ij} \end{cases}$$

对于参数 a、b 的选择，可以结合参评指标的实际水平、历史经验以及专家的意见等加以确定。当各指标的权重确定之后，用加权向量与上面得到的标准化结果进行合成运算最终得到一个综合评价值。当 a、b 分别取值为 1 和 0 时，数据即被标准化为 0～1 之间的值。

9.2.3 指标的赋权

确定权数的方法很多，基本上可以分为两大类：主观赋权法和客观赋权法。主观赋权法主要是专家打分法；客观赋权包括：变异系数法、相关系数法、主成分打分法、熵值法、坎蒂雷赋权法等。在赋权过程中，应该充分考虑地区差异因素，体现相对公平。主成分打分法可以只采用第一主成分作为综合评价指标。很多学者认为：第一主成分对评价对象之间的差异能够最大限度地反映，是概括评价指标差异信息的最佳线性函数。可以直接用第一主成分对被评价对象进行综合排名比较。还有一种常被采用的方法是先按累积方差贡献率不低于某一阈值的原则确定主成分的个数，然后以每个主成分的贡献率除以累积贡献率的值作为权数来加权综合。层次分析法是通过专家对各指标的相对重要程度进行比较，给出判断矩阵，进而计算出各指标的权重。

9.2.4 指标的综合确定

常见的指标综合方法有线性综合法和几何综合法。线性综合法考虑到各个指标对评价事物的影响程度不同，常常是采用加权求和来计算综合评价值。一方面，几何综合法强调单个指标间的一致性，即单个指标在综合评价中有着同等重要的作用,因此,指标权数的作用不太明显;另一方面,几何综合法对被评价对象各指标评价值间的差异反映较灵敏,有助于区分评价对象的相对高低地位。

9.3 实例研究

本节选取十家制造类企业作为研究对象,运用综合评价法和 AHP 方法对企业的信用等级进行评价。

9.3.1 评价指标选择

在生产贸易链条件下,制造业企业的信用等级评价指标从行业状况、融资企业自身信用状况、生产贸易链运营状况和区域信用环境水平四个方面进行选择,可以得到预选的评价指标体系(表 9-1)。

表 9-1 预选的评价指标体系

生产贸易链条件下中小企业信用评价指标体系	行业状况 U1	宏观环境 U11	宏观经济状况 U111
			法律环境 U112
			产业政策 U113
		行业成长性 U12	行业发展现状 U121
			行业竞争强度 U122
			行业发展前景 U123
	融资企业自身信用状况 U2	企业素质 U21	企业管理状况 U211
			员工素质 U212
			领导者素质 U213
			信用记录 U214
		盈利能力 U22	总资产利润率 U221
			总资产报酬率 U222
			净资产报酬率 U223
			销售净利率 U224
			盈余现金保障倍数 U225

续表

生产贸易链条件下中小企业信用评价指标体系	融资企业自身信用状况 U2	营运能力 U23	应收账款周转率 U231
			存货周转率 U232
		成长能力 U24	净利润增长率 U241
			总资产增长率 U242
			主营业务收入增长率 U243
			净资产增长率 U244
		偿债能力 U25	速动比率 U251
			流动比率 U252
			利息保障倍数 U253
			流动资产率 U254
			资产负债率 U255
	生产贸易链运营状况 U3	核心企业信用状况 U31	信用评分可由外部评级机构获取
		生产贸易链上企业之间的合作程度 U32	上下游企业产品依赖程度 U321
			上下游企业合作密切程度 U322
			上下游企业彼此信赖程度 U323
			信息共享程度 U324
		终端产品的竞争力 U33	产品质量竞争力 U331
			品牌竞争力 U332
			客户满意度 U333
		融资企业地位 U34	产品价格优势 U341
			产品替代性 U342
	区域信用环境水平 U4	经济发展水平 U41	
		金融发展水平 U42	
		征信体系建设 U43	
		政府信用水平 U44	
		企业信用水平 U45	
		信用法律环境 U46	
		信用文化环境 U47	

9.3.2 数据获取

财务类指标属于定量指标，这些数据可以在相关的财经网站上获取。一般而言，财务类指标的取值可以取对应指标最近 3 年的平均值，表 9-2 是从凤凰网上获取的数据并进行处理而得到的十家企业的财务数据。而非财务指标的数据一般通过问卷调查法获得，即通过评价者对被评价企业按评分指标的评分等级标准进行打分，表 9-3 是通过专家打分法获得的企业编号为 S1 的非财务数据。该生产贸易链上的下游核心企业的信用等级可以由外部的评级机构获取，其评分值为 90。

表 9-2 十家企业的财务指标数据 单位：%

	盈利能力					营运能力		成长能力				偿债能力				
企业＼指标	总资产利润率	总资产报酬率	净资产报酬率	销售净利率	盈余现金保障倍数	应收账款周转率	存货周转率	净利润增长率	总资产增长率	主营业务收入增长率	净资产增长率	速动比率	流动比率	利息保障倍数	流动资产率	资产负债率
S1	9.10	7.59	16.64	7.72	0.59	3.98	2.55	57.13	47.15	31.22	31.34	0.81	1.41	61.44	73.39	56.96
S2	5.08	4.26	13.80	4.24	19.26	2.10	2.55	269.54	110.22	47.20	99.16	0.76	1.16	49.92	74.44	66.64
S3	9.10	7.59	16.46	7.72	0.59	8.99	2.55	57.13	47.15	31.22	31.34	0.81	1.41	61.44	73.39	56.96
S4	0.60	0.49	1.00	1.17	-0.54	5.59	0.71	87.14	12.35	14.18	14.44	0.35	1.27	1.50	62.27	51.60
S5	17.65	16.88	-27.29	34.42	-2.03	4.19	2.09	330.23	230.87	-6.93	69.46	1.25	1.57	289.14	72.38	71.75
S6	7.08	5.89	9.91	9.75	0.74	2.30	1.86	65.89	32.60	27.85	41.44	1.08	1.69	207.64	64.14	39.52
S7	1.88	1.40	2.54	5.13	-3.72	0.72	0.89	1.36	13.63	18.44	13.88	0.94	1.54	3.75	61.43	44.72
S8	0.60	0.38	0.24	-2.45	-16.07	1.67	0.73	1579.55	11.84	9.88	6.18	0.58	1.16	-16.07	70.79	63.62
S9	1.03	0.94	3.40	2.69	0.00	1.73	0.82	51.60	12.42	25.35	3.97	0.71	1.39	0.00	79.45	73.53
S10	3.88	3.82	15.53	6.95	0.56	1.95	2.12	70.12	37.05	27.40	49.15	0.89	1.18	27.40	85.13	74.90

9.3.3 财务类指标的筛选

企业的财务状况用盈利能力指标、营运能力指标、成长能力指标、偿债能力指标进行评价。在对上述的每个指标进行评价时，又可以选择多个不同的财务类指标进行评价，而这些不同的财务指标之间可能存在较高的相关性，从而影响评价的结果。例如盈利能力是用总资产利润率、总

表 9-3 S1 企业的非财务指标数据

评价内容	评价指标	评分值(标度值)
行业状况	宏观经济状况	75
	法律环境	70
	产业政策	70
	行业发展现状	80
	行业竞争强度	75
	行业发展前景	85
融资企业自身状况	企业管理状况	85
	员工素质	80
	领导者素质	80
	信用记录情况	85
生产贸易链关系状况	上下游企业产品依赖程度	65
	上下游企业合作密切程度	80
	上下游企业彼此信赖程度	80
	信息共享程度	75
	产品质量竞争力	90
	品牌竞争力	90
	客户满意度	85
	产品价格优势	60
	产品替代性	45
区域信用环境水平	经济发展水平	75
	金融发展水平	80
	征信体系建设	70
	政府信用水平	75
	企业信用水平	75
	信用法律环境	80
	信用文化环境	75

资产报酬率、净资产报酬率、销售净利率、盈余现金保障倍数六个财务指标来衡量，而总资产利润率和总资产报酬率、总资产报酬率和净资产报酬

率等指标之间很有可能存在很高的相关性。为了保证评价结果的客观、可靠性,在进行评价之前必须对财务类指标进行相关性分析,剔除相关性比较高的指标,最终得到合理的评价指标体系。接下来,本节将用相关系数法对财务类指标间的相关性进行分析。

根据表9-2的数据,运用SPSS软件计算出盈利能力指标、营运能力指标、成长能力指标、偿债能力指标下的财务指标间的相关系数(表9-4至表9-7)。这里在显著性水平为0.05时,选取0.7作为相关系数的临界值,即超过两个指标间的相关系数超过0.7时即可认为指标间存在高度的相关性,需要剔除其中的一个指标。

表9-4 盈利能力指标之间的相关系数

		总资产利润率	总资产报酬率	净资产报酬率	销售净利率	盈余现金保障倍数
总资产利润率	相关系数 显著水平	1.000 0.000				
总资产报酬率	相关系数 显著水平	0.996** 0.000	1.000 0.000			
净资产报酬率	相关系数 显著水平	-0.412 0.236	-0.472 0.168	1.000 0.000		
销售净利率	相关系数 显著水平	0.914** 0.000	0.942** 0.000	-0.672 0.033	1.000 0.000	
盈余现金保障倍数	相关系数 显著水平	0.163 0.653	0.142 0.695	0.343 0.332	0.074 0.840	1.000 0.000

* * 相关系数在0.01的显著性水平下是显著的
* 相关系数在0.05的显著性水平下是显著的

从表9-4可以看出,在盈利能力指标中,总资产报酬率和总资产利润率的相关系数为0.996,显著性水平为0;销售净利率和总资产利润率的相关系数为0.914,显著性水平为0;销售净利率和总资产报酬率的相关系数为0.942,显著性水平为0。因而,可以认为,总资产报酬率和总资产利润率、销售净利率和总资产利润率、销售净利润和总资产报酬率之间存在高度的相关性,可以剔除指标总资产利润率和总资产报酬率,保留销售净利率。

表 9-5 营运能力指标之间的相关系数

		应收账款周转率	存货周转率
应收账款周转率	相关系数 显著水平	1.000 0.000	
存货周转率	相关系数 显著水平	0.379 0.280	1.000 0.000

从表 9-5 可知，应收账款周转率和存货周转率的相关系数仅为 0.379，显著性水平为 0.28，故可以认为应收账款周转率和存货周转率之间不存在相关性，不需要剔除其中的任何一个指标。

表 9-6 成长能力指标之间的相关系数

		净利润增长率	总资产增长率	主营业务收入增长率	净资产增长率
净利润增长率	相关系数 显著水平	1.000 0.000			
总资产增长率	相关系数 显著水平	-0.021 0.954	1.000 0.000		
主营业务收入增长率	相关系数 显著水平	-0.352 0.319	-0.365 0.313	1.000 0.000	
净资产增长率	相关系数 显著水平	-0.169 0.640	0.729 * 0.017	0.286 0.423	1.000 0.000

* 相关系数在 0.05 的显著性水平下是显著的

从表 9-6 中可以看出，净资产增长率和总资产增长率的相关系数为 0.729，且显著性水平为 0.017，可以认为这两个指标之间存在高度的相关性，需要剔除其中的一个指标。

从表 9-7 可以看出，利息保障倍数和速动比率的相关系数为 0.797，显著性水平为 0.006；资产负债率和流动资产负债率的相关系数为 0.859，显著性水平为 0.001。因而，可以认为利息保障倍数和速动比率、资产负债率和流动资产负债率之间存在高度的相关性，需要剔除其中的两个指标。

表 9-7　偿债能力指标之间的相关系数

		速动比率	流动比率	利息保障倍数	流动资产率	资产负债率
速动比率	相关系数 显著水平	1.000 0.000				
流动比率	相关系数 显著水平	0.677* 0.032	1.000 0.000			
利息保障倍数	相关系数 显著水平	0.797** 0.006	0.666* 0.036	1.000 0.000		
流动资产率	相关系数 显著水平	0.096 0.792	-0.463 0.177	-0.101 0.781	1.000 0.000	
资产负债率	相关系数 显著水平	0.005 0.989	-0.544 0.104	-0.057 0.875	0.859** 0.001	1.000 0.000

* 相关系数在0.01的显著性水平下是显著的
* 相关系数在0.05的显著性水平下是显著的

经过以上的分析，财务类指标中保留和删除的指标见表9-8，经过筛选后的企业信用评价的评价指标体系见表9-9。

表 9-8　财务指标的筛选结果

	保留指标	删除指标
盈利能力指标	净资产报酬率、销售净利率、盈余现金保障倍数	总资产利润率、总资产报酬率
营运能力指标	应收账款周转率、存货周转率	
成长能力指标	净利润增长率、主营业务收入增长率、净资产增长率	总资产增产率
偿债能力指标	流动比率、利息保障倍数、流动资产率	资产负债率、速动比率

表 9-9　筛选后的评价指标体系

生产贸易链条件下中小企业信用评价指标体系	行业状况 U1	宏观环境　U11	宏观经济状况　U111
			法律环境　U112
			产业政策　U113
		行业成长性　U12	行业发展现状　U121
			行业竞争强度　U122
			行业发展前景　U123
	融资企业自身信用状况 U2	企业素质　U21	企业管理状况　U211
			员工素质　U212
			领导者素质　U213
			信用记录　U214
		盈利能力　U22	净资产报酬率　U221
			销售净利率　U222
			盈余现金保障倍数　U223
		营运能力　U23	应收账款周转率　U231
			存货周转率　U232
		成长能力　U24	净利润增长率 U241
			主营业务收入增长率　U242
			净资产增长率　U243
		偿债能力　U25	流动比率　U251
			利息保障倍数　U252
			流动资产率　U253
	生产贸易链运营状况　U3	核心企业状况　U31	信用评分可由外部评级机构获取
		生产贸易链上企业之间的合作程度 U32	上下游企业产品依赖程度　U321
			上下游企业合作密切程度　U322
			上下游企业彼此信赖程度　U323
			信息共享程度　U324
			产品质量竞争力　U331
			品牌竞争力　U332
			客户满意度　U333

续表

<table>
<tr><td rowspan="14">生产贸易链条件下中小企业信用评价指标体系</td><td rowspan="5">生产贸易链运营状况 U3</td><td rowspan="3">终端产品的竞争力 U33</td><td>产品价格优势 U431</td></tr>
<tr><td>产品替代性 U432</td></tr>
<tr><td></td></tr>
<tr><td rowspan="2">融资企业地位 U34</td><td></td></tr>
<tr><td></td></tr>
<tr><td rowspan="7">区域信用环境水平 U4</td><td>经济发展水平 U41</td><td></td></tr>
<tr><td>金融发展水平 U42</td><td></td></tr>
<tr><td>征信体系建设 U43</td><td></td></tr>
<tr><td>政府信用水平 U44</td><td rowspan="4"></td></tr>
<tr><td>企业信用水平 U45</td></tr>
<tr><td>信用法律环境 U46</td></tr>
<tr><td>信用文化环境 U47</td></tr>
</table>

表 9-10 十家企业财务指标数据的标准化结果

指标 / 企业	净资产报酬率	销售净利率	盈余现金保障倍数	应收账款周转率	存货周转率	净利润增长率	主营业务收入增长率	净资产增长率	流动比率	利息保障倍数	流动资产率
S1	100	56	51	64	98	42	80	57	65	52	70
S2	98	51	100	50	100	46	100	100	40	50	73
S3	100	56	51	100	98	42	80	57	65	52	70
S4	80	46	47	75	40	44	65	47	54	40	41
S5	40	100	44	65	86	52	40	82	61	100	68
S6	91	59	52	52	77	42	75	63	100	83	46
S7	82	52	40	40	46	40	64	46	78	40	40
S8	79	40	50	47	41	100	60	42	40	40	65
S9	83	48	50	47	43	42	71	40	67	40	87
S10	99	55	51	49	85	42	76	68	44	41	100

9.3.4 评价过程

本节将以编号为 S1 的企业为例，进行生产贸易链条件下的企业信用水平评价。

一、数据的标准化

由第3节,我们获得了生产贸易链条件下企业信用水平评价的指标体系以及各指标的得分。按百分制的标准,定性指标的得分已经属于标准化数据,无需标准化,而定量指标的数据需要标准化。这里认为企业在某定量指标方面最差得分为40,最好得分为100,因而可以通过极差标准化方法对财务数据进行标准化,标准化结果见表9-11,标准化公式为:

表9-11 企业S1的评价指标评分值

			评分值
行业状况 U1	宏观环境 U11	宏观经济状况 U111	75
		法律环境 U112	70
		产业政策 U113	70
	行业成长性 U12	行业发展现状 U121	80
		行业竞争强度 U122	75
		行业发展前景 U123	85
企业自身融资信用状况 U2	企业素质 U21	企业管理状况 U211	85
		员工素质 U212	80
		领导者素质 U213	80
		信用记录 U214	85
	盈利能力 U22	净资产报酬率 U221	100
		销售净利率 U222	56
		盈余现金保障倍数 U223	51
	营运能力 U23	应收账款周转率 U231	64
		存货周转率 U232	98
	成长能力 U24	净利润增长率 U241	42
		主营业务收入增长率 U242	80
		净资产增长率 U243	57
	偿债能力 U25	流动比率 U251	65
		利息保障倍数 U252	52
		流动资产率 U253	70

续表

			评分值
生产贸易链运营状况 U3	核心企业状况　U31	信用评分可由外部评级机构获取	90
	生产贸易链上企业之间的合作程度 U32	上下游企业产品依赖程度　U321	65
		上下游企业合作密切程度　U322	80
		上下游企业彼此信赖程度 U323	80
		信息共享程度　U324	75
	终端产品的竞争力　U33	产品质量竞争力　U331	90
		品牌竞争力　U332	90
		客户满意度 U333	85
	融资企业地位 U34	产品价格优势　U431	60
		产品替代性 U432	45
区域信用环境水平 U4	经济发展水平　U41		75
	金融发展水平　U42		80
	征信体系建设　U43		70
	政府信用水平　U44		75
	企业信用水平　U45		75
	信用法律环境　U46		80
	信用文化环境　U47		75

$$y_{ij} = 60 \times \frac{x_{ij} - \min\limits_{1 \leq k \leq m} x_{kj}}{\max\limits_{1 \leq k \leq m} x_{kj} - \min\limits_{1 \leq k \leq m} x_{kj}} + 40$$

x_{ij} 表示被评价企业 i 在指标 j 上的取值。因而,根据上述的标准化公式可以得到十家企业财务指标数据的标准化结果(见表 9-10),从而也可以得到编号为 S1 的企业的信用水平评价指标的评分值(见表 9-10)。

二、指标权重的确定

评价指标权重可以通过 AHP 方法来确定。AHP 确定权重的方法采取以下 4 个步骤。一是建立两两比较矩阵,为了使各因素便于两两比较,用 1,2,3,…,9 等数字为评判标准,如表 9-12 所示。

表 9-12 中的两个因素 i 与 j 分别表示两个进行比较的因素。由标度 a_{ij} 为元素构成的矩阵称为两两比较矩阵。

表 9-12 标度定义

标度 a_{ij}	定义
1	i 因素与 j 因素相同重要
3	i 因素比 j 因素略微重要
5	i 因素比 j 因素较为重要
7	i 因素比 j 因素非常重要
9	i 因素比 j 因素绝对重要
2,4,6,8	为以上前后两级之间对应的标度值
倒数	若 j 因素与 i 因素比较,得到的判断值为 a_{ji}, $a_{ji}=1/a_{ij}$

$$A=\begin{bmatrix} a_{11} & a_{12} & \cdots & a_{1n} \\ a_{21} & a_{22} & \cdots & a_{2n} \\ \cdots & \cdots & \cdots & \cdots \\ a_{n1} & a_{n2} & \cdots & a_{nn} \end{bmatrix}$$

根据上式求出与之相应的特征向量。

(1)计算两两比较矩阵每列所有元素的总和 a_j , $a_j = a_{1j} + a_{2j} + \cdots + a_{nj}$ 。把两两比较矩阵的每一列元素除以其相应列的总和,所得商组成一个新的矩阵,称为标准两两比较矩阵。

$$B=\begin{bmatrix} b_{11} & b_{12} & \cdots & b_{1n} \\ b_{21} & b_{22} & \cdots & b_{2n} \\ \cdots & \cdots & \cdots & \cdots \\ b_{n1} & b_{n2} & \cdots & b_{nn} \end{bmatrix}$$

其中, $b_{ij} = a_{ij}/a_j(i,j=1,2,\cdots,n)$.

对标准两两比较矩阵的每一行求和,得到一个列向量,然后将该列向量中的每一个元素分别除以列向量中所有元素的和,这样得到的特征向量即为各因素在同一标准下的权重。

$b_i=\sum_{j=1}^{n} b_{ij}/\sum_{k=1}^{n}\sum_{j=1}^{n} b_{kj}(i=1,2,\cdots,n)$ 再对两两比较矩阵进行一致性检验。设 A 为 n 阶矩阵，a_{ij} 为 A 中元素，若 A 有以下特点：$a_{ii}=1$，$a_{ij}=\frac{1}{a_{ji}}$，$a_{ij}=\frac{a_{ik}}{a_{jk}}(i,j=1,2,\cdots,n)$，则 A 为一致性矩阵。两两比较矩阵是通过两个因素两两比较得到的，在很多这样的比较中，很可能得到一些不一致的结果。例如，当因素 i,j,k 的重要性很接近时，在两两比较时可能得出 i 比 j 重要，j 比 k 重要，而 k 又比 i 重要的矛盾结论，这在因素数目多时更容易发生。因此，要对得到的两两比较矩阵进行一致性检验，具体步骤如下。

(1)由被检验的两两比较矩阵乘以其特征向量，所得到的向量称为赋权向量。

$$C=\begin{bmatrix} a_{11} & a_{12} & \cdots & a_{1n} \\ a_{21} & a_{22} & \cdots & a_{2n} \\ \cdots & \cdots & \cdots & \cdots \\ a_{n1} & a_{n2} & \cdots & a_{nn} \end{bmatrix} \cdot \begin{bmatrix} b_1 \\ b_2 \\ \cdots \\ b_n \end{bmatrix} = \begin{bmatrix} c_1 \\ c_2 \\ \cdots \\ c_n \end{bmatrix}$$

(2)令 $d_i=\frac{c_i}{b_i}$，计算出平均值

$$\lambda_{\max}=\frac{d_1+d_2+\cdots+d_n}{n}$$

(3)计算一致性指标 CI

$$CI=\frac{\lambda_{\max}-n}{n-1}$$

CI 为一致性指标，n 为两两比较矩阵的阶数，$\lambda_{\max}$ 为两两比较矩阵的最大特征值。当 $\lambda_{\max}=0$，$CI=0$ 时，为完全一致性，CI 值越大，矩阵的完全一致性越差。一般只要 $CI\leqslant 01$，认为矩阵的一致性可以接受，否则，需要重新进行两两比较。矩阵的维数越大，一致性将越差，故放宽了对高维两两比较矩阵一致性的要求。引入修正自由度指标 RI，计算出一致性率 CR（见表9-13）。

表 9-13 修正自由度指标

维数	1	2	3	4	5	6	7	8	9
RI	0. 00	0. 00	0. 58	0. 96	1. 12	1. 24	1. 32	1. 41	1. 45

$CR=CI/RI$,当 $CR\leqslant 0.1$ 时,认为两两比较矩阵的一致性可以接受,否则需要重新进行两两比较。

按上述的方法,计算出生产贸易链条件下编号为 *S*1 的企业的信用水平得分为 73 分。在一般融资模式信用风险指标体系下,即只考虑行业因素和融资企业自身状况而不考虑区域信用环境和生产贸易链运营状况时,所计算出的该企业的信用水平得分为 68 分。

三、评价标准

为了根据企业的信用水平得分来确定企业信用等级,必须要首先确定信用评价标准。这里,企业信用等级以 100 分为满分,划分为 9 个等级,如表 9-14 所示。依据该标准,在生产贸易链条件下企业 *S*1 的信用等级为 *BBB*,而在一般融资模式信用风险指标体系下,企业 *S*1 的信用等级为 *BB*。

表 9-14 企业信用等级

评级总分	信用等级	信用度
90—100	*AAA*	特优
85—90	*AA*	优
80—85	*A*	良
70—80	*BBB*	较好
60—70	*BB*	尚可
55—60	*B*	一般
50—55	*CCC*	较差
45—50	*CC*	差
45 以下	*C*	很差

四、评价结果分析

依据本文构建的生产贸易链条件下的企业信用水平评价体系,用综合评价法和AHP法对企业的信用状况进行了评价。评价结果表明:在一般融资模式信用风险指标体系下,该企业的信用等级为BB,在考虑生产贸易链条件的指标体系下,该企业的信用等级为BBB。由此可以看出,该企业的综合实力一般,信用等级尚可。但如果从生产贸易的链角度对其进行综合考察,它的信用状况由于其所处的生产贸易链的运营状况和下游核心企业的影响而得到改善,信用等级得到提升,从而有利于企业的融资活动。但我们也应该认识到,如果下游核心企业的信用水平低于融资企业自身的信用状况,或者生产贸易链的运营状况比较差,企业间的合作关系比较恶劣,那么在生产贸易链条件下融资企业的信用水平将会被降低,从而不利于企业的融资活动。

本章小结

本章在对影响生产贸易链条件下企业信用风险的各方面因素进行分析的基础上,运用综合评价方法和AHP法建立了生产贸易链条件下企业信用评价的模型,并通过实例分析来验证模型的实用性和有效性。

在企业的信用水平评价过程中,只有全面考虑影响企业信用风险的因素,建立科学合理的信用评价体系,并选择合适的评价模型才能保证评价结果的科学性、合理性、可靠性。在生产贸易链条件下,企业信用不仅要考虑企业自身的财务状况、管理状况等因素,而且还要生产贸易链上其他企业的信用状况以及企业之间的合作关系状况、行业状况、区域信用环境等因素。因而,在本文中的评价指标体系的构建过程中,我们充分考虑了这些因素的影响。当评价指标体系构建之后,就需要建立评价模型。企业的信用水平评价模型比较多,我们选择了比较常用的综合评价法和AHP法来建立生产贸易链条件下企业信用水平的评价模型,并给出了具体的评价过程。最后,我们对所建立的模型进行了实例分析,评价结果表明在生产贸易链条件下的企业信用评价模型能对企业的信用水平进行更加全面的评价,评价结果也更加符合企业的客观情况。

第10章 企业信用风险管理的对策

企业信用缺失的包括内部原因和外部原因，内部原因是我国企业普遍缺乏对应收账款进行系统化的管理，外部因素主要与政府及社会环境息息相关。本章在区域一体化的生产贸易链条件下的企业信用征信体系下，企业的信用风险管理主要是从企业层面和政府层面两个方面同时完善信用风险管理。首先提出建议企业内部建立独立的信用风险管理部门，使其对内协调企业各部门的风险控制工作，对外在生产贸易链上实现企业信用风险信息的交流和沟通，建立和完善企业的组织管理体系；完善企业信用风险管理制度，从企业内部控制企业的信用风险；建设企业全员信用风险管理文化。政府层面的企业信用风险管理，提出建立完整的信用风险管理法律法规；培育市场对信用的重视；建设企业信用文化；建立我国企业失信的惩罚机制。

10.1 生产贸易链条件下企业自身建立与完善信用风险管理的对策

生产贸易链条件下,要保证生产贸易链的持续发展,企业信用风险管理要从企业的组织体系的建设、企业的信用风险管理制度和企业的信用风险管理文化三个方面进行探究。

10.1.1 生产贸易链条件下企业信用管理组织体系的建设

企业各方面力量可以通过建立良好的组织结构以一种独特的方式结合在一起,有助于凝聚企业的各方面力量,形成"协作体系",促进共同目标的实现。生产贸易链条件下建立企业信用风险管理的不仅能够协调企业内部财务部门、销售部门和供应部门等的目标,还能有效率的参与生产贸易链上的信用风险信息交换和信息共享。企业信用风险管理组织体系包括信用风险管理部门的设立、信用风险管理与其他部门的协调、信用风险管理的方法和生产贸易链下信用风险信息的管理等方面研究信用风险管理组织体系的建设。

一、设立信用风险管理部门

不论是金融部门还是非金融部门在进行企业信用风险管理,设立信用风险管理部门进行专门的管理是非常必要的。在生产贸易链条件下,企业的信用风险管理是复杂的、连续的过程,是一项专业性、技术性和综合性较强的工作,需要有专业人员从事大量的调查、分析、实时跟踪和信息交换等专业化的管理和控制,须由特定的部门或组织才能完成。独立的信用管理部门既可以控制销售部门的盲目激进,有计划地安排财务部门的资金运转,达到运营平衡,又可以在生产贸易链信用风险信息共享平台及时、有效地进行信息交流,协调生产贸易链的实际交易,有效利用生产链的信用进行融资活动,保持在生产贸易链上的稳定发展,最终可以使信用成本降低,实现企业利润最大化。中型企业对信用管理部门设置的要求较高,设置较完善,而对小型企业而言,庞大的信用管理部门和人员

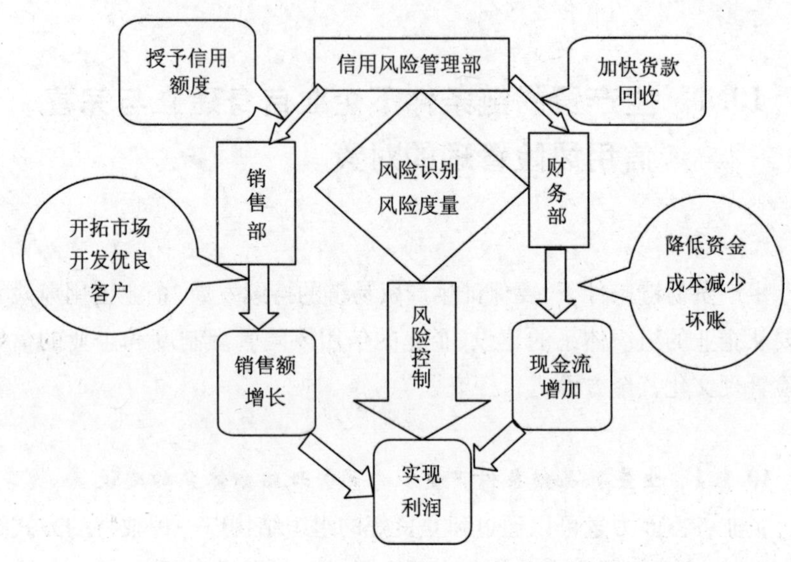

图 10-1　企业信用管理部门的职能图

会加重企业的负担,可以在财政部门或销售部门设定专员进行。

1. 设立信用管理部门的作用

信用管理部门要实现,对内协调财务部门与销售部门,对外在生产贸易链上起到信用信息沟通和交流的作用。在日常工作中,不仅要认真执行企业的信用风险管理和各项规定,还必须积极配合、支持信用管理部门的工作,及时、主动地向信用管理部门报告、反馈有关信息。这样一方面可以最大限度地销售产品,达到销售最大化;另一方面最大限度地控制风险,将坏账和逾期账款控制在最低限度。

审核销售部门的销售工作,在销售部门积极开拓市场、争取优良客户的同时,信用部门通过对客户信用风险的评估,协调销售部门规避由于使用信用交易方式给企业带来的风险以及造成企业其他经济损失的可能性,将应收账款的呆、坏账损失减少到最低水平;积极的参与生产贸易链,通过生产贸易链的信息平台进行信用风险信息交流,利用生产贸易链的信用和合作优势扩展市场,最终实现企业利润最大化。企业的市场销售部门、财务部门等业务部门是企业信用风险管理组织体系的重要组成部分。

2. 信用风险管理部门的职责

客户信用管理的工作主要是调查、分析、评估客户的资信，建立和管理客户信用档案，建立和管理企业的信用管理信息系统，要审查销售部门与客户签订的合约，协助销售部门对应收账款进行跟踪监控和追收等。客户是企业最大的财富来源，也是风险的最大来源。企业首先要注重客户的资信管理工作，它包括信息管理和资信调查两项核心工作。信用管理部门对客户的资信调查应当经常化、制度化地进行，盲目信任客户往往是造成日后拖欠的根源之一。

信用风险管理部门还要审查批准企业的信用政策和风险管理策略，审批高风险的大额交易事项审批处理重要信用风险事项的处理方案等。

如果企业的规模比较小、组织结构比较简单，可以不用建立信用管理部门，但需要有专人负责信用管理的工作。从搜集和分析客户的信用风险信息，实时关注企业的信用状况，衡量其信用风险，并对其进行信用的评级，然后根据客户的价值和市场竞争环境，制定合理的信用政策；过程控制要求企业将信用销售的审批权利和对应收款追讨责任归到同一部门或者同一员工，有利于实现权责对等，风险到人；事后处理是对应收账款进行动态的监控，对逾期账款及时采取相应的处理。此外为了保证流程的落实，企业应该设立完整的信用管理操作规范和业务说明，确保员工对信用制度的理解，把工作落到实处。

二、协调企业组织内各部门关系

信用管理部门需要与企业内对外有联系的部门打交道，主要是销售部门、财务部门和供应部门。

信用管理部门和销售部门之间保持良好的合作关系，能通过彼此拥有信息和技术，能有效控制企业的信用风险，提高两个部门的业绩，为企业创造的利益。信用部门可以通过销售部门了解客户外在变化情况，掌握客户的动态信息，获得客户的资信信息，进行较为准确的信用风险评估；同时指导和协助销售部门进行客户筛选和管理，有效控制客户的信用风险。在信息方面，信用管理部门熟悉征信数据库中的客户的信息，了解行业的发展状况，可以帮助销售部门认识当前市场发展方向、挖掘老客户的潜力、开拓新市场甚至国际市场等。

信用管理部门是销售部门和财务部门之间的桥梁，是保证公司利润的必要组成部分。信用管理部门经常向财务部门提供客户的信用风险情况,财务部门可以依据此类信息进行财务预算,控制现金流。

企业信用管理部门通过对供应商的评价,帮助供应部门筛选供货价格合理、质量保证、及时供货的合格供应商。

三、积极参与生产贸易链市场信用共享平台

生产贸易链市场信用共享平台将生产链上的上下游企业组织起来,加强各企业间信息交流,降低信息传递风险。在生产贸易链市场信用共享平台建立的条件下,为保证企业与客户之间的物流、资金流与信息流的协调,企业应充分借助信息管理数据共享,借助信息技术平台,应积极参与信用共享平台的信息交流,这就需要企业有专门信用风险管理的人员进行信息传递。生产贸易链市场信用共享平台要求加入生产贸易链的企业提供积极企业自身的信息,需要企业的专门信用风险管理人员定期的披露企业的信用信息;企业的专门信用风险管理人员可以随时在信息平台上了解生产贸易链其他成员企业的信用信息。有专门人员进行信息互换,有效及时地披露和审核企业的信用风险,推动生产贸易链的持续发展。同时生产贸易链企业尽量在信用共享平台选择合作伙伴,凡是愿意参加到生产贸易链信用共享平台的企业都是要接受生产贸易链上企业的监督,同时也希望自身增强监督别人的能力。生产贸易链信用共享平台内的企业可以享受到进入平台的其他企业的信用数据,同时要约束自己加强自身的信用。建立的生产贸易链信息平台,有利于节约社会资源,更易于发现企业失信的行为,提高信息的生产贸易链上企业严格守信的意识。因此,生产贸易链上的企业在信用共享平台内选择合作伙伴比在自由空间选择降低了风险和成本。

10.1.2 生产贸易链条件下企业信用风险管理制度设置

在生产贸易链条件下,企业规范信用风险管理,企业在生产贸易链上的运营更科学,能够保证企业在生产链上的持续的发展。信用风险管理组织建立后,要有规范的管理制度作为保证,才能使信用风险管理组织的职能能够科学地、有效地发挥作用。

一、完善客户信用风险信息管理制度

客户既是企业财富来源,也是主要的风险来源。在交易前期要先对客户进行筛选评价，对客户信用风险进行调查并作出详细的、客观的信用风险评估。对客户信用风险信息的收集调查和评估对企业信用风险管理整个过程很重要，需要建立规范的管理制度。因而需要从四个方面强化客户信用风险信息管理：客户信息调查和收集制度；客户信用信息档案管理制度；客户授信管理制度；客户定期监督与检查制度。科学地管理客户信用风险信息，能有效识别生产贸易链客户的信用风险。

1. 客户信息调查和收集制度

客户信息调查和收集制度与客户信用信息档案管理制度是客户信用风险信息管理的核心，是信用风险控制的基础。以往的盲目拓展客户，只要和客户签订合作就认为交易完成，这是造成企业发生拖欠乃至坏账的根源之一。准确判断客户的信用风险不是很容易实现的工作，首先客户的真实的、全面的信息不容易掌握，其次信用风险评估技术和评估系统的实现也不是很容易。信用风险管理人员通过内部沟通、行业交流、客户调研以及咨询外部征信体系等方法不断收集客户的信用风险情况，企业同时要持续地对客户的信用风险信息进行更新。客户信息的内容应该尽可能地做到完整，只有这样，才能避免客户资信信息收集工作在不同部门重复进行造成的效率浪费，实现资源利用效率最大化。企业应要求信用风险管理人员规范地对客户信用风险进行管理，可以克服这些难题，提高企业信用评估准确性。

在进行客户信息调查和收集时要做到客户信息必须具有时效性，要及时更新没有决策价值的陈旧的信息，在与客户的循环交易过程中，要更新每一个交易环节上获得关于客户信用风险情况的新信息，及时存储、记录这些信息。

2. 客户信用信息档案管理制度

客户信用信息是企业的一种重要资源，只有得到有效管理时，才能发挥功能企业创造价值。建立客户信用档案数据库，依靠数据库系统信息管理技术，能大量存储信息，能快速查询客户的信用信息，且安全可靠、操作简便。通过数据库系统，可以使得企业各个部门实现资源共享、快速传递信息。通过数据库系统，可以清楚地了解客户信用风险状况、产品销售情况，能够有效地进行各种信用管理决策。

客户信用信息档案管理制定客户信息管理的模式，可以按照交易地区、交易日期、信用风险情况、应收账款情况和拖欠情况等建立模块，通过输出不同类型的客户信息进行信用决策和管理。同时要规范操作员的职责、操作权限等制度。

在生产贸易链条件下，生产链上的节点很多，处在节点上的企业，他们之间的关系是复杂，只有通过规范的客户信息管理才能对链上合作客户更有效地进行信用风险管理。

3. 客户授信管理制度

客户授信管理制度包括企业信用风险评价制度和信用政策制度。

信用政策是企业授信活动的依据和行为准则，在一段时期内，企业要保持相对稳定的信用政策，反映企业自身信誉和规范程度。信用政策包括四个方面的内容：信用标准、信用期限、现金折扣政策、信用限额。信用标准是客户获得商业信用所需要具备的条件。信用标准设定过高，有可能导致企业销售下降，而信用标准设定过低，将有可能增加企业的信用风险。信用标准的制定一般参考同行业的利润率、同业竞争情况、客户风险承担能力和市场销售状况而定。

信用额度是根据客户信用评估情况，企业设定的客户的最大赊销额，这个额度能使企业安全收回账款，且能保证企业的现金流能维持稳定的日常运营。信用期限则是信用交易中企业允许客户的付款的最长期限。期限设定得过长，就会造成客户暂用企业的资金状况，期限设定得过短，客户企业可能会承担不了或不愿意承担现金流出造成的经营压力。现金折扣是为了鼓励客户在信用期限内提前付款而给予的价格优惠。企业制定信用政策的目标有可能是扩大市场份额为主，也有可能是改善财务状况为主，还有可能是两者同时并重。不同的目标，设定的信用政策不同。

在生产贸易链条件下，稳定的企业信用政策能使得生产链稳定发展，当生产贸易链上企业都建立完善的信用政策时，链上资金流将会起到放大作用，使企业放大自身的产能和经营能力。特别是核心企业，只有核心企业制定合理的信用政策，就不会较多地占用中小企业的资金，才能保证中小企业的发展有充足的资金支持，整个生产贸易链将会得到快速发展。

二、强化应收账款管理机制

在信用交易中，企业签订将货物或服务提供给客户的合同，即产生应收款项。应收款项管理制度是从应收账款的产生到款项实际收回或作为坏账处理结束，在这一过程中企业对应收款项回收全过程进行管理采用的手段和方法。

合理的控制应收款项的总量和结构，合理设定应收款项的周转率和周转期水平，将会减少资金占用状况。结合客户的信用风险，维持资金均衡状态，预算各月应收款项回款率，以保证企业的资金到位，以避免现金短缺、资金流动不畅。企业制定应收账款政策时，主要考虑的是及时安全收回货款，降低信用交易风险；同时还要考虑客户发展需要的信用。

1. 结算风险控制制度

为加强应收账款管理和提高回收控制力度，企业应不断规范应收账款的结算风险控制制度。应收账款的记录要以原始发票为依据，要规范对原始发票的管理。根据结算方式的特点及风险程度的基础上，企业应当结合客户需求、资信状况及自身风险倾向合理地针对不同客户群体选择结算方式，将潜在的结算风险损失最小化。因为不同范围的结算方式，对不同的付款人，结算带来的信用风险也不同。此外，采用的结算工具不同，外部监管程度也不同，对受信客户行为产生的约束、监督程度也不同，最终的付款保障也就有所不同。

2. 履约保障制度

企业在信用交易签约过程中最担心的是客户有签约却不履行合同义务。如果在签约过程中灵活地运用某种履约保障机制，约束客户日后的违约的情况。一旦客户到期违约，企业可以不经诉讼或仲裁程序直接从合同中提供的保障机制获得违约债务赔偿，那么企业面临的信用风险就会大大降低。不同的履约保障机制的保障程度、适用范围和执行成本不同，企业应当视客户的资信状况及自身风险具体情况选择履约保障方式。企业的履约保障机制有：一是根据担保工具选择担保方式，二是根据交易状况选择运用担保制度。目前，国内贸易采取的担保方式通常包括保证、抵押、质押、留置所有权等几种形式；国际贸易采取国际保理和出口信用保险这两种主要的出口信用债权保障机制。通常与客户初次交易、对客户缺乏足够的资信评价、交易金额巨大以及客户要求的信用条件与企业该信用等级的信用政策不符时，也需要采用履约保障机制。

3. 应收账款管理制度

应收账款管理制度包括应收账款的对账、催收和坏账的处理方式和手段。应定期进行应收账款的对账，及时检查客户的履约情况。设置销售部门和会计部门的对账方式，在与客户对账时，设计标准对账单，要求客户对账经手人签字盖章，以保证其法律效力。企业根据不同账龄应收款项和催收成本采取不同的催收方式。可采取电话催收、信函催收，对无还款意愿的客户，应采取如上门催收中断供货、法律渠道等严厉的催款方式。对于坏账损失，企业应建立坏账损失责任追究制度。企业明确责任部门、责任分工、责任条款和不同责任的处罚标准。企业对于发生的坏账损失，追究相关部门或个人应承担的责任，并根据责任部门或责任人的责任范围、失职程度以及损失大小给予适当的处罚，以提高企业内部防范信用风险的责任心和积极性。

三、建立信用风险防范机制

企业信用风险防范机制，就是企业在管理信用风险时对信用风险的回避或转嫁的机制。企业在进行信用交易时可以采取多种方法将风险转移，从而有效规避可能出现的信用风险。企业转移风险可以通过外部力量转移风险，比如银行担保保理、信用担保、信用保险等形式；也可以通过自身有效控制风险，例如建立内部授信制度限制信用风险扩大。内部授信制度包括信用申请审查制度信用额度审批制度和交易审批，是在交易决策过程中，企业通过科学的信用审批方法和程序对信用风险进行控制的制度。企业通过对客户信用风险进行分析，确定对客户的实施的信用额度和信用政策，对企业的信用风险进行有效的控制。在企业根据客户信用等级决定给予信用时，应根据与客户以往的交易记录履行情况和企业的信用风险政策，由专门的客户审查部门来决定其信用额度如同意销售信用，就意味着要承担客户的信用风险，为此对于新客户或其他信誉不高信用状况有争议的客户，必须要求提供其相应的担保，如保证抵押质押留置和订金等，对特定的担保物，必须向有关部门办理登记后，合同才能生效。

10.1.3 生产贸易链条件下企业信用文化的建设

加强企业信用风险管理水平，企业首先应该强化信用风险管理意识，认识到信用风险管理对提高企业经济效益的重要作用，从战略的高度引导企业内部信用风险管理。在市场经济条件下，信用风险无所不在，信用风险普遍存在于社会生产、交换、分配、消费过程中。由于信用风险管理工作涉及企业的各个部门和各个环节，企业的各级管理人员应该具备足够的信用风险防范意识和管理知识。

一、全员信用风险管理思想

要在企业内部全体员工中从上至下应树立信用风险管理观念，使每个员工了解信用风险管理的含义和内容，了解信用风险管理在企业发展中起到什么作用。对企业的全部人员开展强化信用风险管理思想工作，形成统一生产贸易链的信用风险管理思想；制定企业信用风险管理的战略，形成规范性信用风险管理规章制度文件；将信用风险管理观念渗透到企业经营管理的每一个环节，提高每个环节上的员工对信用风险危害性的认识和信用风险管理重要性的认识。

要提高企业全员素质。只有把信用理念深入到每个员工的心中，企业实施的各项信用制度、方法和组织体系才能发挥应有的威力。因而，在企业中开展员工教育工程，对企业的员工进行不同层面的信用风险管理培训教育，把信用风险管理理念贯穿企业教育的过程。不断地形成企业组织内部信用风险管理氛围，使员工在这种气氛的熏陶、群体行为的诱导和集体精神的感染下，共享他们对信用风险管理的理念，潜移默化形成企业各组织成员共同接受的价值观和行为规范，从而建设起企业信用风险管理文化。

二、增强企业管理者的信用风险管理意识

建设信用风险管理文化，首先，加强企业经营管理者要信用风险管理的重视。作为企业生产经营活动组织管理者和领导者，企业经营者自身素质、信用风险管理意识是加强企业信用风险管理、健全企业信用机制和提高企业信用水平的关键因素。企业经营者应当具有全局长期的可持续发展观点，不能为了短期的利益使企业失去信用原则，从而阻碍企业的长期发展。企业家一定要将信用当作企业最宝贵的资源看待，要积极地在企业构建良好有序的信用机制和公司信用管理制度规章，要作为企业员工的信用模范，带动企业营造诚信的风尚和理想的信用文化氛围。

企业各级领导和管理人员应掌握足够的信用风险防范意识和现代管理知识，要转变经营观念，逐步建立其个人信用，同时起到很强的示范效应。企业领导必须加强内部控制，对客户进行统一有效的管理，防止客户信息只掌握在少数部门或少数人手中，客户信息必须在内部沟通和交流。

三、开展防范企业信用风险的培训教育

信用风险管理具有很强的专业性和技术性，企业需要运用成熟的信用风险管理技术对信用风险进行管理。企业需要精通这些技术的专业人员，同时相关业务人员应具备足够的专业知识、技术方法和经验。只有员工观念、知识、业务素质等综合素质得到提高，企业信用风险管理水平才可能实现专业化和规范化。所以，必须加强对企业从事信用风险管理的人员进行培训，提高其信用管理的能力和技巧，同时加强对销售人员、财务人员、管理人员和其他相关人员的培训工作，提高其新的管理理念、管理技术和业务能力。企业应当认识到，员工素质的全面提高才能从根本上提高员工的信用风险管理技术水平，建立其企业良好的信用环境。

10.2 完善生产贸易链条件下企业信用风险管理的政府层面管理对策

为了使生产贸易链条件下企业信用风险管理体系能良好地运行，要营造一个积极的社会环境。环境建设中，完整的信用风险管理法律法规是建立信用风险管理体系的有效保障；培育市场对信用的重视，建设企业信用文化是建立信用风险管理体系的文化环境基础；建立我国企业失信的惩罚机制是治理失信行为的有效手段。

10.2.1 建立完整的信用风险管理法律法规

在如今复杂的社会关系中，信用需要法律和制度来保障。法律的不健全，失信成本或法律处罚的风险成本过低，是造成企业信用风险增大的根本原因。只有建立一套使守信者得到利益，失信者必然付出代价的制约机制，保证契约双方的权利不受任何侵害的法律法规，才能有效控制信用风险。再者，由于法律的缺陷，征信机构在处理敏感信息时无法可依，制约了征信业的发展。因此，我国政府应该刻不容缓地完善信用风险管理的相关法律法规。

生产贸易链条件下企业信用风险管理法律法规的建议：

1. 出台《中华人民共和国征信管理法》，使该法律成为规范征信行业的基本性法律，获得征信通则的基本法地位。其中对生产贸易链上的企业和地区的信用管理作出具体的规定。目前，我国尚没有一部法律或法规专门规范征信活动，导致相关征信机构在信息采集、加工、处理、披露关键环节上无法可依。出台具体的各类产业生产贸易链中的企业征信管理规定。具体到不同的贸易链的信用管理规定，相关地区之间的信用管理规定要能互相兼容，当生产贸易链中各地区的企业之间发生信用风险上的纠纷时能顺利依法处理。

2. 明确中国征信中的数据库与地方政府数据库以及其他社会团体数据库之间的共享方式和渠道。强制性要求提供信用信息，并免费获得信用信息的基本原理逻辑上成为该类信用信息共享的基础。需以法律的形式规范公共信息、征信数据的取得和使用程序。欧美等发达国家在信用方面的立法能给我国相关立法部门以借鉴。例如，制定《公平使用信息法》，并修改《商业银行法》和《反不正当竞争法》。立法的目的是制造一个信息开放和公平享用、使用信息的环境。由本文提出的生产贸易链上相关企业之间建立的区域性的信用信息平台中建立的信用数据库也应该与其他数据库形成共享，这也需要在法律法规中明确。

3. 建立的生产贸易链中的区域信用数据库应受到法律的保护，企业信息公开的方式和方法通过立法的技术性条款与实践需求予以协调和解决。

10.2.2 培养市场对信用的重视

生产贸易链条件下企业信用风险管理区域环境建设固然需要完善的信用法律环境作为对企业的强制性约束，但是仅靠完备的法律法规是不可能完全杜绝失信行为的发生的。而是要从根本上在社会中树立信用的理念。信用的根本在很大程度上体现在社会主体之间的诚信理念，企业信用关系需靠信用道德来规范。诚实守信是信用道德的基本准则。这就需要建立信用道德评价和约束机制，使企业自觉形成一种“守合同、重信用”的社会风气，造成“诚实守信”、“履约践诺”的良好氛围，打造一个良好的信用意识环境。因此，我们要培养市场对信用的重视，其中最主要的就是对信用文化的建设。

一、培养社会信用文化的必要性

信用文化,是在市场经济条件下,用以支配和调节人与人、人与社会、社会各经济单元之间信用关系和信用行为的一种基本理念和道德约束。它是人们在社会经济生活中创造、孕育和反映出来的有关信用行为模式、风俗习惯、价值观念和生活方式等一系列的文化现象。在生产贸易链条件下的企业都应该拥有自己的企业文化,信用文化作为企业文化的一部分,在信用风险管理中是不可或缺的。若企业信用风险管理没有信用文化的支持,便会无源可言。信用文化的建设是市场经济发展的必然要求;是信用风险管理的重要内容;是企业提高竞争力的重要手段。

1. 信用文化的建设是市场经济发展的必然要求

在市场经济条件下,市场交易的方式具有多样性、复杂性,从原始的现款交易,到衍生出形形色色的商业信用票据、存贷款、担保、保险等信用工具;从进出口现汇结算,到信用证、付款交单、承兑交单乃至赊账等等。这些交易方式目的就是尽量扩大交易量,缩短交易期。为了保证交易的安全性,在大到整个社会小到各个企业建立信用体系,信用体系的建设需要文化的支持。在发达国家中拥有较为完善的市场经济制度使大多数企业认识到:“市场经济就是信用经济、契约经济,信用是市场经济与生俱来的准则,是构成市场经济条件下商业道德的基石,信用是生产力。”为什么一些企业可以成为世界知名的成功企业,其中秘诀之一就是建立了完善的信用文化。就如松下公司的创始人——被誉为经营之神的松下幸之助曾经说过:“对正经的人而言,信用就是生命。”他认为“资金不足不可虑,信用不佳最可犹”。他要求每个员工都要做到诚实守信。反观我国的市场经济发展现阶段,并没有形成如此强有力的社会信用意识。信用文化的建设有利于大家在同一种文化背景下形成统一的认知和统一的行为模式。为了适应市场经济发展,我国应该着力打造信用文化,努力营造诚实守信的环境。

2. 信用文化的建设是生产贸易链条件下企业信用风险管理体系的重要内容

在信用风险管理体系中,信用文化居于核心地位,是信用风险管理的基础。美国纽约大学的金融学教授 *Altman* 说过,一个金融机构的信用管理常常失败，其原因并不是因为它缺少信用管理系统、政策及程序，而是因为它现有的占据主导地位的企业文化不能使这些系统、政策、程序真正发挥作用。生产贸易链条件下的企业与企业之间的关系更为密切，一个企业的信用的好坏不只影响直接与它合作的企业而是整条贸易链上的相关企业。在这种模式的情况下，存在着大量的委托代理关系，若不能处理好各自的关系将使运作成本急剧攀升。信用作为贸易链的黏合剂和运作润滑剂，可有效提高贸易链的经营效率和效益，它将强化企业和联合体之间的依存性以增加联合体的凝聚力。因此，信用文化的建设在贸易链模式中是必要的。

3. 信用文化的建设是企业提高竞争力的重要手段

在如今激烈的竞争环境下，想在众多企业中脱颖而出必须拥有高信用。信用高的企业在贷款上具有优势。通过银行贷款可以扩大生产，提高产量，从而提高竞争力。信用高的企业拥有更多固定合作伙伴，保证了企业的效益。高度的信用关系可以减少企业生产经营过程中的交易成本，从而提高经济效益。在发达市场经济国家的企业对信用越来越重视，认识到信用文化的重要性。他们吸取了某些企业乃至有影响的跨国公司那种一味追求高额利润而不要社会责任导致失败的教训，努力从企业信用上做起，从企业核心价值观上打造企业文化。例如，*IBM* 近半个世纪之所以在竞争激烈的计算机市场脱颖而出且保持优势，一个很重要的原因就在于公司总裁沃森父子大力加强商业伦理道德建设，始终倡导以诚信为核心的企业伦理道德规范，形成了良好的企业信任文化。如果一个企业或社会普遍缺乏信用，那就存在着“失败基因”，到一定程度就会造成市场经济秩序的混乱。目前我国由于缺乏信用所引发的抽逃资金、拖欠账款、逃避银行债务；假冒伪劣商品横行；偷税、骗税和走私活动猖獗；社会信用紊乱，欠债不还、逃废债务现象十分普遍；财务失真，明目张胆编造假账假数据；工程质量十分低劣；重大安全生产事故不断发生。所有这些都严重损害了我国经济的发展。由于惧怕贸易风险，不敢采用灵活的贸易方式，严重影响了我国企业的竞争力。很多时候交易的手段退化到从前的物物交换，失信已经成为制约企业发展的毒瘤，建立企业信用文化刻不容缓。

二、建设在生产贸易链条件下的企业信用文化的策略信用文化的建设是不可或缺的,信用文化的建设是多层次的,要建设在生产贸易链条件下的企业信用文化必须从社会环境建设出发,建立区域性的信用文化,再建立企业内部的信用文化,同时要建立诚信政府,为企业征信创造良好的经济环境。

1. 从社会环境上推动企业建立良好的信用文化

我国必须完善社会征信体系,建立信用管理系统,完善信用制约机制,从而在推动企业建立良好的信用文化。首先,在社会征信体系中建立和规范发展一批具备较高执业资质和道德水准,独立、公正、高效率的信用中介服务机构,规范其市场准入与退出机制。并建立全国信用信息数据库,使所有行业或地区的信用信息数据库能相互联系,创建信用信息共享机制。建立社会公共信用信息披露机制,界定信用信息的合法公开与合理使用范围,为公众共享公共信用信息提供法律保障。

其次,必须建立信用制约机制,来规范和鼓励企业诚信经营。企业失信的根本原因是其失信成本低于守信收益,一些企业为了获得额外的收益而选择了失信。若守信能给企业带来更高的利益,则企业会对守信重视;当失信使企业付出更大的代价,企业会自觉选择守信。因此,建立信用约束机制,建立政府对信用交易的有效监管及失信惩罚机制,能有效打击经济社会生活中失信违法现象,约束商业活动遵纪守法,提高社会整体信用等级。一方面,建立信用激励机制,使讲信用的人能获得利益,能够得到好处,使信用成为竞争的有力手段;另一方面,建立信用惩罚机制,加大失信者的成本,迫使其行为趋向守信,让守信成为守信者手中的通行证。

最后,国家应深入开展社会信用环境建设舆论宣传活动。充分利用国家的统一性,运用电视、电台、报刊、网络等舆论工具,从信用环境建设的意义和内容到失信的不良影响,全方位、长期不懈地开展信用环境建设宣传活动。同时,对失信的企业予以公开,使其受到舆论的压力,而警示那些潜在的失信者。使诚实守信深入人心,提高企业和个人的守信意识。

2. 在生产贸易链条件下企业间的信用文化建立。

信任能提高贸易链上企业的运转效率,贸易链运转效率的提高,有赖于贸易链上的企业之间的合作。而合作能否实现,需要合作者之间的互相信任来支撑。只有合作者之间的充分信任,才能把他们团结在共同的目标下,实现信息共享,承担必要的风险,有效地摆脱困境,最终提高所在贸易链运转的效率,实现持续合作发展的目标。因此,建立贸易链条件下的企业间的信用文化是保证贸易链能正常运行的条件之一。

由于贸易链这种运作模式是将不同的利益主体拴在一起,因此若有成员信誉不佳将直接影响到整个团队的声誉,一个有低劣商业信用史的新加盟商很有可能诱发失信连锁反应继而产生贸易链内部信用危机而使整体信用恶化,为此必须严格审查加盟者的信用水平。大量的研究表明,具备一定的信用是维持团队稳定的基础,并且一个有一定信用基础的利益联合体在不受到恶意冲击的情况下是有较强稳定性的,而严把加盟者信用质量关就尤为重要。

联合贸易链上的企业开展各种以信用为主题的活动。通过活动使员工认识到企业之间的信用关系直接影响企业的效益和企业的形象。提高员工对信用的认知度,认识到信用带来的利益远远大于失信利益。

3. 企业内部信用文化的建设

人以诚信在社会立足,企业以诚信在市场上生存。一个企业的文化的建设影响了企业的成败,信用文化是企业文化的重要内容。企业信用文化是我国企业现阶段所缺失的,也是现在需要重点培养的。从企业的管理者到每个员工都要提高其信用意识。

(1)全面提高企业信用意识

在建立企业信用文化时,首要任务是树立"市场经济就是信用经济"的观念,认识到企业的所有经济活动都建立在信用正常运行的基础上,信用具有企业谋求长久利益的价值。第二,要提升企业经营者、领导者自身素质、信用意识和商誉意识,为员工树立榜样。企业经营者应当具有可持续发展的眼光,不可贪图眼前利益而失去信用原则,使企业蒙受损失。而应该培养自己的诚信人格,树立良好的个人信誉才能带领企业向诚信经营成功发展。例如之前提到的松下公司的创始人松下幸之助就是一个把信用当作生命的精明的成功的商人。诚实守信的领导者赢得更多的信赖和支持,为自己的企业创造更多的机会,实现经济效益。

(2)企业内部树立以诚实守信为价值基础的伦理价值

古人云"与朋友交,言而有信。""信则人任焉。"这些都是我国历史文化所蕴含的对诚信原则的阐述。在国外高信任水平的企业内部都有一套为企业整体共享的伦理道德规范。比如,松下公司把“赢得人们的信任”作为企业的价值观,*IBM* 把“诚实”作为企业的座右铭,诺基亚把“科技以人为本”作为自己诚信的实质。在我国应该充分发扬传统文化中信用为本的伦理道德形成自己所独有的诚信伦理道德规范。一方面,应发挥思想道德教育的优势,通过思想灌输、树立企业“英雄人物”、环境熏陶等方式,潜移默化;另一方面,充分发挥规章制度的强约束功效,规范员工的行为,由规范到习惯再到自然,逐步实现从“硬约束”到“软约束”、从“他律”到“自律”的转化。

(3)建立企业内部的信任,对员工适当授权

企业内部的信任是企业信用文化建设的起点,也是企业成功的基础。员工是企业的生命,没有员工企业无法运作。应该在员工的工作安排、调整、升迁、解雇等问题上以诚相待,特别注重发挥员工的积极性和创造性。以丰田公司为例,丰田汽车公司的高冈装配工厂里有几千名装配工人,任何一名工人都可以在他或她的工作台上牵扯一根绳子,使整个工厂的流水作业停下来。但是他们很少这样做,之所以这样,是因为管理层相信他们不会滥用这种权力,而他们将这种权力认真负责地应用到提高整体产量上来回报这种信任。良好的企业信用文化为员工创造出了一个十分和善、团结、能够获得收获的环境,它能使员工和客户与企业长久合作。以信任换取员工的忠诚,也换来企业的效益。建立企业内部的信任,企业应该加强员工之间的联系。通过各种形式相互互动,了解企业的各个方面,从而消除误会和隔阂,在企业内形成浓郁的诚信气氛。

4. 诚信政府的建设

政府在信用文化的建设中起着引导、表率的作用。由于我国行政机关在行政执法时,出现“越位”、“错位”状况,司法机关在司法过程中存在有法不依的诚信问题,从而导致企业对政府和司法机关的不信任。因此,要建立诚信政府,让政府成为众多企业的诚信楷模。建立诚信政府应该做到以下几点:

首先,诚信政府的建立是在法律的保障下进行的。政府对民众的诚信需要靠法治来维持。要用法律的形式将政府的权限范围及各个运行环节固定下来,严惩“设租”、“寻租”行为,维护市场秩序。

第二,建立一支高素质的公务员队伍。培养政府各部门的人员的法

律意识和法律素养。提高工作人员的信用意识。收纳高素质的人才进入政府核心部门工作培养其忠于名、信于名的优秀品质。

第三,工作程序、处理结果透明、公正,建立市民投诉系统,自觉接受群众的监督。

10.2.3 建立生产贸易链条件下区域统一的企业失信的惩罚机制

企业失信的惩罚机制是企业信用管理环境建设的重要组成部分,是信用管理的有效手段。目前我国企业的信用奖惩机制十分薄弱,本节通过对我国企业失信现状的分析,提出建立我国企业失信惩罚机制的基本思路和相关政策。

一、从失信行为的惩罚角度,分析我国企业失信行为的现状

企业失信行为的发生的根本原因,从失信行为的惩罚角度而言是失信成本低于守信收益,其中包括法律成本和经济成本。

1. 保障机制不完善,失信的法律成本偏低

通过本文对我国信用管理立法的现状的分析,我国法律在信用经济的运行方面还没起到强有力的保障作用。虽然我国在《民法》、《合同法》、《反不正当竞争法》等中有关于诚实守信的法律原则,《刑法》中也有对诈骗等犯罪行为处以刑罚的规定,但是社会中还是不停地出现商业欺诈、造假售假、银行呆坏账、虚假财务报告等失信行为。这说明我国现行的信用法律对社会没有起到强有力的约束和规范作用。侥幸的“失信人”没有受到应有的制裁,反而冒着风险获得额外收益。此外,有法不依现象的存在使“失信人”更加猖狂。

2. 惩罚手段少,失信的经济成本太低

企业是否违反信用通常取决于失信利益与守信利益、失信利益和失信成本的比较,尤其是经济上的比较。只有形成主体的失信成本大于失信收益的制约机制才能控制失信行为的发生。在这一方面多数西方的征信国家已经形成较完善的机制,当企业一旦在信用方面出现问题,将受到市场严厉的惩罚,甚至导致破产,因此企业对信用十分重视。难怪有美国人曾经戏言,“宁愿抢劫银行,也不愿自己有失信的记录”。由此可见美国的失信惩罚机制非同一般。而在我国许多企业内部缺乏信用管理制度,很少有企业会专门设立信用管理的部门、机构或人员,并无为自己的

失信行为负责的意识。失信者有很大的生存空间和机会，因为中国的失信惩罚机制主要采用的是人格、伦理上的谴责，在经济惩罚的相应措施不到位，出现失信者从失信行为中可以获得巨大的不当利益，而守信者却承担巨大的经济风险。

3. 监督方法少，失信的控制力度低

在西方征信国家，对不良信用主要有三种监督，即道德的自律、法律上的强制监督以及宗教意义上的自律，特别是有强有力的监督主体，即专业化的信用管理机构和广泛的社会舆论。而在中国，只有一种监督方式在起主要作用，即道德的自律和有限的社会舆论。

二、建立我国企业失信惩罚机制的基本思路

建立失信惩罚机制的指导思想可以总结为通过一系列的经济惩罚手段、法律惩罚手段和道德惩罚手段，加大失信成本，提高守信收益，实质性地打击市场经济中的失信者，使守信成为交易双方最佳的选择。例如，在博弈学中最经典的“囚犯两难困境”，若导入失信惩罚机制，就可能改变失信的最佳选择为守信的最佳选择。据此，建立我国企业失信惩罚机制的具体思路是：

1. 尽可能提高失信成本

失信行为会为其带来经济上的收益；失信行为也同样会带来成本：它包括直接的经济上的罚款以及民事、行政及刑事责任，还包括间接的成本如失信行为被披露后对其声誉产生的负面影响，只要失信的收益大于成本，就有可能出现失信行为。只有当失信成本大于收益时，人人都会选择守信。

(1)完善相关法律的惩罚条例

在西方征信国家的信用体制中，较为突出的就是都较为健全的信用法律体系，它使正常的信用关系得以维持和保障。法律拥有国家强制性的特点，依靠法律的力量，运用法律的威慑力和惩罚力惩治失信，使法律真正成为维护信用关系、保护债权人合法权益、追究违约侵权责任的有力武器。

(2)建立经济惩罚制度，即增大失信成本，使其大于守信收益。

惩罚是围绕着经济性质的处罚进行的，这与人们为了追求利益最大化铤而走险地进行失信活动、破坏信用关系的初衷是一致。

2. 努力增加守信收益

收益与成本总是相对而言的。因信用而体现的收益主要表现在以下方面:一是节省防范失信行为或对失信行为进行惩罚等方面的开支,如厂商对其供货商的信用行为和能力产生怀疑,必然支付相关的费用来请专业结构进行评估或检验。另一方面是信用本身可以创造收益。信用是资本的一种特殊形式,当信用关系正常、和谐,信用行为健康、有序时,必然会节省相应的人力、财力、物力。通常来说,在一次性的交易或偶然性的交易中,或者在以后的交易中再次相遇的概率极低的情况下,失信者往往会获得一定的"收益",但是从长远的角度来看,守信者的收益是更大的。

三、建立生产贸易链下区域统一的企业失信的惩罚机制的政策建议

通过分析我国现行的失信惩罚机制的现状和建立惩罚机制的基本思路,建立信用激励和惩罚机制,首先要从政府做起,推动信用信息服务体系的建立,其次则是从企业着手。笔者提出以下建议:

1. 建立失信者出局制度

建立失信者出局制度就是要使不遵守信用原则、有不良信用记录的企业经营者由此记录所在的信用系统将不良信用记录共享给全国各地的工商管理部门和信用部门,实现信用信息的全国的共享。规定在相当长的一定时期内无论在全国的任何一个地方,当事人均不得再注册开办企业,也不得再成为另一个公司或企业的主要股东、董事、经理与监事。目前我国公司法的规定时限是三年,相当于其在三年后仍然可以进入市场。在西方的征信国家的相关规定中一般都在5年以上,因此借鉴西方征信国家,笔者认为规定时限应该延长。

2. 建立经济惩罚制度,即增大失信者的经济成本,使其丧失经济利益

只有对失信者有实质性的经济上的打击才能震慑住潜在失信者。一是政府主管部门通过行政手段,对失信者进行惩戒。建议参照美国的做法,对失信惩戒的政府主管部门分两类,一类金融系统的主管部门,包括中国人民银行、证监会;一类是非金融系统的主管部门,包括国家经贸委、国家工商总局、国家质监局和国家药品监督局。二是金融、商业和社会服务机构作出的市场性惩戒:主要是对信用记录好的企业和个人,给予优惠和便利,对信用记录不好的企业和个人,给予严格限制。三是通过司法手段,依法追究严重失信者的民事或刑事责任。建立与失信惩戒要求相适

应的司法配合体系，如社区义务劳动、社区矫正、罚款、监狱各类短期刑罚等，让失信者付出的成本高于其失信带来的收益。四是社会性惩戒手段，目的主要是让失信者对交易对方的失信转化为对全社会的失信，让失信者一处失信，处处受制约。

3. 建立合理的惩戒尺度和被惩戒的申诉机制

在设计失信惩罚机制时，还要考虑到给失信者以生存空间和改过的机会，要合理"量刑"。合理的惩戒尺度不应该过紧，但也不能过松。惩戒尺度过紧，易激化矛盾，打击面过宽，不能充分发挥人才的积极性，甚至把积极因素转化成了消极因素，降低了社会效率，增加了信用建设成本等。但是过松的惩戒尺度，又不能很好抑制失信行为，所以合理的惩戒尺度应该遵循下面这个原则：让失信者的失信机会成本高于其获得的收益。从另一个角度说就是增加失信者的机会成本。失信者的机会成本这里是指失信者因失信而失去的原本可以获得的潜在收入流和可能的惩罚性支出流。因此，一方面，提高违约曝光率和曝光面、重视交易者的信用历史，这将有利于提升失信者丧失获得潜在收入流的机会；另一方面，强化惩罚性力度、提高违约者惩罚损失将有利于增加失信者的违约预期成本，两者合在一起都将增加失信者的机会成本。在征信数据库中，失信者的不良记录可能是由于各方面原因造成的，有自身的原因，也有征信机构的疏忽，或者是失信者认为惩戒的程度过于严厉，要求申诉，所以政府都要指定部门接受被处罚者的申诉，制定限期复核有争议记录的制度，同时要求征信机构配合。申诉窗口一方面帮助失信者通过合理地申诉通道，维护其正当的利益，另一方面也要起到教育作用，辅导失信者重建信用，从而达到惩戒失信者和教育的双重目的。

4. 加大政府在失信惩罚机制中的作用

政府应该在失信惩罚机制建设中发挥以下作用：

(1)根据法律对不讲信用的责任人进行惩处；

(2)教育全民在失信责任人的惩罚期内，不要对其进行任何形式的授信；

(3)在法定期限内，政府工商注册部门不允许有严重违约记录的企业法人和主要责任人注册新企业；

(4)允许信用服务公司在法定的期限内，长期保存并传播失信人的原始不良信用记录；

（5）对有违规行为的信用服务公司进行监督和处罚；

（6）制定执行相关法案的具体规则等。

在这方面可以学习征信国家的经验。欧盟国家基本上都是征信国家，具有较为完备的社会信用体系，政府通过立法强制性要求企业和个人向公共征信机构提供征信数据，并通过立法保证征信数据的真实性。例如，在意大利，不论企业是否是上市公司，企业的“资产负债表”必须能够公开被索取。相关法案规定各行各业都有义务向“国家数据库”贡献某些数据，征信数据公开在一定程度上已经成为“全民义务”或者“文化传统”。以企业资信调查为例，各国都要求上市公司必须向社会公众公开其财务报表。对于中国来讲，信用制度框架下的惩罚机制必须由中央人民政府和各级人民政府的相应机构作为执行机构，这样才具有最大的震慑力和权威性。因此，我国政府在失信惩罚机制建设中的作用，重点应是监督管理和政策支持。

本章小结

本章主要是对生产贸易链条件下企业信用风险管理的完善提出建议，主要是从企业层面和政府层面两个方面同时完善生产贸易链条件下企业的信用风险管理：

生产贸易链条件下企业层面的企业信用风险管理：通过在企业内部建立独立的信用风险管理部门，使其对内协调企业各部门的风险控制工作，对外在生产贸易链上实现企业信用风险信息的交流和沟通，建立和完善企业的组织管理体系。还提出完善企业信用风险管理制度，建立企业客户的信息管理制度、应收账款管理制度和企业的信用风险防范制度，从企业内部控制企业的信用风险。最后提出从领导到全体员工自上而下的层面建设企业全员信用风险管理文化。

政府层面的企业信用风险管理，首先，建立完整的信用风险管理法律法规是对企业信用风险管理区域环境的有力保障。其次，培育市场对信用的重视,建设企业信用文化是建立信用风险管理体系的文化环境基础。本文将从社会环境、区域企业到企业内部再到政府的信用文化建设方面分别提出了策略,为企业建立信用文化提出有效措施。最后,建立我国企业失信的惩罚机制是治理失信行为的有效手段。从企业失信行为的发生的根本原因,从失信行为的惩罚角度而言是失信成本低于守信收益,其中包括法律成本和经济成本。因此建立我国企业失信惩罚机制的根本思路就是设计一套能使失信成本加大,使守信收益增加的惩罚和鼓励机制。

参考文献

1. 阿赫塔尔等:《发展中国家的货币与金融政策》,经济科学出版社2001年版。

2. 安贺新:《关于我国政府信用问题的思考》,《中央财经大学学报》2005年第3期。

3. 安贺新:《我国社会信用制度建设研究》,中国财政经济出版社2004年版。

4. 安玉琢、鲁小妮:《基于决策树技术的企业信用风险评估》,《河北工业大学学报》2006年第6期。

5. 安玉琢、鲁小妮:《基于价值链的企业信用风险管理体系》,《时代经贸》2006年第2期。

6. 巴塞尔银行监管委员会编、罗平编审:《外部信用评级与内部信用评级体系(巴塞尔新资本协议研究文献)》,中国金融出版社2004年版。

7. 白鹤祥:《打造"信用广西"品牌,构建良好金融生态》,《广西金融研究》2006年第1期。

8. 白钦先、曲绍光:《各国政策性金融机构比较》,中国金融出版社1994年版。

9. 白钦先等:《金融可持续发展理论研究导论》,中国金融出版社2001年版。

10. 白世春:《大力加强社会信用环境建设促进经济金融协调发展》,《济南金融》2002年第10期。

11. 白世春:《构筑社会信用环境建设的系统工程》,《中国金融》2002年第11期。

12. 蔡方等:《信用风险的度量和实证分析》,《投资研究》2003年第7期。

13. 蔡虹、高杰:《我国上市公司信用风险评估的方法、问题及对策分析》,《科学学与科学技术管理》2003 年第 9 期。

14. 蔡蓉,《从文化的视角看待中国信用环境建设》,《企业经济》2004 年第 4 期。

15. 曹晓鲜:《现代市场经济社会信用体系研究》,中南大学出版社 2005 年版。

16. 陈高云:《必须正视净化社会信用环境》,《财金贸易》2000 年第 9 期。

17. 陈洪隽:《我国信用制度、体系与管理的战略思考——温州经济变迁与中国信用经济的兴起》,《经济与管理研究》2001 年第 2 期。

18. 陈淮:《整顿市场经济秩序的若干思考》,《经济研究参考》2001 年第 75 期。

19. 陈静:《上市公司财务恶化预测的实证分析》,《会计研究》1999 年第 4 期。

20. 陈良俊、杨达远:《治理社会信用环境,规范金融市场秩序》,《福建金融》2002 年第 9 期。

21. 陈述云:《风险评级模型及其应用研究》,西南财经大学博士学位论文 2003 年 3 月。

22. 陈潭:《政府信用失范与政府信用建设》,《社会主义研究》2004 年第 2 期。

23. 陈文华、尹伯成:《诚信与欺诈的经济学分析》,《福建论坛》2003 年第 1 期。

24. 陈文玲:《关于建立信用体系的几点看法》,《经济研究参考》2004 年第 3 期。

25. 陈文玲:《中美信用制度建设的比较与借鉴》,《经济社会体制比较》2003 年第 1 期。

26. 陈忠阳:《金融风险分析与管理研究——市场和机构的理论、模型与技术》,中国人民大学出版社 2001 年版。

27. 迟国泰、郝君、徐铮:《信贷风险评价指标权重的聚类分析》,《系统工程理论与实践》2001 年第 1 期。

28. 杜金富、张新泽、李跃、王振营:《征信理论与实践》,中国金融出版社 2004 年版。

29. 樊祥鲁:《商业诚信:从经济理性与预期收益角度考察》,《财经科学》2002 年第 3 期。

30. 樊元、杨立勋、刘敏:《中小企业信用评价体系运行模式研究》,《淮海工学院学报(社会科学版)》2007 年第 2 期。

31. 范柏乃、朱文斌:《中小企业信用评价指标的理论遴选与实证分析》,《科研管理》2003 年第 6 期。

32. 范叶青:《净化社会信用环境建立国家信用制度势在必行》,《企业家天地》2005 年第 6 期。

33. 范勇建:《国有商业银行的组织体系改革与配置效率》,《城市金融论坛》2000 年第 12 期。

34. 方爱国:《加强信用环境建设,促进经济发展》,《武汉金融》2004 年第 4 期。

35. 方洪全、曾勇:《运用多元判别法评估企业信用风险的实例》,《预测》2004 年第 4 期。

36. 费广胜、陈伟:《政府信用的经济学思考》,《管理现代化》2003 年第 6 期。

37. 费希特:《费希特著作选集(中译本)第二卷》,商务印书馆 1994 年版。

38. 冯艾兰、程宏波:《建立诚实公平可信的信用环境,实现政府企业银行的多方共赢》,《经济师》2005 年第 12 期。

39. 冯存良:《金融业构建良好社会信用环境思考》,《青海金融》2002 年第 7 期。

40. 冯敏飞:《呼唤金融信用》,《福建税务》1998 年第 4 期。

41. 福山:《信任:社会道德和繁荣的创造(中译本)》,远方出版社 1998 年版。

42. 付启敏:《要高度重视社会信用环境建设》,《前沿》2001 年第 6 期。

43. 高凌云、陈敏、徐海俊:《我国中小企业信用评价体系构建研究》,《华东交通大学学报》2004 年第 12 期。

44. 高媛、卞直巍:《关于中小企业信用评价体系》,《长春工业大学学报》2003 年第 4 期。

45. 管宪平:《论社会主义市场经济条件下的诚信建设》,《改革与战略》2003 年第 2 期—2003 年第 3 期。

46. 郭常民:《加快信用环境建设的几点认识》,《甘肃金融》2003 年第 7 期。

47. 郭红玉:《信用概念的制度分析》,《金融理论与实践》2002 年第 3 期。

48. 郭金平:《诚信现代市场经济的信用环境建设》,《社会科学论坛》2002 年第 1 期。

49. 郭双虎:《构建良好社会信用环境,促进经济金融协调发展》,《经济师》2003 年第 10 期。

50. 郭文义:《加强金融信用环境建设的思考》,《福建金融》2002 年第 8 期。

51. 郭永生:《建立信用环境刻不容缓》,《内蒙古统计》2003 年第 1 期。

52. 韩喜平:《马克思的信用理论及我国信用制度的构建》,《当代经济研究》2000 年第 7 期。

53. 何艳芳、石丹林:《银行客户信用评级》,中国商业出版社 2002 年版。

54. 湖南省人民政府:《湖南省社会信用体系建设规划》,《湖南日报》2005 年 6 月 29 日。

55. 黄淑和:《积极推进社会信用体系建设,营造良好的信用环境》,《经济研究参考》2002 年第 44 期。

56. 建行常州培训中心课题组:《中国特色个人信用制度研究》,《西部论坛》2002 年第 3 期。

57. 江其务:《银行信贷与金融投资——证券化信用的若干理论问题》,中国社会科学出版社 2001 年版。

58. 姜秀华、任强、孙铮:《上市公司财务危机预警模型研究》,《预测》2002 年第 3 期。

59. 蒋海:《不对称信息、不完全契约与中国的信用制度建设》,《财经研究》2002 年第 2 期。

60. 蒋耀初:《创建金融安全区,构建良好社会信用环境》,《中国金融》2001 年第 10 期。

61. 金在日:《关于推进社会信用管理体系建设的思考》,《理论导刊》2003 年第 1 期。

62. 荆勤忠、李瑞先:《对强化社会信用环境建设的现实思考》,《甘肃金融》2003 年第 11 期。

63. 句华:《信用经济与政府信用的保障机制》,《社会科学辑刊》2003 年第 1 期。

64. 康宇虹、梁健:《基于 M. H. DIS 的我国商业银行企业信用评级方法》,《商业研究》2006 年第 8 期。

65. 雷蒙德 · W · 戈德史密斯:《金融结构与金融发展》,上海三联书店 1990 年版。

66. 李宝庆:《中小企业发展之信用管理体系的构建》,《金融研究》2002 年第 3 期。

67. 李长江:《市场经济条件下政府信用研究的重要性及政府信用模型构建》,《东南大学学报(哲学社会科学版)》2003 年第 4 期。

68. 李惠斌:《社会资本与社会发展引论》,《新华文摘》2000 年第 7 期。

69. 李建平、徐伟宣、石勇:《基于主成分线性加权综合评价的信用评分方法及应用》,《系统工程》2004 年第 8 期。

70. 李健:《论加强社会信用的基础建设》,《财贸经济》2002 年第 5 期。

71. 李镭:《从经济伦理论谈我国企业信用建设中的社会信用环境问题》,《技术经济与管理研究》2005 年第 6 期。

72. 李念斋:《信用学》,中国金融出版社 1991 年版。

73. 李念斋:《中国货币政策研究》,中国统计出版社 2003 年版。

74. 李卫:《重建信用环境,促进经济增长》,《改革》2000 年第 3 期。

75. 李小燕、卢创等:《企业信用评价模型、信用等级与业绩相关性研究》,《中国软科学》2003 年第 5 期。

76. 李新庚:《中国信用制度建设干部培训读本》,中央党校出版社 2002 年版。

77. 李永真、张道平:《构建良好信用环境,促进经济持续发展》,《西南金融》2002 年第 9 期。

78. 梁慧星:《诚实信用原则与漏洞补充》,《法学研究》1994 年第 2 期。

79. 梁琪:《企业信用风险的主成分判别模型及其实证研究》,《财经研究》2003 年第 5 期。

80. 廖文义:《建设我国金融征信体系的设想和思考》,《南方金融》2004 年第 5 期。

81. 林均跃:《社会信用体系原理(《汇诚信用管理丛书》之一)》,中国方正出版社 2003 年版。

82. 林钧跃:《失信惩罚机制的设计和维护》,《经济社会体制比较》2002 年第 3 期。

83. 林毅夫:《社会信用体系建设与金融改革》,《中国金融》2004 年第 12 期。

84. 刘福龙、高继忠:《优化银行信用环境的对策建议》,《济南金融》2002 年第 10 期。

85. 刘军:《政府信用缺失与政府信用建设》,《华东经济管理》2004 年第 4 期。

86. 刘明志:《中国 M2/GDP(1999-2000):趋势、水平和影响》,《经济研究》2001 年第 2 期。

87. 刘少波:《信用缺失及其治理》,《学术研究》2001 年第 8 期。

88. 刘雪凤、王冬狗:《政府信用博弈分析及制度建构》,《行政与法》2005 年第 1 期。

89. 刘忠民:《优化银行信用环境的对策探析》,《济南金融》2002 年第 11 期。

90. 龙西安:《个人信用、征信与法》,中国金融出版社 2004 年版。

91. 卢现祥:《西方新制度经济学》,中国发展出版社 1996 年版。

92. 骆玉鼎:《信用经济中的金融控制》,上海财经大学出版社 2000 年版。

93. 马广文:《建立信用体系,创建信用环境》,《大庆社会科学》2004 年第 3 期。

94. 马经:《加强信用制度建设》,《中国金融》2001 年第 8 期。

95. 玛格里特·米勒著、王晓蕾等译:《征信体系和国际经济》,中国金融出版社2004年版。

96. 缪建国、曹新华:《构筑良好信用环境需"五管齐下"》,《价格月刊》2002年第5期。

97. 莫顿·米勒:《金融创新与市场的波动性》,首都经济贸易大学出版社2002年版。

98. 尼尔斯等:《金融发展与经济增长》,经济科学出版社2001年版。

99. 庞素琳、王燕鸣:《判别分析模型在信用评价中的应用》,《南方经济》2006年第3期。

100. 庞素琳:《信用评价及股市预测模型研究及应用——统计学、神经网络及支持向量机方法》,科学出版社2005年版。

101. 彭志坚:《重塑信用理念,切实加强社会信用环境建设》,《中国金融》2002年第7期。

102. 齐治平、余妙志:《Logistic模型在上市公司财务状况评价中的应用》,《东北财经大学学报》2002年第1期。

103. 钱晴、裘铮、容志:《政府信用:对一种新解释范式的理论探索》,《湖北社会科学》2003年第5期。

104. 钱颖一:《市场与法治》,《经济与社会体制》2000年第3期。

105. 秦振强:《区域信用环境评价及相关问题研究》,《福建金融》2006年第4期。

106. 青木昌彦:《比较制度分析(中译本)》,上海远东出版社2001年版。

107. 中国人民银行南京分行课题组:《偏好、信用与机会主义:个体私营经济结算工具选择》,《金融研究》2002年第4期。

108. 任辉:《整治社会信用环境促进金融经济发展》,《武汉金融》2002年第3期。

109. 任兴洲:《建设中国信用制度的路径选择参考》,《金融研究》2005年第9期。

110. 沈海军:《政府信用概念辨析》,《理论学刊》2003年第3期。

111. 施锡铨、邹新月:《典型判别分析在企业信用风险评估中的应用》,《财经研究》2001年第10期。

112. 施锡铨、邹新月:《典型判别分析在企业信用风险评估中的应用》,《财经研究》2001 年第 10 期。

113. 石新武:《资信评级的理论和方法》,经济管理出版社 2002 年版。

114. 时向阳:《对加强征信体系建设优化金融生态改善社会信用环境的思考》,《大庆社会科学》2006 年第 4 期。

115. 宋健:《基于 AHP 和因子分析的地区信用环境指标体系构建的实证研究》,《中国软科学》,2006 年第 6 期。

116. 宋秋萍:《开展财务预警分析,增强经营者忧患意识》,《生产力研究》2000 年第 1 期。

117. 苏存:《信用缺失研究》,《金融研究》2005 年第 10 期。

118. 苏宁:《积极推进我国征信体系建设》,《中国金融》2004 年第 14 期。

119. 孙国志、张炎培等:《信用经济——中国经济再次腾飞之钥》,企业管理出版社 2005 年版。

120. 孙智英:《"入世"与政府信用行为》,《福建师范大学学报(哲学社会科学版)》2002 年第 2 期。

121. 孙智英:《信用问题的经济学分析》,中国城市出版社 2002 年版。

122. 唐有瑜:《财务危机预警模型在信贷风险管理中的应用》,《上海金融》2002 年第 2 期。

123. 王彬彬:《改善社会信用环境的四条途径》,《海南金融》2004 年第 8 期。

124. 王伯庭:《民商事重点难点问题解析与适用》,吉林人民出版社 2001 年版。

125. 王春峰、李汶华:《商业银行信用风险评估:投影寻踪判别分析模型》,《管理工程学报》2000 年第 14 期。

126. 王春峰、万海晖、张维:《基于神经网络技术的商业银行信用风险评估》,《系统工程理论与实践》1999 年第 9 期。

127. 王华庆:《建立和完善信用制度促进金融稳健发展》,《上海金融》2001 年第 1 期。

128. 王洁:《加快建设与社会主义市场经济体制相适应的社会信用管理体系》,《经济研究参考》2004 年第 6 期。

129. 王可为、史繁荣、鲁琳:《加强信用制度建设,创造良好的信用环境》,《甘肃金融》2002 年第 10 期。

130. 王乃静、油永华:《基于 Fisher 判别分析的企业信用评价模型》,《技术经济与管理研究》2006 年第 4 期。

131. 王小奕:《世界部分国家征信体系概述》,经济科学出版社 2002 年版。

132. 王苑、武秀梅:《对中国信用环境的评价》,《经济论坛》2003 年第 3 期。

133. 王振山:《金融资源优化配置的理论与实践》,经济管理出版社,2000 年。

134. 魏玮、史耀疆:《渐进转轨中我国信用制度的扭曲及其纠正》,《经济社会体制比较》2002 年第 3 期。

135. 文忠桥、曾刚、王芳、郭卫文:《信用风险度量与管理——违约率研究》,《国际金融研究》2002 年第 11 期。

136. 邬润扬:《资信评级方法》,中国方正出版社 2005 年版。

137. 吴炳康:《加强诚信建设,营造良好的信用环境》,《福建金融》2003 年第 1 期。

138. 吴德胜、梁樑、杨力:《不同模型在信用评价中的比较研究》,《预测》2004 年第 2 期。

139. 吴德胜、梁樑:《遗传算法优化神经网络及信用评价研究》,《中国管理科学》2004 年第 1 期。

140. 吴国培、秦振强、叶谢康:《加快企业和个人征信体系建设,努力营造良好的社会信用环境》,《福建金融》2002 年第 6 期。

141. 吴金星、王宗军:《基于层次分析法的企业信用评价方法研究》,《华中科技大学学报(自然科学版)》,2004 年第 3 期。

142. 吴晶妹:《信用管理概论》,上海财经大学出版社 2005 年版。

143. 吴世农:《中国股票市场风险研究》,中国人民大学出版社 2003 年版。

144. 夏红芳、刘思峰:《企业信用风险评判的模糊神经网络方法》,《华东经济管理》2006 年第 3 期。

145. 向丽:《对我国信用缺失的经济学分析与建议》,《经济前沿》

2002 年第 6 期。

146. 肖珍樱:《金融信用环境重建构想》,《湖南经济》2002 年第 3 期。

147. 谢庆健:《县域金融生态现状分析》,《中国金融》2006 年第 4 期。

148. 徐广军、倪晓华、肖运香:《标普、穆迪、邓白氏企业信用评价指标体系比较研究》,《浙江金融》2007 年第 3 期。

149. 徐国栋:《诚实信用原则研究》,中国人民大学出版社 2002 年版。

150. 徐国栋:《客观诚信与主观诚信的对立统一问题———以罗马法为中心》,《人大复印资料——民商法学》2002 年第 3 期。

151. 徐宁、樊守彬:《创建金融安全区与优化信用环境》,《济南金融》2002 年第 4 期。

152. 许皓、吴登生、谢阳群:《基于 PCA/FCM 的企业信用评价研究》,《技术经济》2007 年第 3 期。

153. 许剑生:《企业信用等级评定指标体系的缺陷及优化》,《中国投资管理》1997 年第 1 期。

154. 雅诺什 . 科尔奈:《诚实与信任:后社会主义转轨时期的视角》,《比较》第九辑。

155. 阎冶军:《转型期我国金融信用环境的文化解析》,《甘肃金融》2002 年第 12 期。

156. 杨凤春、蔡则祥、王家华:《经济货币化与信用化:指标体系的构建与分析》,《现代经济探讨》2005 年第 3 期。

157. 杨建莹:《信用市场:如何应对挑战》,《金融时报》2000 年第 7 期。

158. 杨菁菁:《中国经济中的信用问题讨论综述》,《经济理论与经济管理》2001 年第 11 期。

159. 杨康民:《政府信用:建立社会信用体系的关键》,《经济研究参考》2003 年第 22 期。

160. 杨文瀚、刘思峰:《基于灰关联度的企业信用风险评分方法及应用》,《商业研究》2005 年第 20 期。

161. 杨雄胜、杨臻黛:《企业综合评价指标体系研究》,《财政研究》1998 年第 5 期。

162. 杨毓:《加快诚信建设,创建良好信用环境》,《河南金融管理干部学院学报》2004 年第 3 期。

163. 杨自革、贺云生:《建立企业信用监察中心,维护市场信用环境》,《市场经济研究》,2002 年第 3 期。

164. 姚明龙:《信用成长环境研究》,浙江大学出版社 2005 年版。

165. 叶国政:《综合整治社会信用环境》,《武汉金融》2000 年第 12 期。

166. 易宪容:《金融稳定最重要》,《证券时报》2001 年 10 月 21 日。

167. 易宪容:《现代合约经济学导论》,中国社会科学出版社 1999 年版。

168. 于立等:《信用、信息与规制——守信/失信的经济学分析》,《中国工业经济》2002 年第 6 期。

169. 岳长利:《创建金融安全区,构建良好社会信用环境》,《大庆社会科学》2003 年第 1 期。

170. 曾宏:《构建我国信贷征信体系有关问题的思考》,《南方金融》2004 年第 5 期。

171. 曾云、楚瑞萍:《大力发展信贷征信业创造良好的信用环境》,《武汉金融》2004 年第 4 期。

172. 张超、严煤:《政府信用与民众信任》,《社会》2002 年第 11 期。

173. 张红波:《略论企业信用状况评价指标体系的构建》,《湘潭师范学院公报(社会科学版)》2004 年第 3 期。

174. 张金鳌:《二十一世纪商业银行资产负债管理》,中国金融出版社 2002 年版。

175. 张玲:《财务危机预警分析判别模型》,《数量经济技术经济研究》2000 年第 3 期。

176. 张录民:《创建社会信用环境应标本兼治综合治理》,《甘肃金融》2003 年第 9 期。

177. 张维建、路其永、齐爱国:《建立企业信用评价体系的思考》,《济南金融》2004 年第 12 期。

178. 张维迎、柯荣住:《信任及其解释:来自中国的跨省调查分析》,《经济研究》2002 年第 10 期。

179. 张维迎:《产权、政府与信誉》,生活 · 读书 · 新知三联书店 2001

年版。

180. 张维迎:《法律制度的信誉基础》,《经济研究》2002 年第 1 期。

181. 张卫东、韩云昊、米阳:《于 GA-BP 模糊神经网络的商业银行信用风险评估》,《工业工程与管理》2006 年第 5 期。

182. 张新泽:《关于征信体系建设的几个问题》,《金融时报》2004 年 11 月 23 日。

183. 张旭霞:《现代政府信用及其建构的对策性选择》,《南京社会科学》2002 年第 11 期。

184. 张亦春等:《中国社会信用问题研究》,中国金融出版社 2004 年版。

185. 张友棠、杨轶:《基于"5C"的企业信用评价标准化体系的构建》,《世界标准化与质量管理》2005 年第 9 期。

186. 赵志君:《金融资产总量、结构与经济增长》,《管理世界》2000 年第 3 期。

187. 郑美如:《论政府信用的构筑》,《中共福建省委党校学报》2002 年第 9 期。

188. 郑婷、赵淑丽:《论政府信用的建立》,《广西社会科学》2004 年第 5 期。

189. 中国工商银行江苏省分行课题组:《国有商业银行助推金融生态环境建设策略研究》,《金融论坛》2006 年第 3 期。

190. 中国人民银行征信管理局:《征信与中国经济"国际研讨会论文集》,中国金融出版社 2004 年版。

191. 钟建军:《优化信用环境,创建金融诚信工程的思考》,《金融与经济》2003 年第 5 期。

192. 钟田丽、贾立恒:《中小企业信用评价的神经网络法》,《技术经济与管理研究》2005 年第 5 期。

193. 钟晓鹰:《企业征信原理》,中国金融出版社 2004 年版。

194. 周春喜:《企业信用等级综合评价指标体系及其评价》,《科技进步与对策》2003 年第 4 期。

195. 周骏、朱新蓉、宋清华主编:《中国金融风险的管理与控制》,中国财政经济出版社 2005 年版。

196. 苏菊宁,陈菊红:《供应链物流合作伙伴选择的多层次灰色评价方法》,《运筹与管理》2006 年第 3 期。

197. 朱继武:《建立与完善个人信用制度的策略选择》,《金融参考》2001 年第 11 期。

198. 朱金寿、孟佳晨:《营造良好的信用环境之我见》,《江南论坛》2002 年第 7 期。

199. 朱顺泉:《企业资信评级方法创新及运用》,西南财经大学出版社 2002 年版。

200. 朱新蓉:《武汉金融圈的形成与发展》,《武汉金融》2004 年第 1 期。

201. 朱新蓉:《武汉经济发展的金融支持体系建设》,《中南财经大学学报》2004 年第 2 期。

202. 朱忠明、张淑艳、高洁:《金融风险管理学》,中国金融出版社 2004 年版。

203. 祝宝江:《透视市场经济中的非信用关系》,《学术交流》2004 年第 2 期。

204. 左国超:《属性识别预警系统(AFS)——一种新的信用评价方法》,《数学的实践与认识》2007 年第 2 期。

205. Altman E I. A Saunders, *Credit Risk Measurement: Developments over the Last Twenty Yearys*。Journal of Banking and Finance, December 1997, p1721-1742.

206. Anders Melander & Mattias Nordovist, *Investing in Social Capital-Networks, Trust, and Beliefs in the Swedish Furniture Industry*, Studies of Mgt. & Org, vol. 31, no. 4: 89-108, Winter 2001-2002.

207. Anton Oleinik, *A Distrustful Economy: An Inquiry into Foundations of the Russian Market*, Journal of Economics Issues, March 2005, Vol. XXXIX, NO. 1: 53-74.

208. Camilo Gomez, *Al Carmenini: Business Credit Scoring—A New Approach*, Business Credit, vol103, 2001.

209. Doumpos M , and Zopounidis C. *Credit Risk Assessment Using a Multi-criteria Hierarchical Discrimination Approach: A comparative Analysis.*

European Journal of Operational Research ,2002,138(2),p392-412.

210. Jappelli, Tullio, *Macreo Pagano. Information Sharing, Lending and Defaults Cross-Country Evidence.* Jounal of Banking and Finance,2001,(10).

211. John Sargent, *Credit Scoring: Rules Based Credit Scoring* , Business Credit, vol103, No. 3,2001.

212. Kallberg. J, G. udell. *The Value of Private Sector Business Credit Information Sharing*, The U. S Case[Z]. Stern School of Business, NYU, Working paper,2002.

213. Kenneth Newton, *Social Capital and Democracy*; *The American Behavioral Scientist*; *Thousand Oaks*; Volume 40, Issue 5:575-586; Mar/Apr 1997.

214. Olson J A. *Finance Ratios and the Probabilistic Prediction of Bankruptcy.* Journal of Accounting Research, 1980,(18), P109-131.

215. Rafael Gomez & Eric Santor, *Membership Has Its Privileges: The Effect of Social Capital and Neighbourhood Characteristics on The Earnings of Microfinance Borrowers*, Canadian Journal of Economics, Vol. 34, No. 4: 943-966, November 2001.

216. Rino Falcone & Cristiano Castelfranchi, *Issues of Trust and Control on Agent Autonomy*, Connection Science, Vol. 14, No. 4, 2002, 249-263.

217. Robert B Avery, Raphael W Bostic *Credit Scoring: Statistical Issues and Evidence from Credit-bureau Files.* Real Estate Economics, Vol 28, No3, 2000.

218. Rosa - Maria Gelpi: Francois Gulien-Labruyere, *A History of Consumer Credit: Doctrines and Practices*, Macmillan Press LTD,2000.

219. Sanae Ito, *Microfinance and Social Capital: Does Social Capital Help Create Good Practice?* Development in Practice, Volume 13, No. 4: 322-333, August 2003.

220. Susan Rose, *Ackerman*, *Trust*, *Honesty and Corruption: Reflections on the State-Building Process.* Archives of European Sociology 42:526-570.

221. Zavgern C V. *Assessing the Vulnerability to Failure of American Industrial Firms, A Logistic Analysis.* Journal of Business Finance and Accounting, 1985,12(1).

后 记

在 CAFTA 框架下,“泛珠三角”、“中国—东盟‘M’型区域合作战略”、“大湄公河次区域合作(GMS)”、“中越‘两廊一圈’构想”以及“环北部湾经济圈”等一系列区域概念的提出,使该地区的区域经济合作如火如荼。全面推动区域经济合作,使之成为中国—东盟自由贸易区框架内的一个新的次区域合作,将进一步丰富和充实中国与东盟合作的内涵,有利于推动“海上东盟”合作;有利于区域内各国充分发挥海洋优势和比较优势,互利互补,促进产业转移与分工,合力提升本地区整体竞争力;有利于促进在更高水平、更深层次上的国际经贸合作。在此背景下,我国周边省区必须构建分工明确、机制健全、集各参与主体优势于一体的出口产业链,并适时调整产业政策,以应对日趋激烈的国际范围内的产业竞争。然而,区域出口产业链的建立和发展依赖产业链中的企业健康持续的发展,而稳定可靠的社会信用体系更是生产贸易链有效运行的重要基础条件。即要在区域经济日趋融合的大背景下,“建立一个市场和政府扶持相结合的区域金融资源配置体系”是大势所趋。伴随区域经济发展,省区间经济融合程度加深,有必要自上而下,建立区域性跨行政边界的企业信用评级体系,为区域经济合作构建良好的支撑条件。这一信用评级体系建设应充分考虑到各地区间经济发展不平衡,信用基础状况也不尽相同,注重统筹协调,积极吸收国际上有关征信研究的最新成果,在立足国情的基础上,博采众长,加强交流和合作,高起点、高水平地建设我国生产贸易链条件下企业信用评价体系。

广东、广西、海南、云南四省区相互毗邻,产业结构相似程度较高,而共同作为中国与东盟贸易往来的“桥头堡”,该四省区之间生产贸易链企业征信体系的构建极具现实性和可行性。但是在生产贸易链企业征信体系构建过程中,要充分考虑落后地区的企业的资信评估问题,由于落后地区的企业所处的经济发展环境相对偏弱,尽管其经营效益好、资产质量高，但由于其规模有限，使得其资信评级相对较低，获得融资难度较大。因而在区域经济合作框架下，考虑构建一个区域性的企业资信评级体系，这一体系能够考虑生产贸易链条件下的企业融资地位差异。

本课题为国家社科基金重大项目《CAFTA进程中我国周边省区产业政策协调与区域分工研究》(06&ZD036)子课题的阶段性研究成果，历时4年编写完成，期间参阅了大量相关文献，进行了多次实地调研考察收集数据，其研究成果由人民出版社出版发行。在本课题的研究和专著的著述过程中，得到了广西壮族自治区政府、社科联、国税局、财政厅及广西大学等相关部门和单位的大力支持和帮助。在此，我们向所有为本课题研究、专注出版付出劳动、做出努力的老师和同学以及本课题所参与资料的作者表示衷心的感谢！

本人负责了该课题全过程的组织、策划，承担了本课题大纲的编写、主要内容的研究和专注的著述工作，并对该书进行了最后的审核；广西大学商学院唐文琳教授、范祚军教授以及金融学和财政学研究生徐瑜、朱晓龙、崔冉、李萌等人参与编写和整理。

本书的出版还要感谢人民出版社的编辑们，感谢他们对本书的出版所付出的辛勤劳动。由于水平有限，时间紧迫，书中必定会存在一些问题和不足，恳请广大读者批评指正。

陶雄华

2010年12月

责任编辑:骆　蓉
封面设计:周涛勇

图书在版编目(CIP)数据

区域信用体系建设与风险管理/陶雄华 著. -北京:人民出版社,2011.12
ISBN 978-7-01-010385-3

Ⅰ.①区…　Ⅱ.①陶…　Ⅲ.①区域经济-信用制度-研究-中国②区域经济-信用-风险管理-研究-中国　Ⅳ.①F127

中国版本图书馆 CIP 数据核字(2011)第 229164 号

区域信用体系建设与风险管理

QUYU XINYONG TIXI JIANSHE YU FENGXIAN GUANLI

陶雄华　著

人民出版社 出版发行
(100706　北京朝阳门内大街 166 号)

北京市文林印务有限公司印刷　新华书店经销

2011 年 12 月第 1 版　2011 年 12 月北京第 1 次印刷
开本:700 毫米×1000 毫米 1/16　印张:20.75
字数:339 千字

ISBN 978-7-01-010385-3　定价:42.80 元

邮购地址 100706　北京朝阳门内大街 166 号
人民东方图书销售中心　电话 (010)65250042　65289539